Ehlers | Literaturdidaktik

Reclams Studienbuch | Germanistik

Swantje Ehlers

Literaturdidaktik

Eine Einführung

Reclam

Umschlaggestaltung: ZERO Werbeagentur, München
Umschlagabbildung: Reclam Verlagsarchiv
Satz: Reclam, Ditzingen
Druck und buchbinderische Verarbeitung: C. H. Beck, Nördlingen
Printed in Germany 2016
RECLAM ist eine eingetragene Marke
der Philipp Reclam jun. GmbH & Co. KG, Stuttgart
ISBN 978-3-15-011071-3

Auch als E-Book erhältlich

www.reclam.de

MIX
Papier aus verantwortungsvollen Quellen
FSC® C019821

Zusatzmaterial online
Aufgaben mit Lösungsansätzen
www.reclam.de/material

Inhalt

Zusatzmaterial online
Aufgaben mit Lösungsansätzen
www.reclam.de/material

1. Einleitung

Das Ziel dieses Bandes besteht darin, in die theoretischen Grundlagen, Gegenstände, Ziele, Aufgaben und Methoden der Literaturdidaktik einzuführen. Er wendet sich vor allem an Lehramtsstudierende des Faches Deutsch und möchte ihnen ein systematisches Wissen über das Fach in verständlicher Form nahebringen. Lehrenden soll der Band die Möglichkeit bieten, fachwissenschaftliches und fachdidaktisches Wissen zu aktualisieren und zu vertiefen.

Aufgabe der Literaturdidaktik ist die wissenschaftliche Erschließung von Literatur, Gattungen, Medien, Literaturgeschichte und interpretativen Verfahren für Vermittlungsprozesse in Lehr- und Lernkontexten in der Schule, aber auch in außerschulischen Einrichtungen, die sich mit der Vermittlung von Literatur befassen. Die vorgestellten didaktisch-methodischen Konzeptionen beziehen sich auf den Sekundarbereich. Eine historische Perspektive auf das Fach soll den Wandel und die Kontinuität seines Selbstverständnisses, seiner Fragestellungen, Legitimationsprobleme und Begründungszusammenhänge für die Arbeit mit literarischen Gegenständen verdeutlichen. Außer der Darstellung der Geschichte und Entwicklung des Literaturunterrichts in Kapitel 2 werden in den folgenden Kapiteln Hinweise auf die fachgeschichtliche Dimension von Gattungen, Kanonfragen, Literaturgeschichte, Medien und methodischen Verfahren gegeben.

Veränderte Medienumwelten, neues Lese- und Medienverhalten, die Funktionsverschiebung von Bedürfnissen nach Fiktion, Unterhaltung und Wissen von literarischen Texten auf audiovisuelle Medien und die vielfältigen intermedialen Bezüge in der Literatur haben zu einer Erweiterung des Gegenstandsbereiches des Literaturunterrichts um Mediengattungen (Hörspiel, Film) und medienspezifische Rezeptionsformen geführt, dem auch dieser Band durch ein eigenes Medienkapitel Rechnung trägt.

Vor dem Hintergrund des Paradigmenwechsels im Bildungsbereich von einer Stoff- zu einer Kompetenzorientierung wird ein kompetenzbasiertes Bildungsverständnis für den Literaturunterricht vorgestellt. Der Begriff der Bildung umfasst sowohl Gegenstände als auch Kompetenzen des Lesens, Verstehens und Deutens von Texten verschiedener Gattungs-, Zeit- und Medienzugehörigkeit. Vorausgesetzt wird ein Verständnis von Bildung, das nicht nur die Kenntnisse von Fachinhalten in den Mittelpunkt des Lernens stellt, sondern das Verstehen von Gegenständen und Zusammenhängen, um das Verstandene für die Erschließung neuer Gegenstände zu nutzen und damit das eigene Weltverständnis zu erweitern. Die Auswahl bildungsrelevanten Wissens erfolgt nach fachwissenschaftlichen und didaktischen Kriterien und einer übergreifenden Bildungsperspektive, die auf eine Erweiterung individuellen Selbst- und Weltverständnisses und Teilhabe an einer kulturellen Praxis gerichtet ist. Das theoretische Fundament für die Beschreibung von Lesen, Verstehen und Interpretieren bieten Hermeneutik, Literatur-/Filmtheorien, Erzählforschung, Filmnarratologie und die kognitionspsychologische Leseforschung. Ein Analyse- und Begriffsinstrumentarium für die Erschließung und das Verstehen erzählender, dramatischer, lyrischer, auditiver und audiovisueller Texte (Hörbuch, (Spiel-)Film) soll Studierenden und Lehrenden eine Orientierungshilfe und Basis für die Strukturierung von Lernprozessen, der Aneignung literarischen Wissens, des Erwerbs interpretativer Kompetenzen und des Einübens in verschiedene Rezeptionshaltungen bieten.

Die wichtigsten Aufgabenfelder, Gegenstände, Systematiken und Verfahren der Literaturdidaktik werden jeweils in den einzelnen Kapiteln vorgestellt: Kapitel 2 fragt nach den Inhalten und Aufgaben der Literaturdidaktik und skizziert die Geschichte des Literaturunterrichts in ihren Grundzügen. Kapitel 3 schließt an den aktuellen Bildungsdiskurs an und legt einen bildungstheoretischen Rahmen für einen kompetenzorientierten Unterricht dar. Kapitel 4 wendet sich den hermeneutischen und kognitionspsychologischen Grundlagen des Textverstehens und Lesens und Prozessen der literarischen Sozialisation zu. Aus den Ergebnissen der Lesesozialisationsforschung werden Konsequenzen für die Förderung von Lesen in den Dimensionen von Lesekompetenz, Leseverhalten und Lesemotivation gezogen. Um migrationsbedingten gesellschaftlichen Veränderungsprozessen und der Heterogenität von Lernergruppen Rechnung zu tragen, werden die Spezifika des Lesens in der Zweitsprache herausgearbeitet und die Parameter einer interkulturellen Literaturdidaktik, die Lesen und Literatur im Kontext von Migration verortet, vorgestellt.

Kapitel 5 behandelt erzählende, dramatische und lyrische Texte in ihren grundlegenden Strukturen und Elementen. Die Ausführungen zielen darauf, gattungsspezifische literarische Kompetenzen herauszuarbeiten, die Lernende zu einer sinnkonstituierenden Lektüre befähigen und ein Verstehen von Literatur und ihren Weltentwürfen ermöglichen. Der Kanon und Prozesse der Kanonisierung von Texten sind Inhalt von Kapitel 6, das sich auch mit der Literaturgeschichte und historischem Verstehen befasst. Kapitel 7 gilt den Medien im Literaturunterricht. Das Lesebuch wird in seiner Funktion als Bildungs- und Wissensmedium und in seiner historischen Entwicklung, die eng mit der Fachgeschichte verbunden ist, vorgestellt. Von den auditiven und audiovisuellen Medien werden das Hörspiel, Hörbuch und der Spielfilm und deren medienspezifische wie medienübergreifende Eigenschaften untersucht und Kategorien zu deren Erschließung entwickelt. Ein besonderer Schwerpunkt liegt auf dem filmischen Erzählen und seiner Analyse mittels filmnarratologischer und filmischer Kategorien.

Abgeschlossen wird dieser Band mit einem Kapitel über die Methodik des Literaturunterrichts, die sowohl systematische Ansätze der Analyse und Interpretation als auch produktive, handlungsbezogene Verfahren umfasst. Des Weiteren werden Aspekte einer Aufgabenkultur in einem kompetenzbasierten Literaturunterricht thematisiert.

Jedes Kapitel endet mit einer Empfehlung ausgewählter Titel der Sekundärliteratur. Eine ausführliche Auswahlbibliographie, ein Glossar zentraler literaturdidaktischer Begriffe und Definitionen und ein Sachregister schließen den Band ab. Übungsaufgaben mit Lösungsansätzen werden als Online-Zusatzmaterial angeboten. Sie sind unter folgender URL abrufbar:

www.reclam.de/material

Zur Verschlankung des Textes wird die Nutzung des maskulinen Plurals bevorzugt.

2. Literaturdidaktik

2.1 Literaturdidaktik als wissenschaftliche Disziplin

Literaturunterricht und Germanistik

Die Geschichte des Literaturunterrichts und der Lehrerausbildung stehen in einem engen Bezug zur Germanistik, die sich mit den ersten Professuren für deutsche Philologie zu Beginn des 19. Jahrhunderts als eine universitäre Disziplin zu etablieren begann. Mit der Einrichtung des ersten philologischen Seminars 1787 in Halle durch Friedrich August Wolf wurde die deutsche Philologie für die Berufsausbildung von Lehrern zuständig. Ein Examen an der Universität für künftige Lehrer wurde 1809 in Preußen und Bayern eingeführt. Etwas später folgte das Referendariat mit dem zweiten Staatsexamen. Sehr früh hatten literatur- und lesedidaktische Konzeptionen bereits fachliche und didaktische Elemente im Unterricht verbunden, nicht zuletzt aufgrund von Textverständnisproblemen von Schülern, die eine Erklärung von Texten notwendig machten. Damit wurden Fragen verhandelt, die auch heute noch von Relevanz sind und je nach Gewichtung dieser Elemente zu unterschiedlichen Bestimmungen des Faches führen.

Institutionalisierung der Literaturdidaktik

Auch wenn der Literaturunterricht inzwischen auf eine lange Tradition zurückweist, so hat sich die Literaturdidaktik erst in den 1970er Jahren im Zuge der Reformierung des Schul- und Bildungswesens und der Philologie als ein universitäres Fach institutionalisiert. Die ersten Professuren für Fachdidaktik wurden an den Universitäten eingerichtet. Überholte bildungsbürgerliche Konzepte und Lesebücher, ein veralteter Schulkanon und die Diskrepanz von Lehrplänen und Unterrichtspraxis führten zu einer Neuausrichtung der Germanistikausbildung im Hinblick auf berufliche Anforderungen künftiger Lehrer und einer Neubestimmung von literarischer Bildung im gesellschaftlichen Kontext. Die Literaturdidaktik hat sich im Laufe ihrer Entwicklung in ihrem Selbstverständnis als wissenschaftliche Disziplin, ihrem Verhältnis zur Germanistik, ihrer Verortung innerhalb des universitären Fächerkanons und in der Konturierung ihres Gegenstandsbereiches immer wieder neu definiert. Konträre Positionen bewegen sich im Spannungsfeld von Gegenstands- vs. Lernerorientierung, fachwissenschaftlicher vs. pädagogischer Ausrichtung.

2.1.1 Gegenstandsbereich der Literaturdidaktik

Literaturdidaktik ist die Wissenschaft vom Lehren und Lernen von Literatur und literarischen Erzählmedien im institutionellen Rahmen von Schule, die Literatur und Erzählmedien unter dem Aspekt ihres Bildungswertes für Schüler und ihrer Lehr- und Lernbarkeit betrachtet. Sie befasst sich mit der Funktion von Literatur im schulischen und außerschulischen Kontext, ihrem Wandel angesichts veränderter Medienumwelten. Sie begründet, welche Kenntnisse über Gattungen, Medien, Epochen, Autoren und Stile Schülern vermittelt werden sollten und welche Themen und Texte im Hinblick auf angestrebte Bildungsziele relevant sind. Sie prüft, wie literarische Strukturen und Lese-/Deutungsfähigkeiten von Schülern unterschiedlicher Altersstufen angeeignet und erworben werden können. Die normative Grundlage ihrer Selektionsentscheidungen und Begründungszusammenhänge für einen Lektüre-, Wissens- und Methodenkanon muss sie immer erneut hinterfragen. Zu ihrem Aufgabenspektrum gehören die Erarbeitung von Konzepten der Literaturvermittlung, die Prüfung ihrer Anwendbarkeit in der Praxis und der Entwurf curricularer Einheiten, die zu Bildungsprozessen anleiten, die über die Schule hinaus eine Wirksamkeit haben. Die Literaturdidaktik untersucht, durch welche Methoden die Ausbildung von literar-ästhetischen und hermeneutischen Kompetenzen effektiv erfolgen kann und welche Lernwege geeignet sind, um Schüler an Texte und Medien heranzuführen und Neugierde und Interesse zu wecken. In ihrem Praxisbezug zielt sie darauf, Ergebnisse ihrer Forschung für praktisches Handeln fruchtbar zu machen, theoretisch zu fundieren und handlungsleitende Normen und Werte, die oft aus gegenstandsfremden, bildungspolitischen und ideologischen Zusammenhängen stammen, transparent zu machen. Allgemeine Bildungsziele sind durch das Erziehungssystem und staatliche Vorgaben in Lehrplänen, Curricula, Prüfungsordnungen und Bildungsstandards kodifiziert. Sie steuern die Selektion von Bildungswissen.

Literaturdidaktik als Wissenschaft

Aufgaben der Literaturdidaktik

Der Literaturunterricht ist ein komplexes Handlungsfeld, das aus unterschiedlichen Perspektiven untersucht werden kann. Je nach Erkenntnisinteresse und Selbstverständnis als Erfahrungs-, Handlungs- oder Reflexionswissenschaft haben sich Forschungsschwerpunkte, Theorien und Methoden herausgebildet, die sich nach literatur- und bildungstheoretischen, handlungswissenschaftlichen, historisch-systematischen und empirischen Gesichtspunkten ordnen lassen. Entsprechend der Fachorientierung in Theorie und Praxis und der Fundierung des zu vermittelnden Bildungswissens tritt die Literaturdidaktik in ein Verhältnis zu anderen Bezugswissenschaften:

Theorie-Praxis-Bezug

Literatur- und bildungstheoretische Perspektive. Grundlegend für die Gegenstandsbestimmung der Literaturdidaktik ist die Fachsystematik der germanistischen Literaturwissenschaft. Die Frage, wie germanistisches Wissen für didaktische Zwecke konzeptualisiert und in Lehr-/Lerninteraktionen umgesetzt werden kann, stellt eine der Herausforderungen des Faches dar. Literatur-, Erzähl-, Dramen-, Lyrik- und Interpretationstheorien stellen wissenschaftliche Kategorien zur Beschreibung des jeweiligen Gegenstandes und Methoden der Texterschließung und Interpretation bereit. Neuere literaturwissenschaftliche Erkenntnisse und Theorien, wie die Rezeptionsästhetik, haben die Literaturdidaktik entscheidend beeinflusst. Durch die Integration von Mediengattungen wie Hörspiel und Film in den Literaturunterricht besteht eine enge Verbindung zu den Medienwissenschaften. Hör-/Filmtheorien und die Filmnarratologie bieten ein Repertoire an Grundbegriffen für die Beschreibung von Mediengattungen und rezeptiven Vorgängen. Insbesondere der Spielfilm verdient als Erzählmedium und Sinnressource erhöhte Aufmerksamkeit.

Literatur-/ Medienwissenschaften

Die Legitimation für die Behandlung von Literatur im Unterricht erfolgt erstens mit Blick auf die Funktion von Literatur im gesellschaftlichen und kulturellen Kontext, z. B. die Tradierung von grundlegenden Erfahrungen, Menschen- und Weltbildern, zweitens auf Literatur als Medium der Erkenntnis und Erfahrung mit kognitiven, emotionalen, sozialen Gratifikationen, die der Leser aus der Lektüre gewinnt, und drittens auf den Bildungswert von Literatur für die Entfaltung der Persönlichkeit und der gesellschaftlichen und kulturellen Teilhabe. Literaturbezogene Bildungskonzepte stützen sich auf Bildungstheorien der humanistischen Tradition und ihre Neuformulierung im modernen Bildungsdiskurs und auf Annahmen über die bildende Wirksamkeit von Literatur. Eine Aufgabe der Literaturdidaktik besteht darin, das Spezifische literarischer Kompetenzen, aber auch medienübergreifende Kompetenzen herauszuarbeiten und nach Anforderungsniveaus abzustufen, wie die Konstituierung von fiktionalen Welten, Einnahme fiktionaler Rezeptionsmodi, das Erfassen des zeitlich und kulturell Fremden und die Beurteilung von Normen und Werten. Die übergeordnete Bildungsperspektive liefert einen Begründungsrahmen für den Erwerb der Vielfalt an literarischen Verstehens-, Interpretations- und Wissenskompetenzen.

Bildungsperspektive

Handlungswissenschaftliche Perspektive. In didaktischer Perspektive ist der Literaturunterricht nicht allein vom Gegenstand und der Fachsystematik her zu strukturieren, sondern auch vom Lernersubjekt und seinen Voraussetzungen und der Aufgabe, Aneignungs- und Verstehensprozesse zu organisieren. Für Fragen der Didaktik, Methodik und Unterrichtsplanung ist die Pädagogik die Referenzdisziplin; für Prozesse des Begriffsaufbaus und der Persönlichkeitsentwicklung die Entwicklungspsychologie und kognitive Psychologie. In ihrer Zuständigkeit für Fragen der Praxis und des pädagogischen Handelns im Unterricht hat sich die Literaturdidaktik in den 1970er Jahren als eine Handlungswissenschaft bzw. praktische Wissenschaft definiert (Müller-Michaels 1972), um sich von einer Konzeption der Literaturdidaktik als Abbilddidaktik, die lediglich die Germanistik auf den Unterricht zuschneidet, abzugrenzen. Unter diesem Aspekt entwickelt und prüft die Literaturdidaktik theoretisch begründete Konzepte, Modelle und Anleitungen für den praktischen Unterricht, untersucht die Voraussetzungen und Bedingungen von Unterricht und entwirft Modelle für die Unterrichtsplanung.

Pädagogik

Praxisbezug

Historisch-systematische Perspektive. In historisch-systematischer Perspektive wendet sich die Literaturdidaktik der eigenen Fachgeschichte zu. In historischer Sicht geht es um die Entwicklung des Literaturunterrichts, seiner Inhalte und leitenden Vorstellungen mit dem Ziel, das so rekonstruierte historische Wissen für Gegenwartsfragen zu erschließen. In systematischer Hinsicht geht es um die Erarbeitung von theoretischen und methodischen Grundlagen des Literaturunterrichts, um Analyse und Reflexion von Zielsetzungen und Begründungsformen und des Verhältnisses von Theorie und Praxis. In diesen Forschungsbereich ordnet sich auch die historische Schulbuch- und Kanonforschung ein, die die Genese des Schulbuchs als Wissens- und Bildungsmedium und die Kanonisierung von Werken, Autoren und Gattungen durch Schule, Lesebücher, Schulprogramme und Lehrpläne rekonstruiert (Korte/Zimmer 2006). Die historische literaturdidaktische Forschung gibt Einblick in die Geschichte von Normen und Werten, die in Theorie und Praxis handlungsleitend waren.

Fachgeschichte

Empirische Perspektive. Als eine empirische Wissenschaft überprüft die Literaturdidaktik mittels empirischer (quantitativer, qualitativer) Verfahren die Wirksamkeit (den Lernerfolg) von unterrichtlichem Handeln, Unterrichtsmodellen, Methoden und Lehrmaterialien, um die schulische Praxis zu verbessern. In den 1970er Jahren wurden die ersten Studien zu realem Rezeptionsverhalten von Schülern (Eggert u. a. 1974), zum Lesen und zu einzelnen Lesetätigkeiten durchgeführt (Groeben 1977). Daran wurde in den 1990er Jahren wieder angeknüpft, indem umfassende Forschungsprojekte zur Lese- und Mediensozialisation durchgeführt wurden, die das Leseverhalten von Kindern/Jugendlichen, die Funktion von Lesen im Alltag und Mediennutzungs-

Empirische Forschung

gewohnheiten unter gesellschaftlichen und situativen Bedingungen untersuchten (Hurrelmann u. a. 1993; Groeben/Hurrelmann 2004). Die PISA-Studie (2001), die Aufschluss über verfügbare Lesekompetenzen von 15-Jährigen gibt, hat der Fachdidaktik neue Impulse für Grundsatzdiskussionen über das Fach, Zielperspektiven und für empirische Studien zur Spezifizierung literarischer Lese-/Verstehenskompetenzen gegeben (Frederking u. a. 2008). In den vergangenen Jahren hat sich die Deutschdidaktik verstärkt auch der Schulbuchnutzung durch Lehrer und Schüler zugewandt.

2.1.2 Aufgaben der Literaturdidaktik

Zu den Aufgaben der Literaturdidaktik gehört die Erforschung des Zusammenhangs zwischen Lehr- und Lernzielen, Gegenständen/Inhalten, Methoden, Medien, Sozialformen, Lernervoraussetzungen, Leistungsüberprüfung und institutionellen Rahmenbedingungen.

Lehr- und Lernziele

Verschiedene Lehr-/Lernziele

Lehr- und Lernziele umfassen zum einen allgemeine Bildungsziele der Entwicklung der Persönlichkeit (Individuation), der Sozialisierung und der Partizipation an der Kultur (Enkulturation), zum anderen literarische Bildungsziele, die sich auf das Wissen über literarische Texte, Gattungen, literarische Medien, Epochen und Autoren, auf Lese-/Interpretationsfähigkeiten, die Differenzierung einer ästhetischen Wahrnehmung und das Vermögen, das eigene Textverständnis zu artikulieren und sich darüber diskursiv zu verständigen, beziehen. In lesesozialisatorischer Sicht gilt es, Lesemotivation und Lesefreude aufzubauen, Leseverhalten zu stabilisieren und Schüler zu befähigen, über die Schule hinaus am literarischen Leben und kulturellen Praxen, wie Theater, Film, Lesungen, Buchmessen, Buchbesprechungen, Literaturkritik und Preisverleihungen, teilzunehmen. Neue Zielperspektiven sind in Bezug auf auditive und audiovisuelle Mediengattungen und Interkulturalität entstanden, die der gesellschaftlichen Realität von Mehrsprachigkeit und -kulturalität Rechnung tragen. Zur Dimension von Haltungen und Wertungen gehört die Ausbildung einer Urteils-/Reflexionsfähigkeit z. B. im Hinblick auf Weltbilder und ethisch-moralische Implikationen in den Texten.

Bildung als Kompetenzerwerb

Der derzeitige Bildungs-/Kompetenzdiskurs hat die Frage nach den Bildungszielen und -inhalten neu aufgeworfen und zu einer Reformulierung von Bildung als Kompetenzerwerb geführt. Grundlegend für die Entwicklung von

Kompetenzen ist die Operationalisierung von Wissen und Fähigkeiten des Lesens, Verstehens und Interpretierens von Texten unterschiedlicher Medien-/Gattungs-und Zeitzugehörigkeit. Um der Komplexität von Verstehens- und Deutungsprozessen gerecht zu werden und zu einer differenzierten Betrachtung der jeweiligen Tätigkeiten und Kompetenzen im Umgang mit Texten zu gelangen, bedarf es der Trennung von Lesen und Interpretieren und ihrer jeweiligen kognitionswissenschaftlichen und hermeneutisch-philologischen Konzeptualisierung (s. Kap. 4).

Gegenstände

Gegenstände des Literaturunterrichts

Die Frage nach den Gegenständen und Inhalten des Literaturunterrichts steht in engem Zusammenhang mit Bildungszielen und Kanonfragen. Zu den Gegenständen gehören Texte unterschiedlicher Gattungszugehörigkeit aus Tradition und Gegenwart, Mediengattungen wie Hörspiel und Spielfilm, Gattungsstrukturen und Literaturgeschichte. Die Vermittlung von Gegenständen ist wiederum nicht zu trennen von Formen des rezeptiven Umgangs mit ihnen, so dass die Modalitäten Lesen, Hören, Sehen und Kompetenzen des Verstehens und Interpretierens mit zur Vermittlungsaufgabe des Literaturunterrichts gehören. Da ein adäquates Textverständnis die Einbettung von Texten in soziale, geschichtliche, politische und ästhetische Kontexte erfordert, müssen vielfach weitere Wissens-/Textquellen (theoretische Schriften, Programmatiken, Sekundärquellen) herangezogen werden. Damit gehört auch das Lesen/Verstehen von Sachtexten, ihre Auswertung und Nutzung für das Verstehen eines Primärtextes zum Aufgabenbereich des Literaturunterrichts. Der tradierte hohe Kanon ist ebenso zu vermitteln wie Gegenwartsliteratur, Kinder-/Jugendliteratur, Genres einer populären Kultur und auditive und audiovisuelle Medien.

Methoden

Methodenentscheidungen im Literaturunterricht stehen in einem interdependenten Verhältnis mit den Zielen, der Lernergruppe und dem Gegenstand. Den kognitiv orientierten, systematischen Interpretations- und Texterschließungsverfahren stehen spielerische, kreative und produktive Handlungsformen gegenüber, die verstärkt emotionale, sinnliche und motivationale Prozesse bei Schülern in Gang setzen und ihrerseits zum Textverständnis beitragen. Durch Kombination verschiedener Methoden können unterschiedliche Lektüremodi, wie distanziert-kritisches oder empathisch-identifikatorisches Lesen,

Methoden und Sozialformen

und vielfältige Interpretationsfähigkeiten eingeübt werden. Das Interpretationsgespräch ermöglicht kooperative Formen des Austauschs und der Verständigung über verschiedene Lektüreerfahrungen und Deutungen und dient der Sicherung einer intersubjektiven Verständigung. Für die Unterrichtsplanung müssen nicht nur Entscheidungen über Ziele, Gegenstände/Inhalte und Methoden getroffen werden, sondern auch über Sozialformen (Einzel-/Partner-/Gruppenarbeit) und den Einsatz von Medien (Lehrmaterialien, Ganzschriften, elektronische Medien). Inhalte/Themen sind in Sequenzen anzuordnen und der Unterricht in einzelne Lernphasen zu untergliedern, die im Hinblick auf die Zielsetzung jeweils eigene Funktionen haben. Seit der PISA-Studie und der Standardisierung von Kompetenzen hat die Deutschdidaktik sich verstärkt der Konstruktion von Aufgaben und der Aufgabenkultur zugewandt.

Lernervoraussetzungen

Lernervoraussetzungen

Unter Lernervoraussetzungen werden das Alter, Interessen, die Motivlage, mitgebrachte Kenntnisse und Fähigkeiten und der Begriffs- und Verstehenshorizont von Schülern verstanden. Je nach Schulform, die in enger Verbindung mit der sozialen Stratifizierung in der Gesellschaft steht, sind hinsichtlich literarischer Sozialisationsverläufe das soziale Milieu und vorhandene literale Ressourcen im Elternhaus in Betracht zu ziehen.

Rahmenbedingungen

Im Hinblick auf institutionelle Rahmenbedingungen sind die Schulform, Schulzeit, Zeitparameter, Vorgaben durch Lehrpläne und Bildungsstandards und Prüfungsanforderungen für den mittleren und höheren Bildungsabschluss zu analysieren und für Planungsentscheidungen zu berücksichtigen. Leistungskontrollen im schulischen Kontext umfassen standardisierte Tests, Klausuren, Aufsätze und mündliche Prüfungen.

2.2 Geschichte des Literaturunterrichts

Die Beschreibung der Geschichte des Literaturunterrichts gewährt Einblick in Bedingungen und Voraussetzungen der Konstitution des Faches, die Ausdifferenzierung von Aufgaben- und Lernbereichen, die Kodifizierung von Lehrinhalten in Lehrplänen, die Abhängigkeit von der allgemeinen Geschichte und ideologische Verstrickungen. Grundlegende Fragestellungen nach Bildungszielen, Kanon, Schulbüchern, Literaturgeschichte, Lese-/Interpretationspraxis und Methodik kehren im Laufe der Fachgeschichte wieder, stehen jedoch in unterschiedlichen Begründungszusammenhängen. Kenntnisse über die historische Herkunft und theoretische Verortung von Bildungskonzepten, Lehrinhalten und Verfahren im Umgang mit literarischen Texten bieten der Gegenwart eine Basis für die kritische Reflexion von Begriffen, Bildungsnormen und dem eigenen Selbstverständnis gerade auch in Zeiten eines grundlegenden Wandels im Bildungsbereich, wie er sich seit der Jahrtausendwende vollzieht.

Entstehungsbedingungen des Faches

2.2.1 Literaturunterricht im 18. und 19. Jahrhundert

Der Deutschunterricht wurde in Preußen 1734 in den Stundenplan eingeführt, um formales Wissen in der Muttersprache und entsprechend den Bedürfnissen des Bürgertums Sachkenntnisse und praktische Fertigkeiten auszubilden. In der zweiten Hälfte des 18. Jahrhunderts vollzog sich ein Wandel, indem rhetorische Kompetenzen nicht nur an lateinischen, sondern auch an deutschen Texten entwickelt werden sollten und zugleich die Lektüre zeitgenössischer deutscher Literatur vorgesehen war. Herders berühmte Schulrede von 1796 sah ausdrücklich die Lektüre und das Auswendiglernen vorbildlicher deutscher Texte vor.

Deutschunterricht im 18. Jh.

Die weitere Entwicklung des Literaturunterrichts steht in engem Zusammenhang mit der Ausbildung und Funktion des Gymnasiums, das im 19. Jahrhundert zu einer Lehr- und Bildungsanstalt wurde, das repräsentative Funktion für das Bürgertum und dessen soziale Abschottung nach unten übernahm (Jäger 1973). Das neuhumanistische Bildungskonzept, nach dem klassische Werke der Antike Vorbildcharakter hatten und zur Entfaltung einer humanen Bildung und einer allseitig entwickelten, selbständigen Persönlichkeit beitrugen, wurde um 1800 auch für die klassischen deutschen Werke der Gegenwart in Anspruch genommen, denen ebenfalls eine bildende Wirkung zuerkannt wurde. Das führte im preußischen Bildungswesen, das nach 1806 neu geordnet wurde, zur Aufnahme deutscher Werke in den Unterricht (Gellert, Gleim, Hagedorn, Klopstock, E. Kleist, Lessing). Das Abiturreglement von 1812 schrieb Kenntnisse deutscher Literatur vor. Vor dem Hintergrund des Bestrebens nach einer nationalen Identität und Einheit gewannen die deutsche Sprache und Literatur als nationale Bildungsmittel an Bedeutung. Der Pädagoge und Philologe Robert Heinrich Hiecke (1842) rückte die klassische deutsche

Das neuhumanistische Bildungskonzept des Gymnasiums

Klassische deutsche Dichtung

Dichtung als Bildungsgut in den Mittelpunkt des deutschen Unterrichts und etablierte damit Goethe, Schiller und Lessing im Kanon. Literatur begann sich von ihrer Zweckbindung an die Stilbildung, Denkschulung und Persönlichkeitserziehung zu emanzipieren und wurde selbst zum Gegenstand. Da die Sprache eines Klopstock oder Wieland für Schüler schwer verständlich war, bestand ein Bedarf an einer neuen Methodik für die Lektüre. Wesentliche Impulse dafür wurden im 18. Jahrhundert geliefert: Bereits damals wurden Lektüre, Erläuterung und Deklamation gegenüber einem Textumgang in der Tradition von Rhetorik und Poetik akzentuiert, der auf die Imitation von Mustern und das Verfassen von Reden und poetischen Texten zielte.

2.2.2 Lesekultur im 18. Jahrhundert

Lese-/ Buchkultur

Die Zielsetzung des heutigen Literaturunterrichts, zur fiktionalen Lektüre mit ihrer Bandbreite von ästhetischen, unterhaltenden, belehrenden, affektiven Lesefunktionen zu befähigen (s. Kap. 4.3; Kap. 5.1.3), ist in klassischen Bildungsnormen mit einer hohen Wertschätzung einer Lese-/Buchkultur und eines Verständnisses von Lesen als einer sinnhaften kulturellen Tätigkeit, die zur Partizipation an der Kultur befähigt, fundiert. Für ein besseres Verständnis dieser Bildungsziele und ihrer normativen Implikationen hilft ein Blick zurück in die Geschichte des Lesens und der bürgerlichen Lesekultur, in der sich verschiedene Leseformen und -funktionen ausgebildet haben.

Geschichte des Lesens

In der zweiten Hälfte des 18. Jahrhunderts entstanden ein neuer Lesertypus und Lektüremodus. Die vorherrschende Lesepraxis in der bürgerlichen Familie war gekennzeichnet durch die gemeinsame Rezeption der Bibel und erbaulicher, belehrender Schriften mit Praktiken des Vorlesens, Auswendiglernens und Besprechens. Diese Lesepraxis änderte sich mit dem Entstehen neuer bürgerlicher Leserschichten und deren Bedürfnis nach aktuellen und praktischen Informationen (Engelsing 1974). Die sich ausbreitende Romanliteratur mit ihren weltlichen Stoffen führte zu einer Säkularisierung der Lektüre und einem individualisierten Lesen mit vielfältigen Leseerfahrungen, eigenen Lesemotiven und innerer Beteiligung an Schicksalen von Heldenfiguren. Zudem vollzog sich eine Ablösung des lauten Lesens durch das leise Lesen (Schön 1987).

Kritik an der Vielleserei

Bereits im 17. Jahrhundert hatte von pädagogischer und theologischer Seite eine polemische Kritik an der Romanlektüre eingesetzt. Die Vorbehalte richteten sich gegen den Fiktionscharakter von Romanen, die diesen Texten unterstellte Unmoral und Gottlosigkeit sowie gegen die Vielleserei. Man befürchtete, dass die Lektüre untauglich mache für das wirkliche Leben und Fiktion und

Wirklichkeit verwechselt würden. Auch die Schule stand der neuen Lesehaltung und einem durch Romanlektüre sozialisierten Lesertypus ablehnend gegenüber, so dass der Roman noch bis ins späte 19. Jahrhundert hinein vom Deutschunterricht ausgeschlossen wurde und erst nach dem Ersten Weltkrieg zum festen Bestand des gymnasialen Deutschunterrichts gehörte.

2.2.3 Lektüre und Interpretation im 19. Jahrhundert

Hieckes Leselehre

Robert Heinrich Hiecke trat in seinem *Handbuch Deutscher Prosa für obere Gymnasialklassen* (1835) für eine Leselehre auf dem Gymnasium ein, die durch Analyse von sprachlichen Mitteln und Gedankengängen zum logischen Denken und selbständigen Verarbeiten erziehen sollte, um ein Textverständnis zu ermöglichen und Fertigkeiten im Lesen auszubilden. Er grenzte sich damit von einer unreflektierten und allein dem Lesevergnügen dienenden Lesepraxis seiner Zeit ab. Hiecke plädierte für die Anwendung zweier Leseformen, deren Unterscheidung bereits Johann Matthias Gesner im 18. Jahrhundert getroffen hatte: das statarische Lesen, bei dem eine Textstelle genauer untersucht wird, und das kursorische Lesen, das zügig und übergreifend größere Sinnzusammenhänge in den Blick nimmt (s. Kopp 1994, S. 678). Beide Lesemodi sind bis heute fester Bestandteil von Lesedidaktiken. Eine weitere methodische Erneuerung betraf die Produktion. Nach Hiecke sollte die Eigentätigkeit des Schülers gestärkt und die Themen aus der Lektüre deutscher Literatur gewonnen werden. Dies stand im Gegensatz zu einem am klassischen Altertum und an Rhetorik und Poetik ausgerichteten Bildungskonzept für das Gymnasium, wie es u. a. Friedrich Thiersch (1826) in Bayern vertrat.

Rationaler Textumgang

Von dem Verfahren Hieckes grenzte sich eine antihermeneutische Richtung ab, deren stärkster Vertreter Philipp Wackernagel war. Im 4. Teil seines *Deutschen Lesebuches* (1843) distanzierte er sich von einem rationalen und reflektierenden Textumgang und betonte das affektive Lernen. Nach Wackernagel sollte ästhetische Bildung nicht durch ein systematisches Studium, sondern durch ein gefühlsmäßiges Erleben von Literatur und Verinnerlichung von Wert- und Verhaltensmustern in den Texten erfolgen. Gegen die Analyse und inhaltliche Behandlung deutscher Klassiker votierte auch der Erlanger Germanistikprofessor Rudolf von Raumer (1852), der die Zweckbestimmung von Dichtung auf ihre Wirkung auf das Gemüt und die Phantasie festlegte. Das Mittel dazu sah er im Memorieren, Vorlesen und Deklamieren von Texten. Mit diesem Verständnis von Literatur vollzog sich ein Bruch mit dem humanistischen Bildungskonzept und der analytischen Methode. Für eine ästhe-

Gefühlsmäßiger Textumgang

tische Bildung setzte sich Johann Friedrich Deinhardt 1859 ein: Sie bestand für ihn in der Fähigkeit zur Identifikation mit dem Künstler und Nachempfinden seiner Vorstellungen (Deinhardt 1859, S. 229). Die Muster dafür sah er allerdings in den klassischen Werken der Antike und nahm darin eine Gegenposition zu Hiecke ein.

Literaturgeschichte

Zu Beginn des 19. Jahrhunderts setzte sich ein Bildungskonzept durch, das nicht mehr formal wie in Rhetorik und Poetik, sondern historisch orientiert war. Als Folge dieser historischen Ausrichtung wurde die Literaturgeschichte als neuer Lehrgegenstand in die Lehrpläne aufgenommen und das Studium des Alt- und Mittelhochdeutschen gefördert. Karl August Koberstein verfasste 1827 eine erste deutsche Literaturgeschichte als Leitfaden für den Unterricht. Doch wurden die Einwände an der »Mediatisierung der Lektüre« durch die Literaturgeschichte (Jäger 1973, S. 145), die eine Auseinandersetzung mit den Texten selbst verhinderte, immer stärker, so dass in den preußischen Lehrplänen für höhere Schulen von 1882 Literaturgeschichte kein eigener Lehrgegenstand mehr war.

2.2.4 Deutsches Kaiserreich

Nationale Bildung

Im Wilhelminischen Kaiserreich wurde die nationalistische Bildung und Erziehung zum Deutschtum zur zentralen Aufgabe des Deutschunterrichts erklärt. Für eine Integration nationaler Inhalte in den Deutschunterricht traten u. a. die Pädagogen Ernst Laas und Rudolf Lehmann ein. In der Kontroverse um einen rationalen vs. einen emotionalen Zugang zur Literatur setzte sich Laas (1872) für eine anschauliche Textbehandlung auf den unteren Klassen und eine analytische auf den oberen Klassen ein. Er teilte mit Hiecke die Auffassung, dass das Lesen zu lehren sei, warf dessen Lektürestunden jedoch Reflexionssüchtigkeit vor (1872, S. 123). Lehmann (1890) vertrat einen ähnlichen Ansatz, behielt jedoch die kritische Reflexion der Universität vor.

Realistische Bildung

Aufgrund der gesellschaftlichen Umbrüche nach 1871, der Entwicklung Preußens zu einem Industriestaat und dem Entstehen einer neuen Beschäftigungsstruktur bestand ein Bedarf an realistischen Bildungsinhalten und einer lebenspraktischen Ausbildung, den jedoch der altsprachliche Unterricht mit seiner formalen Ausrichtung nicht bedienen konnte. In den späten 1880er Jahren galt daher das humanistische Bildungsideal als nicht mehr zeitgemäß. Realistische Bildungsziele verbanden sich wiederum mit nationalen Interessen, so dass der neue Lehrplan von 1892 neben der Ausbildung von Syntax, Formenlehre und rhetorischen Fähigkeiten das Wissen um die wichtigsten Werke der

Nationalliteratur vorsah (Lüke 2007, S. 120 ff.). In der Methodik setzte sich die Tendenz einer anti-intellektuellen Textbehandlung fort. Der Deklamationsunterricht wurde neu begründet: Er sollte die Wirkung der Dichtung auf das Gemüt im gesprochenen Wort entfalten. Die Reformpädagogik und Kunsterziehungsbewegung griffen diesen Gedanken auf und betonten das erlebnis- und gefühlsorientierte laute Lesen gegenüber dem stillen Lesen. Die gesprochene und gehörte Sprache wurde im letzten Drittel des 19. Jahrhunderts gegenüber der geschriebenen und gelesenen Sprache privilegiert. Diese Hinwendung zum Mündlichen blieb richtungsweisend bis 1945.

Mündlichkeit

2.2.5 Weimarer Zeit und Drittes Reich

Die 1920er Jahre sind im Bereich der Literaturpädagogik durch mehrere Strömungen gekennzeichnet. Zum einen ist es die Deutschkundebewegung, die ein Gesamtbild der Kultur des deutschen Volkes und national-deutsche Werte vermitteln wollte. Walther Hofstaetter (1917) hat diesen Begriff in die Pädagogik eingeführt und damit ein sehr einflussreiches bildungspolitisches Konzept entwickelt. Zum anderen war der Erlebnisbegriff von Wilhelm Dilthey, der Ende des 19. Jahrhunderts bereits zu einem Modebegriff geworden war, von hohem Einfluss auf die Literaturdidaktik. Walter Schönbrunn (^{2}1924) war einer der Hauptvertreter eines erlebnisbezogenen Ansatzes. Er lehnte einen rationalen und verstehenden Zugang zur Literatur ab zugunsten eines subjektiven Gefühlserlebnisses. Die geeignete Methode für das Erlebnis von Dichtung sah er im Vortragen bzw. ausdrucksvollen Lesen. Eine progressive Position nahm Walter Schönbrunn (1929) hinsichtlich des Kanons ein. Angesichts des Aufkommens neuer Medien (Rundfunk, Kino, Film, Kleinkunstbühne), der Amerikanisierung von Lebenswelten und des Desinteresses von Schülern am tradierten Kanon empfahl er die Behandlung moderner Literatur in der Schule.

Erlebnispädagogik

Die Vorgaben für den Deutschunterricht im Dritten Reich zeigen deutlich eine Negierung einer rationalen Beschäftigung mit Literatur. Formen des Gesprächs, Meinungsvielfalt, Argumentation und Partnerarbeit wurden nicht zugelassen. Unterricht und Schulfeiern nutzten Techniken der theatralen Inszenierung und Ritualisierung, um Gemeinschaft kollektiv erlebbar zu machen und eine populäre Kultur zu schaffen. Der Lektürekanon wurde im Dritten Reich über das Lesebuch vorgegeben. Er war durch Ganzschriften, für die amtliche Listen existierten, zu ergänzen.

Theatrale Inszenierung

2.2.6 Von 1945 bis heute

Die Entwicklung der Literaturdidaktik nach 1945 vollzog sich in mehreren Phasen, in denen sich das Fach jeweils neu definierte.

Lebenshilfe und Werkimmanenz. Nachdem die Literaturdidaktik zunächst auf Konzepte und deutschkundliche Lesebücher der Weimarer Zeit zurückgegriffen hatte, fand in den 1950er Jahren eine kritische Auseinandersetzung mit bestehenden Positionen und Konzepten der Didaktik statt, die zu neuen Ansätzen der Literaturvermittlung führte. Es erfolgte eine dezidierte Abgrenzung von einem als Lebenshilfe-Didaktik genannten Ansatz, der die Bedeutsamkeit von Dichtung für das Leben und einen methodischen Umgang mit Literatur, der mit den Dilthey'schen Kategorien des Erlebens und Nachempfindens begründet wurde, in den Mittelpunkt rückte. Hauptvertreter dieser Richtung waren Robert Ulshöfer (1952) und Erika Essen (1956), die mit ihren Prinzipien der Anschaulichkeit und Produktivität an die Methodik der 1920er Jahre anschlossen. Jedoch orientierte Essen sich vor allem an der Sprachlichkeit des Kunstwerks. Prägend für diese Zeit war zudem eine Richtung, die als Werkimmanenz in die Geschichte der Germanistik eingegangen ist und die Methode der Interpretation bis zur Gegenwart in Form der Textanalyse prägt. Bezeichnend für eine werkimmanente Interpretation ist die Konzentration auf das als autonom geltende Kunstwerk unter Ausblendung seiner sozialen und historischen Bezüge.

Lebenshilfe-Didaktik

Methodik

Eine Zäsur bildete das Jahr 1966, in dem Hermann Helmers einen ersten systematischen Entwurf zu einer Didaktik des Literaturunterrichts vorlegte. Der Rekurs auf das Gegenstandsspezifische (literarische Strukturen, Formen, Gattungen) kennzeichnen seinen Ansatz. Innovativ war Helmers bildungstheoretische Fundierung des Deutschunterrichts, insofern als er den Schritt von der Methodik als Theorie der Unterrichtsverfahren zur Didaktik als Theorie der Bildungsinhalte ging. Literarisch-ästhetische Bildung gehört für ihn zum eigentlichen Lernbereich des Literaturunterrichts.

Didaktik

Eine Neukonturierung der Literaturdidaktik begann mit der Ablehnung der Lebenshilfe-Didaktik und der Methodik der Werkimmanenz mit neu konzipierten Lesebüchern und einer umfassenden Kanondiskussion. Gegenüber einem identifikatorischen Lesen, das die methodische Konsequenz einer im Erleben wurzelnden Literaturdidaktik war, forderte Rolf Geißler (1970) ein kritisches, distanziertes Lesen und eine rationale Vermittlung von Literatur im Unterricht.

Lernzielorientierung. Die curriculare Wende von der Orientierung an Bildungsinhalten zur Lernzielorientierung führte zu Beginn der 1970er Jahre zu einer Revision der Lehrpläne und Forderungen nach einer Erneuerung des Literaturunterrichts mit einer neuen wissenschaftstheoretischen Begründung. Bildungspolitische Entscheidungen sollten auf eine rationale Grundlage gestellt werden. Es entstanden streng formalisierte Curricula, die Ziele und die Organisation von Lernprozessen vorgaben. Eine Lernzielbeschreibung für den Deutschunterricht hat Hubert Ivo 1969 vorgelegt.

Festschreibung von Lernzielen

Kritische Didaktik und kommunikative Wende. Eine zweite Phase der Reformbewegung begann in den späten 1960er Jahren; sie stellte den etablierten literarischen Kanon grundlegend in Frage und sprach sich für eine kritische Methodenlehre aus. Literatursoziologische Ansätze, Rezeptionsästhetik und Untersuchungen empirischen Rezeptionsverhaltens, die das Verhältnis von Literatur und Lebensnähe neu bestimmten, prägten die Literaturdidaktik der 1970er Jahre. Vertreter des Bremer Kollektivs, das der Bildungsreformer Heinz Ide zusammen mit Lehrern gegründet hatte, lehnten bildungsbürgerliche Ziele, identifikatorisches Lesen und literarisch-ästhetisches Lernen ab und forderten einen ideologiekritischen Umgang mit literarischen Texten.

Kritischer Deutschunterricht

In Abgrenzung zu Helmers sachstrukturellem Ansatz integrierte Jürgen Kreft (1977) den Schüler als Subjekt in die didaktische Fachstruktur. Kreft hat einen umfassenden Entwurf einer Literaturdidaktik vorgelegt, den er kommunikationstheoretisch, moralphilosophisch, entwicklungs- und kognitionspsychologisch begründet. Nach Kreft bilden sich in Auseinandersetzung mit literarischen Texten kognitive, sprachliche und interaktive Fähigkeiten heraus, die wiederum konstitutiv sind für die Ich-Entwicklung. Literatur ist in dieser Sicht ein Medium der Bildung von Ich-Identität und Weltorientierung. Die Begründung des Literaturunterrichts auf der Grundlage einer Theorie der Identitätsbildung ist ein nachhaltig wirksamer Ansatz bis zur Gegenwart. Kreft hat als Erster innerhalb der Literaturdidaktik den Kompetenzbegriff verwendet.

Literatur als Bildungsmedium

Der Einfluss der Linguistik leitete die kommunikative Wende (ca. 1969–79) ein, die die Ausbildung von Kommunikationsfähigkeiten zum Lernziel machte. Mit ihr ging eine Ausweitung des Text-/Medienangebots um Gebrauchstexte, Trivialliteratur, Kinder-/Jugendliteratur und Massenmedien und der Hinwendung zur Alltagskultur einher. Literarisch-ästhetische Bildungsziele und historisches Verstehen rückten dagegen in den Hintergrund.

DDR

Literaturdidaktik der DDR. Die Entwicklung des Literaturunterrichts in der früheren DDR stand im Zeichen einer Schul- und Bildungspolitik, für die Literatur ein Mittel für die sozialistische Erziehung war. Sie vollzog sich in mehreren Phasen: einer politisch-ideologischen, vorwiegend kognitiven Betrachtungsweise in den 1950er Jahren, einer historisch-soziologischen in den 1960er Jahren, einer kommunikativ-ästhetischen zu Beginn der 1980er Jahre und einer rezeptionsästhetischen und produktionsorientierten der späten 1980er Jahre. Letztere rückte den Schüler als Lesersubjekt in den Mittelpunkt, ließ der Deutung von Texten mehr Spielraum und strebte eine Ausbildung von Lese-/Rezeptionskompetenzen an (Brekle 1992). Die Literatur der deutschen Klassik nahm einen hohen Stellenwert ein, weil sie dem sozialistischen Bildungsideal entsprach. Die Moderne mit Kafka und Musil wurde dagegen aus dem Lektürekanon ausgeschlossen.

Leserorientierung

Die Entdeckung des Lesers in den 1970er Jahren. Der Paradigmenwechsel von einer Produktionsästhetik, die das Werk und Autorintentionen in den Mittelpunkt rückte, zu einer Rezeptionsästhetik, die sich dem Leser und der Geschichtlichkeit des Verstehens zuwandte, war von weitreichendem Einfluss auf die Literaturdidaktik. Wolfgang Iser (1972) modellierte das Verstehen als konstruktive Sinnleistung des Lesers, die durch Perspektivität und Offenheit im Text gelenkt wird. Er konturiert den »impliziten« Leser als eine textuelle Größe. Leerstellen im Text regen den Leser zu einem Mitvollzug an, der wiederum von Leser zu Leser unterschiedlich realisiert wird, so dass verschiedene Lesarten entstehen. Die Literaturdidaktik hat aus der Rezeptionsästhetik und ihren Prämissen Konsequenzen gezogen, indem der Lerner als Lesersubjekt anerkannt und Deutungsvielfalt zugelassen wird. Die Fokussierung auf den Leser nimmt auch in der weiteren Entwicklung der Literaturdidaktik eine zentrale Rolle ein. Verschiebungen in der Schwerpunktsetzung betreffen das Spannungsverhältnis von rationaler Erkenntnis und eher produktiven, emotionalen Zugängen, von distanziertem und identifikatorischem Lesen.

Handlungs-/produktionsorientierte Verfahren

Die 1980er und 1990er Jahre. Die Didaktik der 1980er Jahre distanzierte sich von lernzielorientierten Ansätzen und plädierte angesichts von Bildungsmängeln und Geschichtsverlust bei Schülern für einen offenen Kanon. Die ästhetische Dimension, das Lesersubjekt, und die zuvor verdrängte historische Dimension von Literatur wurden wiederentdeckt. Methodisch setzten sich handlungs- und produktionsorientierte Verfahren (HPV) durch. In ihrer engen Verbindung von Lesen und Schreiben knüpften sie an ältere rhetorische Traditionen an. Innerhalb produktiver Ansätze gab es unterschiedliche Akzente mit einer eher rezeptionsästhetischen (Waldmann 1984) und einer handlungstheoretischen Begründung (Müller-Michaels 1978). Die Rezeption der kognitiven Psychologie Jean Piagets hat der Didaktik neue Forschungsimpulse gegeben und eine Reihe von empirischen Studien zur Entwicklung literarischen Verstehens und einzelner Komponenten wie Fiktionsbewusstsein, Abstraktionsbildung und Perspektivenübernahme angeregt (u. a. Hurrelmann 1982; Willenberg 1987).

In den 1990er Jahren fand eine Neuformierung des traditionellen literaturgeschichtlichen Unterrichts und im Hinblick auf ästhetische Bildungsziele eine Anerkennung des tradierten Literaturkanons statt. Insgesamt gewannen Bildungsinhalte gegenüber der Methodik wieder an Priorität. In einer modernen Didaktik der Lektüre wurde der primären Leseerfahrung und individuellen Lektürezugängen eine Bedeutung zugesprochen, und es entwickelte sich eine neue Gesprächskultur mit kooperativen Formen des Sich-Verständigens über Lektüreerfahrungen und Lesarten. Ästhetische Bildungsziele, der Aufbau von Identität und die Befähigung zum Fremdverstehen (Spinner 1989) waren die Zielsetzungen dieser Jahre.

Didaktik der Lektüre

Gleichzeitig beeinflusste der Poststrukturalismus französischer und amerikanischer Provenienz die Literaturdidaktik und regte zu einer neuen Lektürepraxis an (Bark/Förster 2000; Kammler 2000). Dekonstruktive Verfahren bilden ihrem Anspruch nach ein Gegenparadigma zur tradierten hermeneutischen Auslegungspraxis, die vom Werk als einer geschlossenen Ganzheit ausgeht und auf eine kohärente Interpretation zielt. Ihr gegenüber werden Topoi von der Polyvalenz der Texte, der Subversion von Sinn und Unabschließbarkeit des Interpretationsprozesses ins Spiel gebracht, die allerdings auch zum Erkenntnisstand der »alten« Hermeneutik gehören. An die Stelle der Interpretation tritt die Lektüre. Die Methode besteht darin, ein erstes naives Lesen, das um textuelle Bedeutungen bemüht ist, durch eine zweite Lektüre zu unterlaufen, die den Zugang zu einer kohärenten Struktur verwehrt (s. Kap. 8.1.3). Doch wird auch ein erstes Lesen bereits von interpretativen Akten der Ergänzung von Informationen und der Bildung thematischer Zusammenhänge geleitet, so dass zwischen Lesen und Interpretieren nur graduelle Unterschiede bestehen. Zudem stellen dekonstruktive Ansätze Ordnungsmuster, wie Epochen und Gattungen, für die Analyse von Texten in Frage, die letztlich artifiziell, jedoch aus didaktischer Perspektive für das Verständnis literarischer Traditionen unverzichtbar sind (s. Kap. 5). Auf hermeneutische Interpretationsarbeit im Unterricht kann somit nicht verzichtet werden. Lehrplanvorgaben, Bildungsstandards und die Einheitlichen Prüfungsanforderungen in der Abiturprüfung Deutsch (EPA 2002) postulieren entsprechend die Einhaltung hermeneutischer Verfahren.

Dekonstruktive Verfahren

Medien-integration

Interkul-turalität

Diese Zeit ist zudem geprägt durch eine verstärkte Reflexion des Leseverhaltens im Kontext neuer Medienumwelten, das Bemühen um eine Leseförderung und Beachtung des außerschulischen literarischen Lebens sowie um eine Integration von auditiven und audiovisuellen Medien in den Literaturunterricht. Eine als »interkulturell« apostrophierte Literaturdidaktik thematisiert Lesen und Literatur im Kontext von Migration und unter Berücksichtigung einer heterogenen Schülerpopulation (Dawidowdki/Wrobel 2006). Unter dem Einfluss der Kulturwissenschaften, die in Unterhaltung einen spezifischen Zugang zur Populären Kultur sehen (Hügel 2007), fand eine Neubewertung populärer Genres für den Literaturunterricht statt. Die Lese- und Welterfahrung populärer Genres sind durch eher leichtes Verstehen, Spannungsphänomene, Erleben und emotionale Involviertheit gekennzeichnet.

Inhalts- vs. Kompetenz-orientierung

Kompetenzorientierung. Die OECD-Schulleistungsvergleichsstudie PISA (2001) hat zu einer Umstrukturierung des Bildungsbereichs von einer inhalts- und zu einer kompetenzorientierten Didaktik geführt mit weitgehenden Folgen für Inhalte, Ziele, Bewertungen von Lernergebnissen und Gestaltungen des Literaturunterrichts. Sie hat eine intensive und kritische Auseinandersetzung mit dem Konzept von *literacy* ausgelöst. Gegenstand der Kritik sind eine fehlende Differenzierung literarischer Kompetenzen, die Betonung des informativen und zweckgebundenen Lesens und die Testorientierung. Eine Vielzahl an Publikationen der letzten Jahre steht daher in dem Bemühen, literarisch-ästhetische Verstehenskompetenzen näher zu bestimmen, wie das Umgehen mit Polyvalenz, Fiktionalität und Form-Inhalt-Beziehungen. Auch ist eine Renaissance historischen Wissens zu beobachten. Die Studie hat die Aufmerksamkeit auf den Zusammenhang von Lesekompetenz und sozialen Faktoren gelenkt und deutlich gemacht, dass die hermeneutische Auslegungspraxis in der Schule die Beherrschung elementarer Lesekompetenzen nicht mehr fraglos voraussetzen kann. In welchem Verhältnis die hermeneutische Tradition des Textverstehens und kognitionspsychologische Modellierung von Lesekompetenz zueinander stehen und wie sie im Literaturunterricht zusammengeführt werden können, ist das Thema der nächsten zwei Kapitel.

Empfohlene Literatur

Abraham, Ulf / Kepser, Matthias: Literaturdidaktik Deutsch. Eine Einführung. Berlin 2009.
Frank, Horst Joachim: Geschichte des Deutschunterrichts. Von den Anfängen bis 1945. München 1973.

3. Bildungsziele und Kompetenzen

3.1 Literatur als Bildungsmedium

Der Literaturunterricht steht immer wieder auf dem Prüfstand: Er muss sich in seinem Warum und Wozu legitimieren, sich seines bildungstheoretischen Fundaments vergewissern und eine Bildungsperspektive für Inhalte, Gegenstände und Methoden entwickeln. Die Annahme, dass Literatur eine den Menschen bildende Funktion hat, steht in der Tradition humanistischer Bildungskonzepte und ihrer Reformulierung in modernen Bildungstheorien. Zu Beginn des 19. Jahrhunderts wurde damit die Lektüre klassischer deutscher Texte der Gegenwart im Unterricht begründet. Sowohl in traditionellen Bildungstheorien der klassischen Phase zwischen 1770 und 1830 als auch im aktuellen Diskurs ist der Bildungsbegriff auf das Verhältnis von Individuum und Gesellschaft bezogen. Die Befähigung zur »vernünftigen« Selbstbestimmung des Individuums in seinem Denken, Handeln und seiner Lebensgestaltung ist ein Ziel von Bildungsprozessen. Nach Wilhelm von Humboldt (1793) realisieren sich Selbstbestimmung und Entfaltung der Persönlichkeit stets in Auseinandersetzung mit und in der Erschließung von Welt und ihren Gegebenheiten: Natur, Normensysteme, Lebensformen, ästhetische Produkte, verschiedene Sinndeutungen. Zum Weltbezug und zur Individuation kommt als drittes Element von Bildung die Sozialität hinzu, der Bezug zu anderen Menschen mit der Fähigkeit, Verständnis und Akzeptanz für Andere zu entwickeln gerade auch dort, wo sie einem als fremd entgegentreten und die Erfahrung von Differenz und Nicht-Verfügen über ein Drittes gegeben ist. Dieser Aspekt spielt insbesondere für interkulturelle Lern- und Verständigungsprozesse in einer mehrkulturellen Gesellschaft eine zentrale Rolle. Der Literatur kommt eine bildende Wirksamkeit zu, indem sie Erfahrungen und Auseinandersetzungen mit Inhalten ermöglicht, die den Einzelnen in ein Verhältnis zur Welt, zu anderen Menschen und zu sich selbst bringt. Die Begegnung mit zeichenvermittelten Welten und ihrem Inventar, ihren Weltsichten, Sinnentwürfen, Normensystemen und Lebensformen kann die eigenen Selbst- und Weltentwürfe um Anderes und bisher Nicht-Gesehenes und Erfahrenes erweitern, so dass der Einzelne sich in seinem Selbst in Abgrenzung zur Welt konstituieren kann. Die Lektüre ist der Ort der Grenzüberschreitung in andere Denk-, Erfahrungs- und Handlungsräume und regt damit potenziell zu Transformationen von Selbst- und Weltentwürfen an.

Humanistische Bildungstradition: Individuation, Weltbezug, Sozialität

Da Gegenstand und Erwerb von Wissen und Fähigkeiten aufeinander bezogen sind, gehört es zur Aufgabe des Literaturunterrichts, sowohl Inhalte

Materiale vs. formale Bildung

und kulturelle Wissensbestände zu vermitteln (materiale Bildung nach Wolfgang Klafki 1959) als auch Fähigkeiten und das Verfügen über Methoden aufzubauen (formale Bildung). Historisch betrachtet hat der Deutschunterricht oft einseitig entweder die materiale oder die formale Bildung akzentuiert.

Literarische Bildung

Literarische Bildung als Zielkomponente von Unterricht umfasst die Inhaltsebene, Kenntnisse von Werken, Gattungen und Epochen, die Reflexion von Sprache und Form und ihrer bedeutungsgenerierenden Funktion und die Fähigkeit, Form und Inhalt aufeinander zu beziehen und mit literar-ästhetischen Eigenschaften wie Polyvalenz und Selbstbezüglichkeit umzugehen. Zum Formbewusstsein und zur ästhetischen Wahrnehmung gehören das Erkennen und funktionale Bewerten poetischer Mittel (Metaphorik, Symbolik, Stil) und Gattungs- und Darstellungskonventionen.

Kulturelle Bildung

Des Weiteren zielen didaktische Intentionen darauf ab, aus jugendlichen Lesern habituelle Leser zu machen und sie in verschiedene Lektüremodi und Verstehenskompetenzen einzuüben. Literatur und literarische Mediengattungen (Hörspiel, Spielfilm) ermöglichen dabei eine symbolvermittelte Kommunikation im öffentlichen und privaten Raum, die Aneignung von Traditionen und ihren Sinnentwürfen und Weltdeutungen und tragen dergestalt zur kulturellen Bildung bei. Voraussetzung dafür ist jedoch das Beherrschen der Kulturwerkzeuge Lesen sowie Sprechen und Schreiben zur Artikulation von Lektüreerfahrungen, Deutungen und zur wechselseitigen Verständigung. Wie diese kompetenzbezogenen Voraussetzungen für eine Teilhabe an einer Lese- und Bildungskultur, an Geschichtlichkeit und Erinnerung und für die Persönlichkeitsentwicklung im Literaturunterricht geschaffen werden können, steht im Fokus des aktuellen Bildungsdiskurses im Fach Deutsch.

3.2 Lesen als Kulturtechnik

Kulturtechnik Lesen

Lesen ist eine Kulturtechnik, deren Erwerb vorrangig in der Schule stattfindet und die sich historisch mit der Entwicklung von Schriftlichkeit herausgebildet hat. Die Entdeckung des Buchdrucks und damit der größeren und leichteren Vervielfältigung von geschriebenen Texten und die zunehmende Alphabetisierung breiter Bevölkerungsschichten in den letzten zweihundert Jahren haben entscheidend zur wachsenden Bedeutung des Lesens beigetragen. Im privaten Bereich, in Lern- und Studiersituationen und den verschiedenen Berufsfeldern wird Lesefähigkeit gefordert. Aufgrund der steigenden Bedeutung der Schrift durch elektronische Medien, der Veränderung des Leseverhaltens im Kontext neuer Medienumwelten, des Anstiegs von Informationslesen in der Gesellschaft sowie der Befunde empirischer Lesestudien über eingeschränkte Lesekompetenzen von Jugendlichen (Lehmann 1995; PISA 2001) ist Lesen zu einem gesellschaftlich relevanten Thema geworden. Da es verschiedene Lese- und Verstehenstheorien unterschiedlicher Provenienz und Erkenntnisinteressen gibt, bleibt zu prüfen, mit welchem Konstrukt von Lese- und Verstehenskompetenz diese Theorien arbeiten und inwieweit sie ein theoretisches Fundament für eine Lese- und Literaturdidaktik bieten, die auf den systematischen Aufbau von Lese- und Interpretationskompetenzen zielt (s. Kap. 4).

3.2.1 Die PISA-Studie

Reading literacy

Die international vergleichende Schulleistungsstudie zur Erfassung der Lesekompetenz von Schülern am Ende des mittleren Bildungsabschlusses *Programme for International Student Assessment* (PISA 2000) hat eine umfassende Bildungsdebatte ausgelöst. So widerspricht ihr Konzept von *reading literacy*, das auf die Bewältigung von schriftlichen Anforderungen im Alltag, auf Wissenserwerb und Handlungskompetenz gerichtet ist, Bildungsnormen, die am literarisch-ästhetischen Lesen gewonnen wurden. Die Studie hat bestehende Bildungsdefizite aufgedeckt und deutlich gemacht, dass Lesen für schulische und nachschulische Leistungen insofern ein besonders sensibler Bereich ist, als nicht ausreichende Lese-/Schreibfähigkeiten die Sachfachleistungen und den Wissenserwerb beeinträchtigen und somit über Bildungskarrieren und die Möglichkeit der Partizipation an Gesellschaft und Kultur entscheiden.

PISA-Studie und Kompetenzstufen

In der PISA-Studie 2000 geht es um das Lesen von geschriebenen Texten in verschiedener medialer Form in vielfältigen Situationen und für unterschiedliche Zwecke. Sie differenziert Lesen nach fünf Kompetenzstufen, beginnend mit einem oberflächlichen Verständnis einfacher Texte (I), der Fähigkeit, den Hauptgedanken eines Textes zu erfassen (II), durch Integration von Textelementen und einfache Schlussfolgerungen zu einem Verständnis eines mittelschweren Textes zu gelangen (III), über das detaillierte Verständnis komplexer Texte (IV) bis zur höchsten Stufe, einen thematisch unvertrauten Text vollständig zu verstehen (V). Diese Anforderungen an den Leser werden zu drei Dimensionen von Lesekompetenz verdichtet: »Informationen ermitteln«, »textbezogene Interpretation«, »Reflektieren und Bewerten«.

PISA-Modelle

Inzwischen liegen mehrere PISA-Modelle vor (2000, 2003, 2006, 2009). In PISA 2009 erfolgte eine Erweiterung von Kompetenzstufen, um stärker differenzieren zu können, und eine Umbenennung der Kompetenzbereiche in »Informationen suchen und extrahieren«, »Kombinieren und Interpretieren« und »Reflektieren und Bewerten«. Typische Niveauabstufungen in den verschiedenen PISA-Modellen erfolgen nach den Kriterien: Erkennen von einzelnen Informationen vs. Verknüpfung mehrerer, lokales vs. globales Verstehen, einfache vs. komplexe Schlussfolgerungen, Verstehen von Texten bei vertrautem vs. unvertrautem Thema.

Risikogruppen

Die PISA-Studie 2000 hat Migrantenkinder und deutsche Kinder aus bildungsfernem Milieu als Risikogruppen identifiziert, die selbst hinter minimalen Standards zurückbleiben und damit nicht die Voraussetzungen für eine Berufslaufbahn erlangen. Sie gehören zu denen, die die Kompetenzstufe II nicht erreicht haben. Nachweisbar besteht ein enger Zusammenhang zwischen familiären Lebensverhältnissen (Migrationsstatus, sozioökonomischer Status, Bildungsniveau der Eltern) und Kompetenzerwerb (s. Kap. 4.4). 2009 zeichnet sich zwar eine Verbesserung der Lesekompetenz bei 15-Jährigen ab, aber immer noch 18 Prozent haben die Kompetenzstufe II nicht erreicht und zählen zu den schwachen Lesern. Deutlich ist der höhere Anteil von Jungen gegenüber Mädchen und von Schülern mit Migrationshintergrund gegenüber Schülern ohne Migrationshintergrund in der Gruppe schwacher Leser.

3.2.2 Bildungsstandards

Festschreibung von Bildungsstandards

Herkunftsbedingte Unterschiede der Bildungsbeteiligten und des Kompetenzerwerbs, die Diagnose von Bildungsarmut und die Annahme, dass die Institution Schule die Ursache von Ungleichheiten ist, haben zur Einführung von Mindeststandards geführt (KMK 2003). Sie sollen die Grundbildung sichern und damit Chancengleichheit und gesellschaftliche Partizipation ermöglichen. Zugrunde gelegt wird ein Kompetenzmodell, das Teildimensionen innerhalb eines Gegenstandsbereiches, z. B. Rezeption von Texten, und Niveaustufen für diese Dimensionen unterscheidet, wie Inhalt und Aufbau literarischer Texte zu analysieren oder ästhetische Qualitäten zu erfassen. Bildungsstandards geben den anzustrebenden Ertrag von Bildungsgängen an und bestehen in einer Aufzählung von Befähigungen und Kompetenzen, die Schüler bis zum Ende einer Jahrgangsstufe erworben haben sollen. Mit Hilfe von Aufgaben können Dimensionen von Kompetenzen überprüft werden. Nach Franz E. Weinert (2001, S. 27 f.) sind Kompetenzen Leistungsdispositionen, die eine Person befähigen, Probleme zu lösen. Bei der Beschreibung von Kompetenzen stehen handlungsbezogene und kognitive Merkmale (Wissen, Gedächtnis,

Kompetenzbegriff

Fertigkeiten) im Vordergrund sowie motivationale, willensbasierte und soziale Bereitschaften, Problemlösungen in verschiedenen Situationen zu nutzen. Bei den Bildungsstandards handelt es sich zwar um Kompetenzstandards und nicht um einen Bildungskanon, aber das Konzept von Bildung ist leitbildend. Explizit wird darauf verwiesen, dass Kompetenzen dazu dienen, »Welt zu erfassen, zu ordnen und zu gestalten« (KMK 2003, S. 6). Einblick in kulturelle Traditionen, sprachliche Bewältigung von Lebenssituationen und Kritikfähigkeit tragen mit zur Persönlichkeitsentwicklung bei.

Stoff- vs. Kompetenzorientierung

Die Einführung von Bildungsstandards hat zu einer Umstrukturierung im Bildungsbereich geführt: weg von einer Stofforientierung (Input) mit Auswahl von Lerninhalten, Themen und einer kontrollierten Lernzielbestimmung, die angibt, was gelehrt werden soll, hin zu einer Ergebnisorientierung (Output), die auf den Aufbau von Wissen, Fähigkeiten, Fertigkeiten, Einstellungen, Überzeugungen und Werthaltungen zielt. Bei der Input-Orientierung liegt der Schwerpunkt auf den Gegenständen, der materialen Bildung, während die Output-Orientierung mit Fähigkeiten, Fertigkeiten und Bereitschaften die formale Bildung akzentuiert. In ihrer unterrichtspraktischen Umsetzung bedeutet Kompetenzorientierung: Operationalisierung von gegenstandsspezifischen Kompetenzen, Zielformulierung, Hinführen zu konkreten Lernergebnissen, deren Messung und Vergleich, Abstufung von Fähigkeitsniveaus, Förderung von Selbstkontrolle und Lernen-zu-Lernen-Kompetenzen, Beschreibung von Problemlösungswissen an fachlichen Inhalten, Anregung von Schülern zur Selbstreflexion ihres Lernprozesses und ihrer Lösungswege, Diagnose von Kompetenzen, Maßnahmen zur Förderung von Entwicklungspotenzialen von Schülern.

Bildung als Kompetenzerwerb

Der Paradigmenwechsel im Bildungsbereich von einem Bildungskonzept, das an inhaltlich-thematisch definierten Lerngegenständen orientiert ist, zu einem Konzept von Bildung als Kompetenzerwerb, mit dem zugleich kognitive, motivationale und soziale Voraussetzungen für das Handeln und die Konstruktion von Selbst und Welt geschaffen werden sollen, stellt für die Literaturdidaktik eine Herausforderung dar. Für die Realisierung eines so verstandenen Bildungskonzeptes bedarf es einer Fundierung von Methodenkompetenzen in inhaltlich definiertem Wissen, einer Umwandlung von Fachwissen – Erzähl-/Dramen-/Lyriktheorien, Gattungen, Epochen – in eine didaktische Struktur, die auf Kompetenzerwerb zielt (s. Kap. 5), einer Aufgabenkultur, in der Wissen und Prozesse ineinandergreifen (s. Kap. 8), und einer Balance zwischen Gegenständen und methodischen Fähigkeiten der Erschließung und Aneignung von Gegenständen.

3.2.3 Das Konzept von *literacy*

Die PISA-Studie hat erhebliche Einwände in der Deutschdidaktik hervorgerufen, weil sie einen Bildungsbegriff zugrunde legt, der der bisherigen Tradition von literarischer Bildung entgegensteht, und mit einem Konzept von *literacy* (Literalität) arbeitet, das als ein funktionales Konzept aus dem angelsächsischen Diskurs mit der Hermeneutik des Lesens und Verstehens nicht verträglich zu sein scheint. Zwei Denk- und Wissenschaftskulturen stehen einander gegenüber: die philologisch-hermeneutische und die pragmatisch-funktionale des angelsächsischen Raumes. Die Inhalte der Kritik an der PISA-Studie und ihr Konzept von *reading literacy* lassen sich folgendermaßen zusammenfassen:

Literalität

Kritik

- Reduktionismus: Lesefähigkeit wird reduziert auf pragmatisches, Informationen entnehmendes Lesen, das beruflichen Zwecken dient.
- Dominanz des Kognitiven: Mit der Betonung kognitiver Leistungen geht die subjektive, emotive und motivationale Dimension von Lesen verloren.
- Vernachlässigung von Literatur: Mit einem geringen Anteil von nur 13 Prozent literarischer Texte in der Studie 2000 wird sie der Spezifik literarischen Lesens nicht gerecht und steht damit Bildungstraditionen entgegen.
- Normierung: Bildungsstandards und PISA sind ein Instrument staatlicher Steuerung und Normierung von Unterricht und Ausdruck einer Orientierung der Bildungspolitik an der Verwertung für Wirtschaftszwecke (Stichwort »Humankapital«).

Das Konzept von Literalität ist zwar funktional auf die Bewältigung lebenspraktischer Anforderungen gerichtet, in einem umfassenderen Sinne geht es jedoch um die Fähigkeit, Welt erschließen zu können und unterschiedliche Zugänge zur Welt und Welterfahrung zu ermöglichen (Baumert 2002; Tenorth 2004b). Das Verfügen über Lesekompetenz schafft die Basis für die Auseinandersetzung mit zeichenvermittelten kulturellen Inhalten und damit für Anschlüsse an Bildungstraditionen. Ein Blick in die Geschichte des Literaturunterrichts zeigt zudem, dass die Ausbildung von Lese- und Interpretationskompetenzen immer schon zu seinen Aufgaben gehörte; die Karriere des Lesens im 18. Jahrhundert verdankt sich nicht zuletzt dem nützlichen Wissen, das Bücher, Almanache und Zeitschriften vermittelten. Berechtigt ist der Vorwurf einer fehlenden Berücksichtigung literarischer Texte und auf sie bezogener Kompetenzen, doch ist der Begriff des Lesens nicht eingeengt auf die Informationsentnahme, sondern beinhaltet ausdrücklich Interpretieren und Reflexion des Gelesenen.

Das Konzept von Literalität hat inzwischen einen Bedeutungswandel erfahren, indem es ausgeweitet wurde auf visuelle Medien (Bilder, Fotos, Film) und die Fähigkeit, visuelle Medien zu verstehen, zu interpretieren, in der Kommunikation zu verwenden und zu produzieren (*visual literacy*).

Visual literacy

Angesichts der langen Geschichte der ideologischen Inanspruchnahme des Bildungsgedankens und der Funktionalisierung von Literatur für außerliterarische pädagogische, religiöse und politische Zwecke hat das Paradigma der Kompetenzorientierung den Vorzug, Unterricht auf ein rationales Fundament zu stellen, indem unterrichtliches Handeln und seine Zielperspektive präzisiert, literarische Kompetenzen fachspezifisch ausformuliert, operationalisiert und nach Anforderungsniveaus abgestuft und genaue Aufgaben zur Überprüfung von Teilfähigkeiten einer Lese-/Interpretationskompetenz erarbeitet werden müssen.

Die PISA-Studie hat mit ihrer Konstruktion der Stufung von Kompetenzen und der konstatierten Bildungsarmut in Verbindung mit sozialen Faktoren die Aufmerksamkeit der Literaturdidaktik verstärkt auf das Lesen und die Notwendigkeit gerichtet, bei einer bestimmten Schülerpopulation ein basales Textverständnis zu sichern und systematisch durch Vermittlung von Lesekompetenzen ein komplexes Textverständnis aufzubauen. Wurden zuvor Lesekompetenzen in der höheren Sekundarstufe I und in der Sekundarstufe II vorausgesetzt, wird das Lesen nun auch hier zum Lerngegenstand. In den Bildungsstandards für den Mittleren Schulabschluss (2003, S. 13) wie in den Rahmenlehrplänen für die Sekundarstufe II ist der Erwerb von Lesekompetenz mit Teilfähigkeiten des Beherrschens von Lesetechniken und Lesestrategien ausdrücklich verankert (z. B. Bayern 2004; Berlin 2006, S. 12 f., Kerncurriculum für das Gymnasium Niedersachsen 2009, S. 16).

Lesen als Lerngegenstand der Sekundarstufen

Die Literaturdidaktik hat sich in den vergangenen Jahren zunehmend dem neuen Bildungsdiskurs und den Herausforderungen einer veränderten Lese- und Medienkultur gestellt, indem sie besondere Forschungsaktivitäten entwickelt hat, um literarische Lese- und Verstehenskompetenzen auszudifferenzieren (s. Kap. 4.1.2), z. B. literaturgeschichtliche Kompetenzen (Brüggemann 2009) oder eine literar-ästhetische Urteilskompetenz (Frederking u. a. 2008/[2]2012), um den Begriff einer literarischen Bildung neu zu überdenken und Konzepte zur Förderung schwacher Leser in der Haupt-, Real- und Gesamtschule auszuarbeiten.

Spezifik literarischer Kompetenzen

Empirische Lesestudien haben mit zu einer Privilegierung des Lesens, aber auch zu einer Aufwertung des Interpretierens als einer hermeneutischen, sinnerschließenden Tätigkeit geführt. Das Interpretieren operiert bereits auf einem gelesenen und bis zu einem gewissen Grad verstandenen Text. Diese elementare Verstehensgrundlage ist inzwischen, wie die PISA-Studie gezeigt hat, brüchig geworden und kann nicht mehr voraussetzungslos zur Basis von Literaturunterricht gemacht werden. In welchem Zusammenhang Lesen, Verstehen und Interpretieren stehen, wie sie sich theoretisch beschreiben und operationalisieren lassen und wie sich Lesen und Literatur in den Kontext von Migration einordnen, sind die Themen des folgenden Kapitels.

Empfohlene Literatur

Klieme, Eckhard: Was sind Kompetenzen und wie lassen sie sich messen? In: Pädagogik 6 (2004) S. 10–13.

Tenorth, Heinz-Elmar: Bildungsstandards und Kerncurriculum. In: Zeitschrift für Pädagogik 50 (2004) S. 650–658.

4. Textverstehen, Lesen, Lesesozialisation

Aufgabe des Literaturunterrichts ist nicht nur die Vermittlung von literarischen Gegenständen, sondern auch von Verfahren des Umgehens mit diesen. Lesen, Deuten und Verstehen von Texten bilden einen Kern der Unterrichtspraxis. In der Modellierung von Lese- und Verstehenskompetenzen stützt sich die Fachdidaktik auf Literatur-, Verstehens- und Lesetheorien unterschiedlicher Provenienz. Diese theoretischen Grundlagen sollen im Folgenden expliziert und ihre Konsequenzen für die Konzeption von Textverstehenskompetenzen aufgezeigt werden. Da Lesen nicht nur ein mentaler Vorgang ist, sondern auch ein Verhalten, dessen Stabilisierung eine Aufgabe des Literaturunterrichts ist, werden des Weiteren Prozesse der Lesesozialisation beschrieben. Das letzte Teilkapitel widmet sich dem Lesen und der Literatur im Kontext von Migration.

4.1 Textverstehen

Die Hermeneutik ist eine Methodenlehre, die der Auslegung (Interpretation) von Texten dient. Der Ausdruck »Interpretation« bezeichnet sowohl die Tätigkeit des Interpretierens als auch deren Ergebnis. Interpretation zielt darauf, zu einem Textverständnis zu gelangen, und kommt insbesondere dann ins Spiel, wenn sich Verstehen nicht automatisch einstellt wie bei zeitlich und kulturell fernen Texten, deren Welten dem gegenwärtigen Leser fremd sind. Um eine solche Differenz zwischen Text und Leser zu überbrücken, sind Interpretationshandlungen erforderlich, die die andere Welt mit ihren Glaubens-/Normensystemen, Weltbildern und Lebensformen erschließen.

4.1.1 Texthermeneutik

Hans-Georg Gadamer (1960), ein Vertreter der philosophischen Hermeneutik, modelliert das Verstehen dialogisch als ein Aufeinanderbeziehen der Horizonte von Text und Leser, bei der die Distanz von Texten der Überlieferung und Gegenwart überwunden wird. Da ein Interpret einen Text immer vor dem Hintergrund seines Vorverständnisses wahrnimmt, das als Frage oder Hypothese über den Text und seine Welt in den Verstehensprozess eingeht und fortlaufend revidiert werden muss, vollzieht sich Interpretation in einem Wechsel von Bestätigung und Korrektur, von Aneignung und Distanz. Zu den

Prämissen gehört, dass verständlich ist, was eine Einheit von Sinn darstellt, die nach dem Verfahren des hermeneutischen Zirkels gefunden wird. Die Struktur des hermeneutischen Zirkels, der bereits in der romantischen Hermeneutik (Friedrich Ast [1808], Friedrich Daniel Ernst Schleiermacher [1819/1911]) erörtert wurde, liegt einer weit verbreiteten Praxis der schulischen Textinterpretation zugrunde, die aus der Analyse von Einzelstellen Rückschlüsse auf einen Gesamtzusammenhang zieht und umgekehrt aus Hypothesen über einen ganzheitlichen Sinn die Bedeutung des Einzelnen ableitet. Eine solche wiederholte Bewegung mit ihren semantischen Modifikationen führt zu einem Erkenntnisgewinn. Das Verstehen ist dabei prinzipiell unabschließbar. Ein zentrales Konzept von Gadamers Verstehenstheorie ist die Applikation, die Anwendung des fremden Sinns von Texten auf die Gegenwart von Interpreten. Als hermeneutischer Terminus im Sinne der Anwendung stammt der Begriff aus der pietistischen Hermeneutik des 18. Jahrhunderts, wird jetzt aber lebensweltlich und als Teil des Verstehens aufgefasst. Bei der Applikation wird nach der Bedeutung von Texten für den Leser bzw. dessen, was es zu verstehen gilt, gefragt und damit das Moment des Wiedererkennens im Text und der Sinnvollheit des Interpretierens hervorgehoben. Anwendung stellt eine wichtige Motivation für schulisches Interpretieren dar (s. Kap. 8.4).

Hermeneutischer Zirkel

Applikation

Gadamer war einflussreich auf die Literaturwissenschaft bis in die 1980er Jahre und Bezugspunkt für anti-hermeneutische Positionen, die Konzepte wie Ganzheit, Kohärenz und Einheit von Sinn in Frage stellen, jedoch die Annahme von der Bedeutungsvielfalt der Texte und Unabschließbarkeit der Interpretation teilen. Aufbauend auf der Verstehenslehre von Gadamer hat Hans Robert Jauß (1977) für den methodischen Umgang mit literarischen Texten den Dreierschritt von Aufnahme (erste naive Lektüre), Interpretation (reflektierende Auslegung) und Anwendung vorgeschlagen. Innerhalb der Didaktik knüpft Harro Müller-Michaels an diesen Ansatz an (2009, S. 129) und legt ihn seinem Phasenmodell für den Literaturunterricht zugrunde (s. Kap. 8.4).

Anti-hermeneutische Position

In den 1970er Jahren erfolgte parallel in verschiedenen Disziplinen (Literaturwissenschaft, Semiotik, kognitive Wissenschaften) eine Umorientierung vom Produkt des Lesens, dem Textverständnis, zum Prozess des Lesens. Hans Robert Jauß und Wolfgang Iser (1970/1975) haben im philologischen Bereich die Wende eingeleitet. Iser hat sich dem im Text vorgezeichneten Akt des Lesens zugewandt und literarisches Verstehen in Verbindung mit der Zeitlichkeit des Lesens (Vor-/Rückgriffe, Blickpunktwanderung) und der Unbestimmtheit literarischer Texte modelliert. Unbestimmtheit entsteht durch die nur ausschnitthafte Darstellung der fiktiven Wirklichkeit und fordert vom Leser konstruktive Aktivitäten, um zu komplettieren, was lückenhaft ist. Die Zeit-

Produkt-/Prozessorientierung

lichkeit der Lektüre reflektiert Iser am Wechsel von Erwartungen und Erinnerungen, aber sie geht auch in die Struktur der Offenheit ein, die bedingt ist durch die im zeitlichen Nacheinander erfolgende Präsentation von Gegenständen. Iser entwickelt eine phänomenologische Hermeneutik des Lesens, die nicht nur diskursive Anteile, sondern auch bildliche Vorstellungen und Wahrnehmungen einschließt, die auf Ergänzung und damit auf Ganzheit gerichtet ist.

Rezeptionsästhetik

Für den Semiotiker Umberto Eco (1987, S. 62 ff.) ist Offenheit eines literarischen Kunstwerks für viele Perspektiven und divergierende Deutungen ein Qualitätsmerkmal. Interpretationsmöglichkeiten müssen in der Struktur eines Textes angelegt sein, z. B. durch Redundanz und Mehrfachcodierung von Textelementen, die in vielfältige thematische und perspektivische Beziehungen treten können, oder durch Unbestimmtheit, bei der Leserlenkungen und Deutungsvorgaben (z. B. durch Erzählerkommentare) zurückgenommen sind. Für Eco geht Textsinn aus der interpretativen Mitarbeit des Lesers hervor, der eine Reihe von schlussfolgernden Operationen (s. Kap. 4.2) unter Einschluss von Weltwissen durchführen muss, wie etwa die Bezugnahme eines Pronomens auf eine Figur oder die Verknüpfung von Textteilen.

Semiotik

4.1.2 Ästhetisch-hermeneutische Normen der Literaturdidaktik

Literaturtheorien und ihre Konzepte von Offenheit, Polyvalenz (Mehrdeutigkeit) und Unbestimmtheit (Eco 1962; Iser 1975; Jauß 1966) haben seit den 1980er Jahren verstärkt Eingang in die Literaturdidaktik gefunden, um das Lesersubjekt und seine Freiheitsgrade gegenüber dem Text zu privilegieren. Sie werden jedoch im Kontext der gegenwärtigen Bildungsdebatte neu gewichtet. In Abgrenzung von einem funktionalen und eher auf Sachtexte bezogenen Lesekonzept der PISA-Studie bemüht sich die Literaturdidaktik derzeit um eine Bestimmung spezifisch literarischer Lese- und Verstehenskompetenzen. Offenheit, Mehrdeutigkeit, Fiktionalität und Selbstreferenz (Frederking 2008, 2010; Eggert 2002; Kammler 2006a; Spinner 2008) werden als Eigenschaften literarischer Texte hervorgehoben, die bestimmte Anforderungen an den Leser bzw. seine Kompetenzen und Aktivitäten der Bedeutungs- und Sinnbildung stellen, wie z. B. das Entwickeln von alternativen Deutungen, das Trennen von Fiktion und Wirklichkeit, das Einbringen von Gattungs-, Epochen- und Weltwissen und die Wahrnehmung formaler Gestaltungsmittel.

Literarische Lese-/Verstehenskompetenzen

Dieses »Paradigma der Vieldeutigkeit« moderner Literaturtheorien (Kurz 1999, S. 85) geht vor allem auf die ästhetische Diskussion des ausgehenden

Paradigma der Vieldeutigkeit

18. Jahrhunderts zurück, in der Vieldeutigkeit zu einer ästhetischen Norm erhoben wurde. Vieldeutigkeit wurde in Verbindung gebracht mit drei Eigenschaften des Kunstwerks: Form, Selbstreferenz und Fiktionalität. Die Dominanz der Form gegenüber dem Inhalt, der innere Verweisungszusammenhang von Elementen und die Eigengesetzlichkeit des Kunstwerks gegenüber der extratextuellen Wirklichkeit ermöglichen in dieser Sicht vielfältige interne Verknüpfungen und erzeugen darin einen Bedeutungsreichtum, der einen Text vielfach deutbar macht. Aus der Selbstreferenz des Kunstwerks, das sich dem eigenen Darstellen zuwendet, und der Fiktionalität des Dargestellten, bei der keine Referenz auf reale, außertextuelle Gegebenheiten erfolgt (s. Kap. 5.1.3), wurde dessen Bedeutungsfülle (Polyvalenz) abgeleitet. Diese wiederum wurde mit dem hermeneutischen Akt der Interpretation und der Offenheit für eine (unendliche) Vielzahl an Deutungen in Verbindung gebracht.

4.1.3 Reichweite von Vieldeutigkeitskonzepten

Aus dem Konzept der Polyvalenz literarischer Texte hat die Literaturdidaktik das Ziel abgeleitet, in Interpretationen Vieldeutigkeit zu entfalten und den gekonnten Umgang mit Polyvalenz zum Maßstab für Interpretationskompetenz zu erheben. Gegenüber dem behaupteten Anspruch sind die Konzepte ›Offenheit‹ und ›Polyvalenz‹ nicht literaturspezifisch, sondern gelten auch für nichtliterarische, z. B. journalistische Texte. So konnte in empirisch-kognitionspsychologischen Studien festgestellt werden, dass auch bei der Verarbeitung pragmatischer Texte nicht nur eine Bedeutung konstruiert wird (Christmann/Schreier 2003, S. 261). Die Reichweite der genannten Konzepte umfasst nicht einmal alle Texte, die unter der Kategorie ›Literatur‹ subsumiert werden, wie die engagierte politische und didaktische Literatur. Die Literaturspezifik von Merkmalen der Vieldeutigkeit, Fiktionalität und Selbstreferenzialität wird innerhalb des Didaktik-Diskurses lediglich durch Hinweis auf ihren Geltungsbereich für andere (Erzähl-)Medien, wie z. B. den Film, selbst relativiert und hebt damit die Interdependenz und das Gemeinsame der verschiedenen Erzählmedien hervor. Das Trennende liegt in der unterschiedlichen Zeichenbasis (schriftsprachlich und räumlich gegebene Zeichen in einem Erzähltext vs. visuelle, auditive und sprachliche Zeichen im Film), so dass der Rezipient über modalitätsspezifische Fertigkeiten des Hörens, Sehens und Lesens verfügen muss, ebenso wie über medienspezifische narrative Mittel der Erzeugung von Offenheit (z. B. die Montage beim Spielfilm, s. Kap. 7.3).

Geltungsbereiche von Vieldeutigkeit

Auch wenn in einzelnen Hermeneutiken die Bestimmung dessen, was Gegenstand des Verstehens ist und unter welchen Bedingungen es sich vollzieht, z. B. Differenz, gefasst als Andersheit (Alterität) oder historische, kulturräumliche Fremdheit, und die vorgeschlagenen Lösungen sich voneinander unterscheiden, so teilen sie ein hermeneutisches Gedankengut: Danach stellt sich Verstehen nicht von alleine ein, sondern bedarf gewisser interpretatorischer Anstrengungen.

4.1.4 Schulisches Interpretieren

Das Einüben literaturbezogener Kompetenzen erfolgt im Rahmen der schulischen Interpretation. Der Literaturunterricht hat im Laufe seiner Geschichte interpretative Vorgehensweisen zunehmend ausdifferenziert. Zum festen Bestand gehören seit dem 19. Jahrhundert die Figurencharakteristik, die Beschreibung metrischer und strophischer Formen, Autorenporträts, die Entstehungsgeschichte und literaturhistorische Einordnung (Weimar 2003). Seit den 1960er Jahren wurden unter dem Einfluss des Strukturalismus analytisch-rationalistische Verfahren mit dem Anspruch auf Objektivierbarkeit entwickelt, die heute noch die Basis für die Textanalyse bilden (z. B. metrische oder erzähltheoretische Analyse). Die Tätigkeitsformen der Textbeschreibung (Nacherzählung, Inhaltsangabe, Paraphrase), Textanalyse und Interpretation gehören zur hermeneutischen Grundausbildung im Literaturunterricht (s. Kap. 8.1.1 und 8.1.3). Interpretieren ist eine komplexe Tätigkeit, die auf verschiedene Gegenstände gerichtet ist und ein Verstehen eines ganzen Textes oder von Textteilen anstrebt. Es gibt Interpretationen, die

Interpretationspraxis

- sich auf Eigenschaften von Texten beziehen: Bedeutungen von Wörtern, Rede-/Stilfiguren, Identifizieren von Darstellungsmitteln und Konventionen (Gattungen);
- oder auf ästhetische Wirkungen von Texten und ästhetische Bewertungen;
- auf Umgehen mit Alterität;
- die Inhalte von Texten auf ihre Wahrheit, trügerischen Weltbilder oder Moral hin überprüfen;
- übertragene, allegorische Bedeutungen ermitteln;
- Verweise auf andere Texte und dadurch erzeugte Mehrdeutigkeit erarbeiten (Intertextualität);
- auf freien Assoziationen beruhen;
- eine literaturhistorische Einordung vornehmen;
- den Text auf Lebenssituationen des Lesers anwenden (Applikation).

Interpretationsgegenstände

Interpretationsziele

Diese Aspekte bilden potenzielle Interpretationsziele für den Unterricht und liefern eine Perspektive, unter der Texte untersucht und relevante Elemente ausgewählt werden können. Einzelne Interpretationshandlungen sind nach Textgattungen zu konkretisieren, wie etwa die Bedeutungsbestimmung von Erzählperspektiven in einem Roman oder des Binnenreims in einem Gedicht. Es ist Teil einer langen Auslegungskultur, textinterne Verweisungszusammenhänge herauszuarbeiten und Texte im Hinblick auf Kontexte zu überschreiten. Die Anbindung von Textelementen oder Texten an verschiedene Kontexte, wie etwa literaturgeschichtliche, gattungsbezogene, intertextuelle, epochale, biographische und gesellschaftliche Zusammenhänge, erzeugt Vieldeutigkeit und lässt Deutungsspielräume zu. Konsens besteht in verschiedenen Verstehenstheorien darin, dass Verstehen sich in mehreren Phasen mit unterschiedlichen Qualitäten der Lektüre vollzieht: ein naives, genießendes Lesen, *plot*-orientiertes Lesen, kritisch-distanziertes Lesen, historisierendes, ästhetisches oder applizierendes Lesen.

Interpretationsmotive

Schulische Interpretationen sind darauf gerichtet, ein Textverständnis herzustellen, Rezeptionsweisen und Lektürehaltungen qualitativ zu verändern, Fiktions- und Deutungskompetenzen auszubilden und sich die in Texten sedimentierten Erfahrungen anzueignen. Damit Schüler das Interpretieren als eine sinnvolle Tätigkeit und nicht als erstarrtes schulisches Handlungsmuster erfahren, muss es glaubwürdig und von innen heraus motiviert sein, z. B. durch Fragen, die die Texte aufwerfen, Verstehenshindernisse, Erwartungsbrüche, Fremdheitserfahrungen, Bezüge zur eigenen Lebenswelt und die Konfrontation mit anderen Weltsichten, die die eigene in Frage stellen. Interpretationskompetenzen und Lektüreformen mit ihren emotionalen, imaginativen, selbstreflexiven, distanzierenden und identifikatorischen Anteilen können sich jedoch erst im Zusammenspiel mit elementaren Lesefähigkeiten entfalten. Während hermeneutische und dekonstruktive Verfahren diese voraussetzen und bereits auf einem elementaren Verstehen von Texten operieren, untersucht die kognitionspsychologische Leseforschung diesen grundlegenden mentalen Prozess des Lesens, dem sich das folgende Teilkapitel nun zuwendet.

Empfohlene Literatur

Iser, Wolfgang: Die Appellstruktur der Texte. Unbestimmtheit als Wirkungsbedingung literarischer Prosa. In: Rezeptionsästhetik. Hrsg. von Rainer Warning. München 1975. S. 228–252.

4.2 Lesen

4.2.1 Der Leseprozess

Die psychologische Leseforschung kann auf eine Tradition von mehr als einhundert Jahren zurückblicken und war bis in die 1960er Jahre hinein bevorzugt auf die Entwicklung von Testtheorien und standardisierten Lesetests zur Überprüfung des Leseverhaltens konzentriert. Ab Mitte der 1970er Jahre setzten sich interaktive Lesemodelle durch, die das Lesen als einen Prozess der Informationsverarbeitung betrachten, in dem der Leser unter Anwendung seines Wissens Textdaten auf der perzeptuellen Ebene, der Wort-, Satz- und Textebene analysiert. Zu den Annahmen interaktiver Lesemodelle gehört, dass diese Verarbeitung parallel erfolgt und Informationen in einer Wissensgrundlage fundiert sein müssen, damit sich Verstehen einstellt (Ehlers 1998; Richter/Christmann 2002). Der Leser macht zu verschiedenen Zeitpunkten von verschiedenen Wissensquellen (mitgebrachtes Wissen und Textdaten) Gebrauch. In einer älteren Terminologie hat man die Verfügbarkeit und Nutzung verschiedener Wissensquellen als Richtungsverlauf des Verstehens von unten (*bottom-up*) und von oben (*top-down*) beschrieben. Das entspricht der Teil-Ganzes-Beziehung in der Hermeneutik.

Interaktive Lesemodelle

Auf den unteren Ebenen erfolgt die visuelle Erkennung von Buchstabenmerkmalen, die Buchstabenidentifikation, die Zuordnung von schriftsprachlich gegebenen Zeichen (Grapheme) zu Lauteinheiten (Phoneme), die Worterkennung und das Erfassen von Wortbedeutungen. Eine schnelle Worterkennung, die u. a. auf der Vertrautheit mit Wörtern beruht, ist Voraussetzung für die Lesegeschwindigkeit. Nachdem die Wörter erkannt sind, müssen die aktivierten Begriffe in eine inhaltliche Beziehung zueinander gebracht werden. Dabei ergänzen sich syntaktische und semantische Informationen. Das Ziel der Satzverarbeitung besteht im Erfassen von Aussageinhalten eines Satzes, den Propositionen. Da diese nicht immer explizit im Text formuliert sind, ist eine Interpretation dessen, was zwischen den Zeilen steht, erforderlich.

Verarbeitungsebenen

Für das satzübergreifende Verstehen müssen Verbindungen zwischen den Sätzen und ihre Integration in einen Textzusammenhang hergestellt werden (lokale Kohärenz). Der Leser stützt sich dabei auf Proformen (Personal-, Possessiv-, Relativpronomina und Pronominaladverbien), Wiederholungen oder Thema-Rhema-Beziehungen (Gliederung einer Äußerung in bekannte, gegebene Informationen (Thema) und neue Informationen (Rhema)). Das Erfassen übergeordneter Einheiten und die Konstituierung einer globalen Textkohärenz ermöglichen dann ein Textverstehen. Dabei wendet der Leser eine

Reihe von konstruktiven Strategien an, um die von einem Text beschriebene Welt zu erfassen und sich eine Vorstellung davon zu machen, worüber ein Text spricht. Nach Philip N. Johnson-Laird (1983) handelt es sich um ein mentales Modell, das schrittweise durch Interaktion zwischen Textinformationen und Vorwissen des Lesers aufgebaut wird. Der hermeneutische Zirkel lässt sich mit diesem Ansatz, der das Verstehen als rekursiven Aufbau eines mentalen Modells beschreibt, bei dem schrittweise Gegebenheiten einer (fiktiven) Welt zu einer Ganzheit zusammengefügt werden, in Verbindung bringen.

Mentales Modell

Lesen ist durch Linearität und Hierarchisierung gekennzeichnet. Der Leser muss Einheiten der gleichen Ebene und ihre Beziehungen untereinander erfassen und zugleich eine hierarchische Struktur aufbauen, indem er durch Abstraktion übergeordnete Konzepte bildet. Lesen zeichnet sich zudem durch Selektion wichtiger Informationen aus. Ein objektives Selektionskriterium ist das Thema eines Textes, subjektive Kriterien sind Ziele, Interessen, Neigungen, Emotionen und Identifikationen des Lesers.

Abstrahieren

Selegieren

Lesen ist des Weiteren dadurch charakterisiert, dass der Leser fortlaufend über das Gedruckte und wörtlich Gesagte hinausgeht und mehr liest, als in einem Text geschrieben steht. Es gehört zu den Eigenschaften der Texte, dass sie an der Textoberfläche vieles ungesagt lassen und nicht explizieren, was zum Verständnis erforderlich ist. Das geschieht im Vertrauen darauf, dass Leser über die Voraussetzungen verfügen, um verborgene Zusammenhänge zu erfassen (Inferenzen). Inferieren ist eine komplexe Tätigkeit, bei der der Leser nach Erklärungen sucht, um Ereignisse verständlich zu machen, Mehrdeutigkeiten auflöst, das Thema herausarbeitet und Verbindungen zwischen dem gerade Gelesenen und dem unmittelbar Davorstehenden herstellt. Inferenzen beziehen sich auf die Wort-, Satz- und Textebene und beruhen sowohl auf Textdaten als auch auf dem Wissen des Lesers über die Sprache, Texte und Welt. Es ist eine konstruktive Leistung des Lesers, zu einer kohärenten Struktur und damit zu einem Textverstehen zu gelangen. Bei elaborativen Inferenzen geht der Leser weit über einen Text hinaus und bringt eigene Erfahrungen, Assoziationen und Bildvorstellungen ein.

Inferenzen

Überlagert und variiert wird der Leseprozess einerseits durch Leseziele, Interessen, Motivation und affektive Einstellungen des Lesers, andererseits durch Texteigenschaften, die Aufgabenstellung und die Lesesituation, so dass von Leser zu Leser unterschiedliche Textverständnisse entstehen. Die Motivation bestimmt den Grad der Aufmerksamkeit und den kognitiven Aufwand, den ein Leser zu investieren bereit ist. Auch Emotionen lenken die Aufmerksamkeit: Je nach Sympathie oder Antipathie mit einer Figur in einer Erzählung und emotionaler Beteiligung an Geschehnissen wendet sich der

Unterschiedliche Textverständnisse

Leser Gegenständen zu oder von ihnen ab, nimmt er etwas auf, erinnert oder vergisst er.

Lesen ist ein Vorgang in der Zeit, bei dem der Leser im Links-Rechts-Fluss sukzessive eine Bedeutungsstruktur aufbaut, innehält, zurückgeht und wieder weiterliest. Aufgrund der Zeitlichkeit des Lesens spielen Gedächtnisleistungen auf den verschiedenen Ebenen eine zentrale Rolle. Laufend werden neue Informationen im Arbeitsgedächtnis gespeichert, während gleichzeitig andere verarbeitet werden. Ein effizienter Leser ist in der Lage, Informationen im schnellen Wechsel von neu aufgenommenen und alten zu verarbeiten. Gelingt das nicht, vergisst er gegenwärtige oder vorhergehende Inhalte und versteht nicht. Ein profizienter Leser liest flüssig, verfügt über bessere Inferierfähigkeiten und ist deshalb erfolgreicher bei der Bildung mentaler Modelle, während ungeübte Leser inferenziell arme Bedeutungsstrukturen erzeugen und in ihrem Verstehen auf die linguistische Basis beschränkt bleiben. Fehlende Wissensvoraussetzungen und eine eingeschränkte Kapazität des Arbeitsgedächtnisses sind weitere Ursachen für individuelle Differenzen (Ehlers 1998, S. 66 ff.).

Arbeitsgedächtnis

4.2.2 Lesestrategien

Der Philosoph Gilbert Ryle (1949) hat zwei Wissensarten unterschieden: das deklarative Wissen als das Wissen darüber, dass etwas der Fall ist, und das prozedurale Wissen, das auf die Anwendung von Wissen in Situationen zielt und ein Können ist. Diese Unterscheidung ist hilfreich für die Diagnose von Leseproblemen und über den Stand des Könnens von Lesern. Oft liegen Verstehensprobleme im prozeduralen Bereich, der strategischen Komponente, und nicht im Wissensbereich. Zum prozeduralen Wissen gehören kognitive und metakognitive Strategien.

Deklaratives/prozedurales Wissen

Kognitive Strategien sind Strategien, die zur Durchführung einer Leseaufgabe verwendet werden. Dazu zählen: Zusammenfassungen, Schlussfolgerungen, Vorhersagen über weitere Geschehnisse auf der Basis von Titel, Anfangssätzen von Abschnitten, thematischen Wörtern oder Wissen über Ereignisse, Zuordnung formaler Kategorien zu übergeordneten thematischen Einheiten, Wissensgebrauch, Beschaffung von Informationen und das Stellen von Fragen. Von diesen Strategien sind Lesetechniken, wie Markieren, Unterstreichen, das Erstellen von Notizen am Rand, abzugrenzen; sie liegen hierarchisch tiefer als Strategien.

Kognitive Lesestrategien

Lesetechniken

Metakognitive Fähigkeiten umfassen demgegenüber zum einen das Wissen über das Lesen, zum anderen Aktivitäten, die den Lesevorgang kontrollie-

Metakognitive Lesestrategien

ren und steuern. Aktive Leser definieren ihre Ziele, entwerfen Pläne, wie sie Ziele erreichen können, und prüfen Ergebnisse. Den eigenen Leseprozess zu verstehen, heißt zu wissen, wann und warum welche Verfahren eingesetzt werden, wie z. B. das Nutzen von Kontextmerkmalen für das Erfassen von Wortbedeutungen. Zu den metakognitiven Strategien gehören:

- die Planung mit Zielformulierung und Wahl der Lösungswege;
- die Kontrolle durch eine Überprüfung, ob etwas Sinn macht;
- die Steuerung durch Verteilen der Aufmerksamkeit, Dauer der Ausführung, Anpassen der Lesegeschwindigkeit;
- das Evaluieren des Verständnisses.

Verstehensüberwachung lässt sich operationalisieren in Selbstbefragungen der Art »Habe ich verstanden?«, »Was habe ich nicht verstanden?«, Paraphrasierungen und Zusammenfassungen. Die Metakognitionsforschung modelliert den reflexiven Leser, der in Distanz zu seinem eigenen Lesen treten kann, und betont die Aktivität und Intentionalität des Lesers und das selbstbestimmte, kritische Lesen.

4.2.3 Flexibilität und Leseformen

Temporalität als Bedingung des Verstehens anzusehen, ist eine Perspektive der kognitiven Leseforschung, aber auch der Didaktik, wie ein Blick zurück in die Geschichte des Lesens zeigt. Im 18. Jahrhundert setzte sich das übergreifende, schnelle kursorische Lesen gegenüber dem statarischen Lesen, bei dem der Leser bei einer Textstelle verweilt, durch, das bis heute praktiziert wird. Die Flexibilität des Lesers, sein Verhalten entsprechend der Lesesituation, der Aufgabenstellung und der Zielsetzung zu organisieren, ist Ausdruck kompetenten Leseverhaltens. Entsprechend dem Lesetempo und dem Umfang der Textmenge, die in den Blick genommen wird, unterscheidet die Lesedidaktik verschiedene Leseformen:

Leseformen

- das überfliegende Lesen, das dem Erfassen des Hauptinhaltes gilt;
- das detaillierte, möglichst genaue Lesen;
- das orientierende Lesen, bei dem sich der Leser einen Überblick verschaffen möchte, worum es in einem Text/Buch geht;
- das selektive, auf bestimmte Informationen gerichtete Lesen.

4.2.4 Lesen als textadaptive Fähigkeit

Lesen als Räsonnement

Lesen ist eine Art Räsonnement, ein vernunftbestimmtes Abwägen, das fortlaufend von Problemlösungen, Hypothesenbildungen, Abstraktionen und Schlussfolgerungen begleitet wird und bei dem breite Bereiche von Wissen, Erfahrungen, Glaubenssystemen und Erwartungen ins Spiel kommen, um Plausibilitäten herzustellen und argumentativ abzusichern. Diese kognitive Komponente, die neben der sprachlichen und lesespezifischen (schriftzeichenbasierten) zum Lesen gehört, kommt allgemein bei Texten zur Anwendung. Es handelt sich hier um jene Dimension von Lesekompetenz, die schulleistungsrelevant ist und auch in den verschiedenen Sachfächern gebraucht wird, um sich einen Zugang zu Wissen zu verschaffen, und die zudem transferfähig auf andere mediale Präsentationen von Texten und Erzählmedien ist.

Erzähltextbezogenes Lesen

Der Leser ist in der Lage, sich verschiedenen Textsorten und ihren Strukturen anzupassen. In Bezug auf erzählende Texte muss er narrative Elemente wie Figuren, Handlungen, Raum und Zeit identifizieren, zur Herstellung einer lokalen Kohärenz Handlungsfolgen verknüpfen, übergeordnete Geschichten- und Themeneinheiten bilden (globale Kohärenz), Wissen und soziale Erfahrungen über Ereignisse in der Welt nutzen, um Vorgänge plausibel zu machen. Grundlegend für das Verstehen erzählender Texte sind selektive und inferenzielle Aktivitäten. Typischerweise bleiben in Erzähltexten zeitliche, räumliche, logisch-kausale Relationen, aber auch die Beziehungen zwischen Figuren, handlungsleitende Motive, Reaktionen von Figuren auf Geschehnisse und ihre Ziele sowie innere Zustände implizit und müssen vom Leser erschlossen werden. Hier lassen sich kognitionswissenschaftliche Konzepte der Kohärenzbildung und des Inferierens mit hermeneutischen des Umgangs mit Offenheit und Vieldeutigkeit in literarischen Texten in Verbindung bringen (s. auch Kammler 2006a; Zabka 2006, S. 80).

Auf der Textseite beeinflussen Strategien der Informationsverteilung, Aufmerksamkeitslenkung und Sequenzierung von Geschehnissen die Auswahl von Informationen und Ergänzungen durch den Leser mittels Schlussfolgerungen. Der thematische Vordergrund und dynamische Handlungselemente ziehen mehr Aufmerksamkeit auf sich als der Hintergrund und statische Situationen. Auf Seiten des Lesers wird das Ausmaß der Inferenzbildung durch die Lesesituation, die Leseziele und seine Kompetenz, z. B. Verfügen über Wissensbestände und Sprachkenntnisse, bestimmt, so dass hieraus ein flaches vs. tiefes Lesen, eine arme vs. reiche Bedeutungsstruktur resultieren.

4.2.5 Förderung von Lesekompetenzen

Zum Bildungsauftrag der Schule gehört es, Wissen, Kompetenzen, Fertigkeiten und bestimmte Haltungen aufzubauen und damit die Grundlage für eine selbständige Persönlichkeit zu schaffen. Das Lesen stützt diese Zielorientierung, indem es sprachliche, kognitive und soziale Qualifikationen ausbildet, Konzentration und Ausdauer fordert, Zugang zu schriftlich überlieferten Kulturgütern ermöglicht, Handlungsalternativen aufzeigt und dazu anregt, sich in andere Situationen, fremdes Leben und Figuren hineinzudenken und zu erfahren, dass Literatur eine Möglichkeit der Bewältigung von Problemen und der Interpretation von Welt ist.

Zielperspektive

Während im Primarbereich Grundfertigkeiten und ihre Automatisierung im Vordergrund stehen, akzentuiert die Sekundarstufe höherstufige Leseprozesse. Methodisch empfehlen sich Aufgabenstellungen, die sich auf die Teilfähigkeiten des Lesens beziehen: Schlüsselwortmethode für die Selektion von Wichtigem; *Mind Map* zur Ordnung von Hauptkonzepten; Zuordnung von Textpassagen zu Überschriften zur Abstraktionsbildung; Zusammenfassen wesentlicher Textinhalte mit den Teiloperationen der Auswahl, des Auslassens, des Verallgemeinerns und der Bündelung von Informationen; Gliedern eines Textes; Durchspielen möglicher Hypothesen zu Textinhalten. Inferenzen zur Kohärenzbildung können durch Fragen, Nacherzählen, Zusammenfassen, einen Dialog schreiben oder aus der Sicht einer anderen Figur ein Ereignis erzählen (Brief, Tagebuch) und durch Vermitteln von sprachlichen Mitteln, die Zusammenhänge zwischen Sätzen anzeigen, wie Konjunktionen, Pronomen oder Wiederholungen (sog. Kohäsionsmitteln), angeregt werden.

Methodische Verfahren

Einzelne Lesestrategien lassen sich durch Aufgaben trainieren, wie das Nutzen von Kontextinformationen für erste Hypothesen über den Textinhalt, oder auch durch Interpretationsfragen und produktive Verfahren, die zu weitergehenden Elaborationen veranlassen. Gezielte Fördermaßnahmen zur Vermittlung von Lesestrategien wie das traditionelle Programm der SQ3R-Methode haben sich in der Lesedidaktik bewährt: *Survey* (Überblick); *Question* (Fragen zum Inhalt); *Read* (Durcharbeiten); *Recite* (Rekapitulieren des Inhalts); *Review* (gedankliches Wiederholen).

Strategievermittlung

Das direkte Lehren und Bewusstmachen von Lesestrategien in ihrem Warum und Wozu, Transferaufgaben und die Vermittlung von Heuristiken (Was will ich wissen? Was interessiert mich? Habe ich das Wichtigste erfasst? Was ist der Kerngedanke bis hier?) sind Maßnahmen zur Förderung von metakognitiven Kompetenzen. Angestrebt ist die Umwandlung von externen in interne Kontrollen, indem der Lerner Techniken der Selbstinstruktion und Selbstbefragung erwirbt. Für die Vermittlung metakognitiver Verstehensfertigkeiten sind auch wechselseitige Lehr-/Lernverfahren mit wechselseitiger Befragung, Zusammenfassen und Hypothesenbilden in einer Gruppe geeignet, die Annemarie S. Palincsar und Ann L. Brown (1984) *reciprocal teaching* nennen.

Didaktische Bearbeitungen und Materialien zum Lesen von Großformen der erzählenden Literatur (Roman, lange Erzählung, Novelle) und Handreichungen zu Kinder-/Jugendbüchern beachten zwar auch lesedidaktische Aspekte, akzentuieren aber eher den motivationalen Aspekt und die Lesefreude. Arbeiten zum Lesen von Romanen plädieren jedoch in jüngerer Zeit dafür, zur Bewältigung des Text- und Leseumfangs lesedidaktische Aspekte zu berücksichtigen (Ehlers 2017; Pfeiffer 2002). Um den Besonderheiten des Lesens von Langtexten Rechnung zu tragen, sollten der Umfang der Lektüre, die längere Lese- und Bearbeitungszeit, die Untergliederung der Lektüre in mehrere Zeitphasen und die Aufteilung auf Haus- und Klassenlektüre, die arbeitsteilige Bearbeitung, der Wechsel von Plenumsphase und offenen Phasen und die Behandlung aller vs. ausgewählter Textteile berücksichtigt werden. Für die praktische Unterrichtsarbeit sind Arbeitshilfen zur Erleichterung der Lektüre empfehlenswert, wie etwa die tabellarische Verdeutlichung von Handlungs- und Zeitverlauf, schriftliche Umformungen, das Vorlesen von Textpartien oder die Beschaffung zusätzlicher Informationen.

Langtextlesen

Empfohlene Literatur

Richter, Tobias / Christmann, Ursula: Lesekompetenz: Prozessebenen und interindividuelle Unterschiede. In: Lesekompetenz. Bedingungen, Dimensionen, Funktionen. Hrsg. von Norbert Groeben / Bettina Hurrelmann. Weinheim 2002. S. 25–58.

Rosebrock, Cornelia / Nix, Daniel: Grundlagen der Lesedidaktik und der systematischen schulischen Leseförderung. Baltmannsweiler [5]2012.

4.3 Lesesozialisation

Lesen ist nicht nur ein kognitiver Prozess, sondern auch ein soziales Verhalten, das sich in Auseinandersetzung mit der sozialen Welt herausbildet. Unter welchen Bedingungen sich jemand zu einem Leser oder Nicht-Leser entwickelt und mit welcher Dynamik sich Prozesse einer Lesesozialisation vollziehen, wird seit den 1960er Jahren empirisch erforscht. Während quantitative Studi-

Lesesozialisationsforschung

en untersuchen, wer was wann wie lange und wie häufig liest, haben sich lesebiographische Studien qualitativen Aspekten von Lesen (Lesemotive, Erwartungen, Erlebnisse) zugewandt. Seit den 1990er Jahren hat sich der Akzent der Forschung insofern verschoben, als Lesen im Kontext von Medienumwelten (auditive, audiovisuelle, elektronische Medien) betrachtet und Lesesozialisation als Teil einer Mediensozialisation verstanden wird.

Der Begriff der Lesesozialisation war ursprünglich auf Printmedien und insbesondere auf das Buch bezogen, umfasst heute aufgrund der Erweiterung von Lesemedien durch den Computer jedoch die ganze Bandbreite von linearen, nicht-linearen Texten und Hypertexten. Literarische Sozialisation ist demgegenüber eingegrenzt auf literarische Texte in unterschiedlichen medialen Präsentationsformen mit spezifischen Rezeptionsweisen und -kompetenzen. Der Einblick in Prozesse der literarischen Sozialisation bietet Ansatzpunkte für die schulische Förderung.

Literarische Sozialisation

4.3.1 Voraussetzungen von Lesesozialisation

Interaktion Individuum – Umwelt

Prozesse der Lesesozialisation vollziehen sich in einer komplexen Wechselwirkung zwischen dem Individuum und seinem sozialen Umfeld. Sozialisationsinstanzen (Familie, Kameraden, Schule) und ihre Handlungs- und Deutungsmuster, Lesenormen und Mediennutzung beeinflussen wesentlich individuelle Prozesse. Durch sie werden Standards einer Lesekultur und überindividuelle Bildungsnormen einer Gesellschaft vermittelt. Neuere Theorien zur Lese-/Mediensozialisation (Groeben 2004) gehen von der Eigenaktivität des Individuums in Sozialisationsprozessen aus. Danach interpretieren Individuen die soziale Situation mit ihren lesekulturellen Angeboten und Handlungsmustern, wählen aus, verwerfen oder ändern ab und bilden dergestalt ihre eigenen Leseverhaltensmuster aus. Dabei kann es zu Rückkoppelungseffekten auf das soziale Umfeld kommen.

Lesefunktionen

Persönliche Interessen, Werthaltungen, Einstellungen und Erwartungen gegenüber dem Buch bzw. Printmedium bestimmen, was wie oft wann mit welcher Motivation und mit welchem Gewinn gelesen wird. Das Interesse an bestimmten Themen und die Gratifikationen, die mit dem Leseerlebnis verbunden sind, steuern die Lektürehaltung und die Präferenzen für Lesestoffe und Gattungen. Zu den dominanten Gratifikationen, die Leser aus der Lektüre ziehen, gehören: Unterhaltung, Entlastung, Informationsgewinn, Identifikation, emotionale Erlebnisse, ästhetischer Genuss und Fremderfahrungen. Derartige Funktionen von Lesen bilden wesentliche Lesemotive. Eine Voraussetzung für die Realisierung solcher Lesefunktionen ist die Lesekompetenz. Eine mangelnde Lesekompetenz wirkt sich vor allem auf das Buchlesen nachteilig aus und demotiviert, umgekehrt erleichtern hohe Lesekompetenzen das Lesen, begünstigen die Leseentwicklung und ermöglichen intensivere Lektüreerfahrungen.

4.3.2 Soziodemographische Merkmale

Die Lesegenese ist abhängig von soziodemographischen Merkmalen, nämlich: Alter, Geschlecht, soziale Schicht und Migrationshintergrund. Kinder aus unterem sozialem und bildungsfernem Milieu erfahren wenig Unterstützung für das Lesen, während Mittel-/Oberschichtkinder aufgrund von Anregungen in der Familie und Ausstattung der Haushalte mit Printmedien bessere Ausgangsbedingungen haben. Mit steigendem Sozialstatus werden häufiger literarische Texte gelesen.

Geschlechtsdifferentes Leseverhalten

Zwischen weiblichen und männlichen Lesern zeigen sich quantitative und qualitative Unterschiede, die nicht nur auf die Lesepraxis, sondern auch auf geschlechtsdifferente Kognitionen zurückzuführen sind. Mädchen lesen häufiger, länger, besser und bevorzugen andere Lesestoffe als Jungen. Sie sind stabilere Leser, überwinden Lesehemmnisse besser als Jungen und bevorzugen eine fiktionale Lektüre, die ihnen Gratifikationen wie emotionale Beteiligung und Identifikation verspricht. Dagegen gehören Sachbücher und harte Genres (Krimis, Thriller, Science-Fiction) mit ihren männlichen, starken Heldenfiguren und dominanter Handlungsführung zur Domäne männlicher Leser. Die Sachtextlektüre bedient vor allem kognitive Bedürfnisse nach Informationen, kann jedoch affektiv besetzt sein. Die jüngste PISA-Studie von 2009 hat erneut die Befunde zu geschlechtsspezifischem Leseverhalten bestätigt.

4.3.3 Lesegenese

Phasen der Lesebiographie

Leseinteressen, Intensität und Funktionen von Lesen bilden sich im Laufe einer Lesebiographie über verschiedene Phasen heraus. Viele, die als Kind gerne gelesen haben, geben diese Gewohnheit später teilweise oder ganz auf. Andere bleiben ihr Leben lang Leser, und eine weitere Gruppe bricht das Lesen ab, kehrt aber in späteren Lebensphasen wieder zum Lesen zurück. Die in der Kindheit entwickelten Interessen bilden dabei immer ein Fundament für späteres Leseverhalten (Köcher 1993, S. 218).

Kindheit

Übereinstimmung besteht in der Forschung darin, dass die höchste Leseintensität in der Kindheit besteht, im Alter von 8 bis 12 Jahren. Viele Erwachsene, die sich an kindliche Leseerfahrungen erinnern, berichten von Glückserlebnissen: ein in die Lektüre versunkenes Lesen, bei dem die Welt vergessen wird und auf höchst intensive Weise Inhalte erlebt werden (Graf 2007, S. 56). Als spezifisch literarische Kompetenzen werden Figuren- und Handlungskonzepte, die Unterscheidung von Fiktion und Wirklichkeit und das Überwinden von Projektionen auf Texte erworben.

Pubertät

Ab der Pubertät (13 bis 15 Jahre) ändern sich das Leseverhalten, die Beziehungen zu Büchern sowie allgemein die Motivation und die Interessen von Jugendlichen. Andere Lektürestoffe und Lesemodalitäten gewinnen an Reiz, insgesamt wird weniger gelesen, aber auch das Interesse an Hörmedien und Fernsehen geht zurück. Entwicklungsbedingte Veränderungen in den Lebensbedingungen tragen mit zu einer Abwertung von Lesen und Literatur bei.

Adoleszenz

Nach dem 15. Lebensjahr brechen viele, vor allem männliche Jugendliche mit niedriger Schulbildung, das Lesen ab (Bonfadelli/Fritz 1993). Die *Peergroup* gewinnt an Einfluss. Die Differenzierung in fiktionale Lektüre und Lesen von Sachtexten und Zeitungen mit einer geschlechtsspezifischen Verteilung beginnt in dieser Zeit.

Während das pubertäre Lesen durch eine ich-bezogene Lektürehaltung geprägt ist, öffnet sich der Leser ab dem 16. Lebensjahr dem Anderen, gewinnt Zugang zu Fremderfahrungen und entwickelt Kompetenzen des Fremdverstehens. Es erfolgt ein Übergang von einer naiven, unreflektierten Form des Lesens zu einem bewussteren Umgang mit Literatur, zur ästhetischen Wahrnehmung und zur Akzentuierung von Wissenserwerb. Lektürepräferenzen und Funktionen von Lesen beginnen sich zu individualisieren.

Ausdifferenzierung von Lesemodi

Leser erwerben ein Repertoire an Lesemodi, wie etwa Informationssuche, sich durch Lektüre zu unterhalten, sinnliche Erfahrungen zu machen, sich in verschiedenen fiktionalen Welten zu bewegen oder an einem Lesediskurs partizipieren zu können. Prozesse der Selbstsozialisation werden hier gestärkt.

4.3.4 Sozialisationsinstanzen

Individuelle Leseverhaltensmuster bilden sich in Interaktionsprozessen mit der Familie, den Peers und der Schule heraus. Von entscheidendem Einfluss in der frühen Kindheit ist das Elternhaus.

Elternhaus

Der Besitz von Printmedien, die Vorlesepraxis im vorschulischen Alter, das eigene Leseverhalten der Eltern, das Vorbildfunktion hat, und die Kommunikation über Gelesenes wirken sich auf die

Leseentwicklung des Kindes aus. Von positivem Effekt sind vor allem das Leseverhalten der Mütter und die Kommunikation in der Familie über Gelesenes auf die Lesedauer und -frequenz des Kindes (Hurrelmann u. a. 1993, S. 108). Mehrere Studien stützen die Bedeutung, die das Erzählen und Vorlesen von Geschichten und Bilderbuchlesen in der frühen Kindheit einnimmt. Die soziale Einbettung von Vorlesen und Erzählen in einen interaktiven und emotionalen Zusammenhang baut Lesemotivation auf und schafft damit eine Ausgangsbedingung für ein gewohnheitsmäßiges Lesen auch im Erwachsenenalter. Über frühe literale Praktiken werden kulturelle Standards und Wertorientierungen weitergegeben. Die Ausprägung einer familiären Lesekultur ist schichtabhängig und verringert sich im bildungsfernen unteren Sozialmilieu. Allerdings entstehen aufgrund von Eigentätigkeiten und Dispositionen des Individuums eigene Dynamiken, so dass sich gewohnheitsmäßige Leser auch in einem Milieu, das wenig lesefreundlich ist, entwickeln und umgekehrt Leser, die in Buchumwelten aufwachsen, zu Nicht-Lesern werden können.

Peergroup

Ab der Pubertät gewinnt die *Peergroup* an Bedeutung für das individuelle Medienverhalten. Es kommt zu Anpassungen des Verhaltens an eine Gruppe (Ko-Orientierung). Negative oder positive Effekte der Gruppenzugehörigkeit auf das Leseverhalten sind schicht- und geschlechtsabhängig (Groeben/Schroeder 2004): Männliche Jugendliche aus der unteren Sozialschicht haben oft eine Distanz zur Lesekultur und zu Printmedien und bevorzugen audiovisuelle und Bildschirm-Medien. Demgegenüber zeigen (weibliche) Jugendliche aus der Mittelschicht eher ein Verhalten, das das familiär praktizierte Lesen weiterführt und Lesen als lebensweltlich und persönlich bedeutsam erlebt.

4.3.5 Lesen in der Mediengesellschaft

Mediennutzung

Studien zum Medienverhalten Jugendlicher zeigen, dass die Nutzung vielfältiger Medienangebote nicht zu einer Verdrängung von Printmedien führt, wie früher befürchtet wurde, sondern zu einer Mehrfachnutzung von Medien und ihren unterschiedlichen Funktionen, so dass die klassischen Medien sich weiterhin behaupten. Vielleser nutzen zugleich viele verschiedene Medien in ihrer Freizeit, während sich Wenigleser vorwiegend auf audiovisuelle Medien beschränken. Mit höherem Bildungsniveau und höheren Lesekompetenzen steigen auch die Möglichkeiten einer besseren Informationsverarbeitung bei audiovisuellen und elektronischen Medien. Die klassischen Funktionen literarischer Texte, nämlich zu unterhalten und Fiktionsbedürfnisse zu bedienen, haben sich teilweise auf audiovisuelle und auditive Medien verschoben. Narrationsspezifische Kompetenzen und räumliches Vorstellungsvermögen werden nicht ausschließlich über literarische Texte erworben, sondern auch über Seh- und Hörmedien. Dagegen bleibt die Funktion des Wissensgewinns deutlich an alte Lesemedien gebunden.

4.3.6 Lese-/Medienkultur

Die Veränderung der Lese- und Medienkultur und die Kritik am Lektürekanon und der Methodik des Literaturunterrichts haben in den 1990er Jahren verstärkt zu lesefördernden Maßnahmen geführt, die darauf zielen, stabile Leseverhaltensmuster auszubilden, das Lesen anzuregen, die Lesemotivation zu steigern und Neugierde auf Bücher zu wecken. Es wurden vielfältige Anregungen für eine schulische Lesekultur und Didaktik des Buches gegeben, die über die Ebene von Unterricht hinaus in soziale und kulturelle Praktiken im Umgang mit Büchern einführen (Lesungen, Buchvorstellungen, Bibliotheksbesuche u. a. m.). Die Literaturdidaktik hat seit den 1980er Jahren ihre lesedidaktischen Impulse um das Konzept des aktiven, handelnden Lesers zentriert und das Methodenrepertoire entsprechend erweitert. Trotz dieser Bemühungen wurden derartige Konzepte in der Unterrichtspraxis der 1990er Jahre kaum umgesetzt und dominierten eher traditionelle Formen des Textumgangs. Durch die PISA-Studie hat die Förderung von Lesen in den Dimensionen von Lesekompetenz, Lesesozialisation und literarischer Sozialisation erneut an Aktualität gewonnen. Angestrebt wird, lesebezogene Bildungsprozesse zu fördern und zu einer gelingenden Lesesozialisation beizutragen.

Zieldimensionen

Die moderne Lektüredidaktik hebt die emotionalen und intellektuellen Wirkungen der (individuellen) Lektüre, die der Literaturunterricht lange unterdrückt hat, hervor und gewichtet sie innerhalb einer veränderten Lese- und Medienkultur neu. Diese sozialgeschichtlich und kulturell bedeutsame Umwertung von Lektüreformen steht im Zusammenhang mit der Gefährdung literarischen Lesens und einer literarischen Bildung durch Entstehen neuer Medienkulturen und einer Funktionsverschiebung von Rezipientenbedürfnissen vom printorientierten literarischen Lesen zu audiovisuellen Medien. Durch Einüben in verschiedene Lektüremodi mit variierender Akzentuierung von Leseerfahrungen soll Schülern ein Zugang zur Welt der Literatur und eine Teilnahme an der literarischen Kultur ermöglicht werden. Die Ausdifferenzierung von Lektüremodi ist je nach Schulform und Altersstufe unterschiedlich zu gewichten:

Einüben von Lektüremodi

- das *plot-driven*-Lesen, d. h. auf den Handlungsverlauf, den roten Faden einer Erzählung orientiertes Lesen (Wie geht es weiter?);
- eine identifikatorische, empathische Lektüre, bei der sich der Leser in Figuren hineinversetzt;
- ein selbstvergessenes Lesen, ohne Zeitgefühl und mit innerem Glückserleben (*flow*-Erlebnisse);
- eine reflektiert-distanzierte Lektüre;
- Lesen mittels anderer medialer, sinnlicher Aneignungs-/Verarbeitungsformen.

Durch das Lesen und variierende Lektüreformen werden zugleich innere Dispositionen, Einstellungen und Haltungen ausgebildet, die zur Habitualisierung von Lesen beitragen.

4.3.7 Förderung der Lesesozialisation

Einfluss der Schule

Von der Schule gehen fördernde und hemmende Effekte auf die literarische Sozialisation aus. Während Schüler der Sekundarstufe II den Literaturunterricht eher positiv bewerten und offensichtlich von einer Sinnentfaltung im literarischen Gespräch profitieren, erleben viele Schüler der Sekundarstufe I das Lesen in der Schule als zwanghaft und fremdbestimmt. Eine Ursache dafür ist die Diskrepanz zwischen privater und schulischer Lektüre und ihren Anforderungsniveaus. Andererseits ist die Schule der Ort, wo für Schüler aus bildungsfernem Milieu eine Begegnung mit dem Buch hergestellt und Lesen als eine sinnbildende Tätigkeit erlebbar wird.

Interventionsmaßnahmen

Ansatzpunkt für schulische Interventionsmaßnahmen bieten die Befunde empirischer Studien zur Leseentwicklung, Mediennutzung, Sozialstruktur, zu Geschlechtsdifferenzen, Lektürepräferenzen, Lesemotiven und Gratifikationen. Gesicherte Befunde über die Effekte von Fördermaßnahmen gibt es nur vereinzelt, so dass Empfehlungen zur Leseförderung weitgehend auf Hypothesen beruhen. Zu den intendierten Wirkungen gehören: Transfereffekte auf das Freizeitlesen, Verbesserung der Qualität und Intensität des Lesens, Ausdifferenzierung der Modalitäten und Funktionen von Lesen, Hinwendung zu anspruchsvolleren Texten, Reduktion des Konsums audiovisueller Medien, Steigerung der Lesekompetenz und Ermöglichung von Anschlüssen an eine Lesekultur für Schüler mit und ohne Migrationshintergrund mit sozial ungünstigen familiären Voraussetzungen.

Grundschule

Entsprechend den Phasen der Lesegenese sollte der Unterricht in der Grund-

Sekundarstufe I und II

schule die kindliche Lesepraxis und in der Sekundarstufe das lustorientierte Lesen der Pubertät und das Erschließen neuer Rezeptionsformen von reflektiert-distanziertem und kritischem Lesen bis zum Lesen als einem Ort potenzieller Fremderfahrung stützen. In der Oberstufe sind Interpretationsweisen und reflektierte Erschließungs-/Verarbeitungsformen aufzubauen. Eine Vielfalt in Methodik, Textauswahl und Genres trägt mit zur Ausdifferenzierung von Lesefunktionen und Gratifikationen bei, was sich positiv auf die Intensität des Lesens und die Leseerfahrung auswirken kann, und zwar unabhängig von den familiären Voraussetzungen. Aufgrund der positiven Effekte der sozialen und kommunikativen Einbettung von Lesen auf die Leseentwicklung gehören verschiedene Formen der mündlichen und schriftlichen Kommunikation über Bücher und Gelesenes, sogenannte Anschlusskommunikation, in das literaturdidaktische Repertoire. Sie tragen mit zur Entfaltung literaturbezogener Teilkompetenzen, wie etwa kritische Prüfung von Inhalten oder Abgleichen fiktionaler Welten an Alltagswelten, bei. Förderung der literarischen Sozialisation ist auch als Teil einer Schulkultur zu verstehen, da oft in Kooperation mit anderen Bildungs- und Buchmarkteinrichtungen eine Leseöffentlichkeit durch Lesefeste, Lesewettbewerbe, Buchwochen, Konferenzen, Lesewochen, Autorenlesungen hergestellt wird.

Methodenvielfalt

Anschlusskommunikation

Empfohlene Literatur

Eggert, Hartmut / Garbe, Christine: Literarische Sozialisation. Stuttgart 1995, [2]2003.
Rosebrock, Cornelia / Nix, Daniel: Grundlagen der Lesedidaktik und der systematischen schulischen Leseförderung. Baltmannsweiler [5]2012.

4.4 Lesen im Kontext von Migration

Die schulische Benachteiligung von Schülern mit Migrationshintergrund, die international seit Jahren konstatiert wird, wird immer wieder in Verbindung gebracht mit nicht ausreichenden Lesekompetenzen, die sich auf die schulischen Leistungen insgesamt auswirken, da sie eine Voraussetzung für den Wissenserwerb in den verschiedenen Sachfächern sind. Auf die Frage nach den möglichen Ursachen gibt es keine eindeutige Antwort, da eine Vielzahl von Faktoren (sprachliche, kognitive, pädagogische, soziale etc.) das Lesen in der Zweitsprache beeinflusst. Konsens besteht darin, dass unter den Bedingungen von gesellschaftlicher Mehrsprachigkeit die Entwicklung von Lesekompetenz in der Zweitsprache und die Bildungsbeteiligung von Schülern mit

Leistungsheterogenität

einem Migrationshintergrund in einem engen Zusammenhang mit sozialen und sprachlichen Faktoren stehen. Zunächst werden die Spezifika des Lesens in der Zweitsprache beschrieben, um dann auf die soziale Situiertheit von Lesen einzugehen.

4.4.1 Lesen in der Zweitsprache

Grundsätzlich gelten die zuvor beschriebenen Charakteristika des Leseprozesses bei Alphabetschriften auch für das Lesen in der Zweitsprache (L2), aber es kommen zusätzliche Variablen ins Spiel: die Erwerbsphase, das Alter, die zuerst in einer Sprache erworbene Lesefähigkeit, die vorhandene Zweitsprachenkompetenz und die Erziehungsumgebung (Ehlers 2008). Typisch für zweitsprachiges Lesen gegenüber dem erstsprachigen (L1) ist eine niedrigere Leseflüssigkeit. Das Auge macht häufigere und längere Sprünge, und die Fixationen, jene Momente, in denen das Auge ruht, um neue Informationen aufzunehmen, dauern länger. Ursache dafür sind eingeschränkte Wortschatzkenntnisse und eine mangelnde Automatisierung von Grundfertigkeiten. Fehlendes kulturelles Hintergrundwissen kann zu Verständnisproblemen führen, u. a. weil der L2-Leser zum Verstehen notwendige Informationen, die im Text nicht formuliert sind, nicht erschließen und sich somit kein Bild von einer im Text beschriebenen Situation machen kann. Da sich Inferenzen auf verschiedene Konzepte, wie z. B. Raum, Zeit und Kausalität, beziehen, bilden sie unter zweitsprachlichen Lesebedingungen aufgrund einer anderen sprachlichen und kulturellen Sozialisation eine potenzielle Quelle für Missverständnisse. Auch die Kapazität des Arbeitsgedächtnisses ist beim zweitsprachigen Leser eingeschränkt mit der Folge, dass neu Aufgenommenes nicht mit vorhandenem Wissen verknüpft werden kann. Ein L2-Leser verfügt zudem über weniger metakognitive Kompetenzen.

Merkmale zweitsprachigen Lesens

Die Zweitsprachenkompetenz (Wortschatz, Grammatik) ist eine der wichtigsten Determinanten zweitsprachiger Lesefähigkeit. Viele Studien zeigen, dass eine mangelnde Beherrschung der Zweitsprache bei Schülern mit Migrationshintergrund mit einer niedrigeren Lesekompetenz einhergeht. Bestätigt wurde dieser Befund auch für den deutschsprachigen Raum (Stanat/Schneider 2004). Die ineffiziente Verarbeitung auf den unteren Ebenen, die längeren Fixationszeiten, die Verlangsamung des Lesens und die ungenaue Worterkennung hängen mit begrenzten Zweitsprachenkenntnissen zusammen. Der L2-Leser kann Sätze weniger gut in Textzusammenhänge integrieren, weil er z. B. ein Pronomen nicht auf ein zuvor eingeführtes Textele-

Zweitsprachenkompetenz

ment beziehen kann und daher der Bezug auf dasselbe außersprachliche Objekt nicht erkennbar ist (Koreferenz), so dass die lokale Kohärenzbildung gestört ist.

4.4.2 L2-Lesen und soziale Faktoren

Von beherrschendem Einfluss auf das L2-Lesen sind soziale Faktoren: das Bildungsmilieu (Bildungsabschluss der Eltern, Einkommen, Beruf), das Prestige der Herkunftssprache innerhalb einer Gesellschaft und die demographische Verteilung von Minderheitengruppen. Reduzierte kulturelle Ressourcen (Bücher, Zeitungen), die Kommunikationssprache in der Familie (L1 vs. L2), die Medienpraxis (Nutzung der Medien in L1 oder L2) und die Sprachfertigkeiten der Eltern in der Zweitsprache wirken sich auf schulische Leistungen der Kinder aus. Die Verwendung des Deutschen in der Familie hat tendenziell einen positiven Effekt auf L2-Lesekompetenzen. Fehlt diese L2-Sprachpraxis, können Lernmöglichkeiten für Deutsch außerhalb der Familie jedoch eine Kompensation schaffen. Die literalen Ressourcen (Zugang zu Gedrucktem) und Praktiken im Elternhaus mit Vorlesen, Geschichten erzählen und über diese kommunizieren sind eine wesentliche Vorbereitung auf die Leseerwerbssituation in der Schule. Sind sprachliche Umgebung und Art und Umfang der literalen Praxis nicht so entfaltet, dass die sprachlich-kognitive Entwicklung des Kindes ausreichend gefördert wird, dann kann es meist nicht den abstrakteren Leistungsanforderungen in der Schule genügen. Ein bildungsfernes unteres Sozialmilieu wirkt sich jedoch auch nachteilig auf die Schulleistungen von Schülern ohne Migrationshintergrund aus, da ihre Sprachentwicklung verlangsamt ist.

Einfluss des Elternhauses

Lebt der L2-Lerner in Wohngebieten mit hohen Anteilen an sprachlich homogenen Migrantengruppen, schränkt das die Lernmöglichkeiten für die Zweitsprache ein, so dass sich weder der Wortschatz ausreichend entwickeln, noch das für das Textverständnis erforderliche kulturelle Wissen erworben werden kann. Die im Wohnumfeld und in der Spielumgebung ungesteuert erworbenen mündlichen Kenntnisse in der Zweitsprache mit ihren Merkmalen von Kontextabhängigkeit, reduziertem Wortschatz und einfacher Syntax reichen für einen erfolgreichen Leseerwerb und die Kommunikation in der Schule nicht aus, da hier Sprache zunehmend in Textform Verwendung findet und durch Merkmale konzeptioneller Schriftlichkeit (Koch/Oesterreicher 1985), wie Entbindung von der konkreten Situation, raum-zeitliche Ferne des Adressaten, Fachtermini, gekennzeichnet ist. Im Allgemeinen geht eine Verbesse-

Ungesteuerter/gesteuerter Spracherwerb

rung von L2-Lesefähigkeiten mit einer längeren Verweildauer in der Aufnahmegesellschaft einher. Das trifft jedoch nicht auf alle Herkunftssprachen zu, da es unterschiedliche Integrationsprozesse von Migrantengruppen gibt.

4.4.3 Förderung von L2-Lesekompetenzen

Für die Förderung von L2-Lesekompetenzen empfiehlt es sich, zweitsprachendidaktische Elemente für die Lese-/Textarbeit fruchtbar zu machen (Ehlers 2001, 2014): Wortschatzarbeit zur Entlastung des Textverständnisses und Verbesserung der Leseflüssigkeit; die Schlüsselwortmethode, bei der Träger von Kerninformationen identifiziert werden, um den Hauptgedanken zu erfassen; Nutzen von Kontextinformationen (Titel, Bilder); Einsatz von Bildern als Semantisierungshilfe; zusätzliche Erläuterungen; Explizitmachen von Lesestrategien; für schriftliche Aufgaben Stützgerüste mit Satzbauplänen und Hilfen wie Wörter, Artikel, Nummerierung; Aktivitäten vor der Lektüre (*pre-reading-activities*), z. B. Bereitstellen von kulturellem Wissen und Aktivieren von vorhandenen Kenntnissen zu einem Gegenstandsbereich. Bei einer systematischen Wortschatzarbeit geht es vor allem um die Differenzierung von Bedeutungsaspekten eines Wortes und die Tiefe der Verarbeitung, die z. B. durch wiederholte Verwendung eines Wortes in unterschiedlichen Kontexten gefördert werden kann.

Zweitsprachen – didaktische Elemente

Das Lesenlernen sollte in kooperativen Lernumgebungen, in denen Schüler gemeinsam und im wechselseitigen Austausch Leseaufgaben durchführen, erfolgen. Aktivierungsangebote durch Lehrende unterstützen diese interaktive Lernform, durch die Schüler Fertigkeiten im Lesen erwerben können. Das Einbeziehen von Texten/Autoren aus Herkunftskulturen ist inzwischen fester Bestandteil interkulturellen Lernens. Im Primarbereich sollten vor allem Zweitsprachenkenntnisse gestärkt werden und unter lesesozialisatorischem Aspekt eine fehlende literale Praxis im Elternhaus durch erzählende Texte, Vorlesen, Geschichtenerzählen und Lieder kompensiert werden. Im Sekundarbereich erleichtern erzählte Geschichten aufgrund ihrer Konkretheit und ihres Handlungsbezugs leseschwachen Schülern den Verstehenszugang zu Texten. Sie können sich am roten Faden entlangbewegen und damit auch die positive Erfahrung machen, etwas verstanden zu haben, was wiederum das Selbstkonzept stärkt.

Lernumgebung

Zur Förderung von L2-Lesekompetenzen und Lesemotivation bei Schülern mit einem Migrationshintergrund sollte der Unterricht so gestaltet werden, dass der außerschulische Kontext des Gebrauchs von Schriftcodes einbezogen wird, Lese-/Schreibaufgaben sich aus Lebensbezug und praktischen Bedürfnissen ableiten und Lesen nicht nur als eine schulbezogene Fertigkeit vermittelt wird. Zur Zielperspektive der Fachdidaktik gehört die Sicherung von minimalen literalen Kompetenzen in der Zweitsprache, um Schülern, die aufgrund eingeschränkter Lesekompetenzen von textvermittelten kulturellen Prozessen ausgeschlossen und in ihrer Bildungskarriere benachteiligt sind, Berufs-/Lebenschancen und kulturelle Teilhabe zu ermöglichen.

Empfohlene Literatur

Ehlers, Swantje: Übungen zum Leseverstehen. In: Handbuch des Fremdsprachenunterrichts. Hrsg. von Richard Bausch [u. a]. Berlin 2001. S. 286–292.

– Lesekompetenz in der Zweitsprache. In: Deutsch als Zweitsprache. Hrsg. von Bernt Ahrenholz / Ingelore Oomen-Welke. Baltmannsweiler 2008. S. 215–228.

– Lesen im Kontext von Migration. In: IMIS (2014) H. 45. S. 53–63.

4.4.4 Interkulturelle Literaturdidaktik

Als Reaktion auf migrationsbedingte Veränderungsprozesse und hohe Anteile von Schülern mit einem Migrationshintergrund in den Schulen hat sich eine als »interkulturell« bezeichnete Literaturdidaktik herausgebildet (Wintersteiner 2006; Dawidowski/Wrobel 2006; Honnef-Becker 2007). Sie subsumiert eine Reihe von Ansätzen aus Fremdhermeneutik, Fremdsprachenphilologie, Verstehender Soziologie und *cultural studies*, denen gemeinsam ist, dass sie auf unterschiedliche Weise das Aufeinandertreffen verschiedener Kulturen in sprachlicher und inhaltlicher Hinsicht mit den vielen Kontakt- und Überschneidungssituationen und die Begegnung mit dem kulturell Anderen/Fremden zu ihrem Gegenstand machen.

Begegnung mit dem kulturell Anderen

Fremdverstehen

Fremdverstehen beruht auf der Fähigkeit zum Blickpunktwechsel, um vom Standort des Anderen aus zu rekonstruieren, wie er die Welt sieht, und rückwirkend das Eigene zu relativieren. Diese Dialektik von Fremd- und Selbstverstehen wird im Kontext interkulturellen Lesens/Lernens auf eine Lesesituation bezogen, die den Leserblickpunkt als kulturgebunden markiert und sich mit Formen kultureller Fremdheitsdarstellung in literarischen Texten befasst. Lesen und der Dialog über Anderes/Fremdes findet in heterogenen Lerngruppen statt mit einer Orientierung auf eine Kommunikation im lebensweltlichen Zusammenhang von Mehrsprachigkeit/-kulturalität und den Erfordernissen eines vorurteilsfreien, toleranten Miteinander-Umgehens. Der interkulturelle Literaturunterricht strebt eine Modifikation von Standorten, Aufgabe eines ethnozentrischen Blicks, Eigenreflexion sowie die Anerkennung von Differenz ohne Vereinnahmung des Fremden im Medium der Literatur an. Der spezifische Bildungsinhalt literarischer Texte wird auf Kulturmündigkeit, Gelten-Lassen kultureller Andersheiten und Relativieren des eigenen Selbstverständnisses als Leitziele bezogen. In dieser Sicht verknüpfen sich philologisch-hermeneutische Ziele des Textverstehens und der Konstruktion von Fremdheit/Andersheit mit Zielen, die bildungspolitisch und ethisch verankert sind, wie z. B. Toleranz, Vorurteilsfreiheit, Akzeptanz kultureller Andersheit/Fremdheit, Abbau von Stereotypen und Vorurteilen.

Bildungsziele

In Abgrenzung von Theorien, die Kultur als homogene und in sich geschlossene Räume konzipieren, geht die interkulturelle Literaturdidaktik von einem Kulturbegriff aus, der die Durchlässigkeit von Grenzen, Kontaktschwellen und die Pluralisierung von Kulturen, in denen kulturelle Zugehörigkeiten und Identitäten fragwürdig werden und die Teilhabe an der eigenen wie an der anderen Kultur zu neuen Identitätskonstruktionen führt, betont. Das Konzept der Hybridisierung (lat. *hybrida* ›Mischling‹) für diese verschachtelten Partizipationen an mehreren Kulturen und gebrochenen oder Mehrfach-Identitäten hat in diesem Diskurs eine Prominenz gewonnen (Thomsen 1994). Andererseits ist die Denkfigur des Hybriden auf das Unterscheidbare sowie auf stabile Identitäten und Kulturen als Gegenpol angewiesen. Didaktische Modelle arbeiten primär mit bipolaren Begriffen, wie z. B. eigen vs. fremd oder Eigenkultur vs. Fremdkultur, und gewinnen daraus die Zielsetzung von Fremdverstehen, Perspektivenwechsel und Erweiterung von Selbst- und Weltentwürfen.

Kulturbegriff

Hybridisierung

Lektüreauswahl

Ein Reservoir für interkulturelle Ziele bilden Texte der literarischen Tradition, die sich mit der kulturellen Fremde, der Begegnung mit dem Anderen/Fremden und den verschiedenen Mechanismen von Anziehung, Ausgrenzung, Unterwerfung und Vorurteilsbildung auseinandersetzen. Die Abenteuer- und Reiseerzählung des 19. Jahrhunderts (Charles Sealsfield, Karl May), (ethnologische) Reiseromane des 20. Jahrhunderts (Hubert Fichte, Christian Kehlmann) und postkoloniale Romane (Uwe Timm) variieren die Darstellung des Fremden und Bilder (*imagos*) von fremden Kulturen. Zur Lektüre gehören des Weiteren Texte der sogenannten Migrationsliteratur. Der Terminus akzentuiert die verschiedenen Herkunftskulturen von Autoren und die Thematisierung von Migrationserfahrungen (Aras Ören, Zehra Çirak, Feridun Zaimoglu). Um-

Lektüre eines interkulturellen Literaturunterrichts

fassender ist der Begriff der interkulturellen Literatur, deren Inhalte, Sichtweisen und Konfliktlagen durch die Verbindung zweier kultureller Bezugssysteme geprägt sind (Herta Müller, Yoko Tawada). Zum Lektürebestand zählt ebenfalls die Kinder- und Jugendliteratur, die kulturelle Fremdheit aus der Perspektive des Kindes und Jugendlichen behandelt. Zum Themenspektrum gehören: Kulturbegegnungen, Fremdheitserfahrung, Heimatverlust, Sprache, Identität, das Leben in kulturellen Zwischen- und Grenzräumen, die verschiedenen kulturellen und sozialen Milieus innerhalb einer Gesellschaft, der Blick des Anderen auf das Eigene und umgekehrt.

Lesebücher

Auch die Lesebücher haben eine lange Geschichte in der Darstellung des Fremden. In der Zeitspanne vom Deutschen Kaiserreich bis in die 1980er Jahre wurde das Fremde von einem Außerhalb der Gesellschaft in das Innere verschoben (Dawidowski 2013). Lesebücher haben seit den 1980er Jahren interkulturelles Lernen als Zielkomponente aufgenommen (Ehlers 2003b) und Migration und das kulturell Fremde zum Thema gemacht (*Seitenwechsel* 5 [1997], *Treffpunkte* 9 [2002]). Texte der Migrationsliteratur u. a. von Rafik Schami, José F. A. Oliver, Zehra Çirak, Zafer Senoçak wurden integriert.

Schule als Lernort

Bildungsziele, Textauswahl und Methodik einer interkulturellen Literaturdidaktik bedürfen jedoch einer Anpassung an Schulformen, da sich hohe Anteile von Schülern mit Migrationshintergrund vor allem in der Hauptschule befinden. Hier besteht Förderbedarf in L2-Lesekompetenzen durch zweitsprachendidaktische Maßnahmen. Jedoch geht es in allen Schulformen um den Lebensraum von Schülern mit/ohne Migrationshintergrund, der durch Pluralisierung von eigen-/fremdkulturellen Denk-, Sprach- und Verhaltensmustern gekennzeichnet ist und zu deren Reflexion und Konsequenzen für das eigene Welt- und Selbstverstehen Literatur beitragen kann.

Methodische Aspekte

Kulturelle Elemente in Texten

In methodischer Hinsicht ist der hermeneutische Vermittlungsprozess darauf gerichtet, das (kulturell) Andere in Texten und verschiedene Formen von Fremdheitsdarstellung zu erfassen, indem kulturelle Elemente in Sprache, Mentalitäten, Verhaltensweisen, Erwartungen, Glaubens- und Normensystemen auch in ihrer Verschränkung identifiziert werden. Lyrische Texte, in denen sich eine kulturell fremde Subjektivität artikuliert, regen zum Perspektivenwechsel an, aber auch erzählende Texte. Deren Perspektivstruktur ermöglicht es, Fremdverstehen zu operationalisieren, indem in einem ersten Handlungsschritt Figuren in ihrem eigen-/fremdkulturellen Raum verortet (etwa Migrationskontext, Exil, Kolonialismus, außereuropäische Kulturen)

Operationalisierung von Fremdverstehen

und ihre kulturelle Prägung im Sehen, Denken und Handeln, in Motiven und Gefühlslagen ermittelt werden. Die Einzelperspektiven von Protagonisten als Repräsentanten verschiedener Kulturen müssen im zweiten Schritt aufeinander bezogen werden, um Figurenanordnung und (kulturell bedingte) Polaritäten herauszuarbeiten. Ein weiterer Schritt betrifft die Ebene des erzählerischen Diskurses, insbesondere die Perspektive des Erzählers und seine Wertungen.

Spielfilme wie Fatih Akins *Kurz und schmerzlos* (1998) bieten vielfältige Ansatzpunkte, um sich mit Vorurteilen, dem Umgehen mit verschiedenen Kulturen und Religionen und mit multiplen Identitäten von Figuren auseinanderzusetzen und zum Blickpunktwechsel zu veranlassen. Auch Theaterinszenierungen lassen sich für interkulturelle Ziele einsetzen wie *Common Ground* (2014) des Gorki-Theaters in Berlin, dessen Schauspieler einen Migrationshintergrund haben und dessen Ziel der Umgang mit gesellschaftlicher Heterogenität ist. Gespräche, aber auch Formen der Inszenierung in einer (multikulturellen) Klasse können zu wechselseitigen Veränderungen von Blickpunkten und Verständlichmachen dessen, was einem als fremd entgegentritt, beitragen und dergestalt die Räume der Toleranz und die eigenen Selbst- und Weltentwürfe erweitern.

Film/ Theater und interkulturelles Lernen

Die Applikation eines Textes auf reale Lebenswelten (s. Kap. 8.4) erhält im Rahmen einer interkulturellen Literaturdidaktik eine besondere Relevanz, da der angemessene Umgang mit dem Anderen sowie kulturelle Offenheit und Akzeptanz des Anderen als Verhaltensmuster und Einstellung über den Unterricht hinaus in der Lebenswelt Jugendlicher wirksam werden sollen.

Anwendung auf Lebenswelten

Empfohlene Literatur

Dawidowski, Christian / Wrobel, Dieter (Hrsg.): Interkultureller Literaturunterricht. Konzepte – Modelle – Perspektiven. Baltmannsweiler 2006.

5. Literarische Gattungen im Literaturunterricht

Zu den Gegenständen des Literaturunterrichts gehören literarische Texte unterschiedlicher Gattungs-, Medien- und Zeitzugehörigkeit (zu auditiven und audiovisuellen Texten s. Kap. 7.2 und 7.3). Aufgrund gemeinsamer inhaltlicher, formaler oder funktionaler Merkmale werden literarische Texte zu Gruppen zusammengefasst, die man als Gattungen bezeichnet. Zu den Hauptgattungen gehören Epik, Dramatik und Lyrik, die sich wiederum in Untergattungen, wie z. B. Roman, Novelle, Kurzgeschichte, Märchen bei der Epik, ausdifferenzieren. Derartige Klassifikationen sind nicht unumstritten, weil sich Gattungen historisch ändern, Texte sich nicht eindeutig einer Gattung zuordnen lassen bzw. oft mehreren Gattungen angehören und Mischformen entstehen, wie z. B. im Fall der Ballade, die erzählende, dramatische und lyrische Elemente in sich bindet. Trotz dieser Problematik sind Gattungsbegriffe nicht nur innerhalb der Literaturwissenschaft wichtige Ordnungskategorien für die Einteilung von Texten, sondern auch für die Literaturdidaktik. Sie haben eine Orientierungsfunktion für Schreiber und Leser im öffentlich-kulturellen und schulischen Bereich und sind leitende Prinzipien für die Lektüreauswahl und Schwerpunktsetzung im Unterricht.

Gattungen als Ordnungsbegriffe

Die Auseinandersetzung mit Gattungen im Unterricht gilt als unverzichtbar, weil Gattungskenntnisse eine Teilhabe an einem literarischen Diskurs ermöglichen (Abraham/Kepser 2009, S. 3) und Voraussetzung sind für das Verständnis literarischer Traditionen (Pfeiffer 2013, S. 61). Im Rahmen des kompetenzorientierten Bildungsdiskurses haben sich die Akzente in Bezug auf die Gattungsfrage verschoben und werden Fragen nach der Struktur und Funktionalität von Gattungswissen für Verstehens- und Interpretationsprozesse sowie dem Zusammenspiel von Wissen und Können neu justiert. Durch Zuordnung von Texten zu einer Gattung entstehen Klassifikationskontexte, die für das Textverständnis gerade auch in historischer Perspektive unerlässlich sind. Kontexteinbettungen sind ein wesentlicher Teil der Interpretation von Texten, ohne sie könnten auch intertextuelle Gattungsbezüge in einem Roman wie beispielsweise Umberto Ecos *Der Name der Rose* (1980), in den Strukturen des Detektiv-, Schauer- und Geschichtsromans eingearbeitet sind, nicht erfasst werden.

Funktion von Gattungskenntnissen

Auch der verbreiteten Praxis des Deutschunterrichts, Gedichte oder Romananfänge miteinander vergleichen zu lassen, liegen Gattungskontexte zugrunde. Erst vor diesem Hintergrund kann das vergleichende Interpretieren z. B. eines Naturgedichts der Romantik und der Gegenwart Gemeinsamkeiten und Unterschiede ausmachen und damit interpretative Zugänge zu den jeweiligen Texten gewinnen.

Gattungskontexte

Da Kompetenzen des Lesen, Deutens und Verstehens literarischer Texte nur gegenstandsspezifisch entwickelt werden können und sich die Interpretationsaufgaben und Verstehensziele mit den Gattungen ändern, folgt der Aufbau dieses Kapitels der Gliederung in Epik, Dramatik und Lyrik.

5.1 Epik / erzählende Texte

Es gibt offensichtlich keine Kultur, in der nicht erzählt wird – von Göttern, Helden, erstaunlichen Begebenheiten, Schicksalen, dem Entstehen der Welt, ihrer Erkundung und der Verortung des Einzelnen in der Welt. Im Erzählen werden Erfahrungen verarbeitet, organisiert und weitergereicht. Je nach kulturellem Zusammenhang dient das Erzählen der Unterhaltung, Belehrung, dem Weiterreichen von wichtigen Nachrichten oder von einem Erfahrungswissen, das innerhalb einer Kultur einen besonderen Wert hat. Erzählen ist eine Form der Kommunikation und realisiert sich in unterschiedlichen Medien: in der Sprache (mündlich/schriftlich), im Bild oder im darstellenden Spiel. Es kann von tatsächlich Geschehenem und Erlebtem erzählt werden (faktuales Erzählen) oder von erdachten, geträumten, vorgestellten Geschehnissen (fiktionales Erzählen).

Erzählen

Mit der Frage, was Erzählen ist, haben sich verschiedene Disziplinen befasst. Während sich die philologische Erzählforschung bevorzugt auf das literarische Erzählen in schriftlicher Form konzentriert hat, richtet sich das Erkenntnisinteresse von kognitiver Linguistik, Psychologie und Soziolinguistik eher auf mündliches Alltagserzählen und seine soziale Funktion und auf Prozesse des kindlichen Erzählerwerbs. Für die schulische Praxis des Interpretierens von Erzähltexten bedarf es einer erzähltheoretischen Grundlage. Dabei steht die Literaturdidaktik vor dem Dilemma, dass es mehrere Erzähltheorien und Systematiken gibt, die hier nicht im Detail vorgestellt werden können: die ältere Erzählforschung, die vor allem mit dem Namen Franz K. Stanzel (1955, 1964, 1979) verbunden ist, die Modifikation und Neuordnung erzählerischer Phänomene durch Jürgen H. Petersen (1993, 2010) und die internationale Narratologie (Cohn 1978; Genette 1972/^{2}1998; Schmid 2005/^{2}2008). Der Terminus ›Narratologie‹ wurde erst 1973 von Tzvetan Todorov eingeführt. Trotz deutlicher Kritik an der älteren Erzählforschung durch die Narratologie und vieler Abweichungen gibt es in gewissen Grundpositionen Übereinstimmungen, an denen sich auch die folgenden Ausführungen orientieren, z. B. die grundlegende Unterscheidung zwischen Er- und Ich-Erzählen und das Verhältnis von erzählter Zeit und Erzählzeit.

Erzählforschung

Anwendungsbezug

Die Beschreibung von Erzählkategorien zielt in diesem Zusammenhang auf die Anwendung auf Texte der erzählenden Literatur. Sie fungieren als Handwerkszeug für die Praxis der Analyse und Interpretation von Erzähltexten und sollen Schülern helfen, zu sehen, was sie sonst nicht sehen würden, und erweitern so ihre Erfahrungs- und Verstehensmöglichkeiten. Es findet eine Konzentration auf die häufigsten Erzählformen, -strukturen und -verfahren statt und auf erzähltheoretische Grundlagen, über die ein breiter Konsens besteht.

Für die Untersuchung von Erzählungen werden innerhalb der Erzählforschung mehrere Erzählebenen unterschieden: die erzählte Geschichte (*story*), das Erzählen (Diskurs, *discourse*) und der Erzähltext als sprachliche Manifestation einer Erzählung (*récit*). Zunächst soll auf die Geschichte eingegangen werden.

5.1.1 Die erzählte Geschichte

Ereignis

Geschichten beziehen sich auf Wirklichkeiten, Objekte, Raum- und Zeitverhältnisse, Figuren, Situationen und Ereignisse. Sie bestehen aus einer Kette von Ereignissen, die untereinander zeitlich, kausal, final oder gegensätzlich miteinander verknüpft sind. Ein Ereignis ist eine Veränderung eines Zustandes mit dem Ergebnis einer neuen Zustandssituation. Doch nicht alle Ereignisse sind bedeutsam. Bestimmte Ereignisse stechen hervor und gewinnen Relevanz, indem sie in der erzählten Welt zu einer grundlegenden Veränderung führen und Folgen für das Denken und Handeln von Figuren haben. Bei einem Ereignis kann es sich um eine Handlung oder ein Geschehen handeln. Das Kriterium der Intentionalität unterscheidet eine Handlung von anderen Tätigkeiten (*doings*). Ein Geschehen ist dagegen etwas von außen Bewirktes, wie eine Naturkatastrophe, das eine Figur zum Objekt macht, während sie bei der Handlung als Subjekt agiert.

Geschichteneinheiten

Eine Geschichte ist strukturiert und besteht aus Einheiten. Sie beginnt beim konventionellen Erzählen mit einer Ausgangssituation (*setting*), in der raum-zeitliche Angaben gegeben und Figuren eingeführt werden. Darauf folgen Konflikt und Lösung. Sie bilden das obligatorische Grundschema einer Geschichte, während die Ausgangssituation fehlen kann und oft direkt in ein Geschehen hineingesprungen wird. Die Komplikation ist der Kern der Geschichte (*narrative point*). Sie hat unterschiedliche Ursachen, die zu folgenden Konflikttypen führen:

Konflikttypen

1. Gegensatz zwischen Figuren (z. B. Gut vs. Böse; konfligierende Ziele);
2. Gegensatz/Spannung innerhalb einer Figur (z. B. Wunsch vs. Pflicht, psychologische Motivierung);
3. Gegensatz zwischen Umfeld/Gesellschaft und Figur (z. B. Normen-/Wertsystem, Verpflichtung vs. Figuren-Wertsystem, Wünsche);
4. Konflikt aufgrund einer Gefahrensituation oder Notlage (z. B. Kampf ums Überleben).

Gliederungssignale

Sowohl auf der sprachlichen Ebene des Erzähltextes als auch auf der Ebene des Erzählten gibt es Gliederungssignale, die eine rezeptionslenkende Funktion haben, indem sie dem Leser anzeigen, wo eine Einheit beginnt oder endet. Dazu gehören die Einführung von Figuren, der Wechsel von Handlungsträger, Zeit, Raum und Thema sowie sprachliche Signale wie »nach vielen Jahren«, indefiniter Artikel und Name bei Einführung einer Figur. Narrative Einheiten organisieren Inhalte und zeigen dem Leser Zusammenhänge an, in die sich Elemente einordnen lassen. Sie sind grundlegend für das Verstehen von Geschichten.

Erzählwürdigkeit

Da das Erzählen eine soziale Aktivität und Teil einer kommunikativen Praxis ist, erfüllen Geschichteneinheiten bestimmte Funktionen. Das Setting führt den Leser in die Geschichte ein und schafft eine gemeinsame Verständigungsgrundlage zwischen Erzähler und Leser/Hörer. Die Komplikation dynamisiert das Geschehen, schafft Spannung und motiviert das Erzählen selbst. Sie macht die Geschichte erzählenswert und antwortet damit auf die Frage: Wozu/warum wird die Geschichte erzählt? In der Erzählforschung wurden verschiedene Konzepte für Erzählwürdigkeit einer Geschichte (*reportability*) entwickelt (u. a. van Dijk 1980; Quasthoff 1980; Schmid 2005/²2008). Der Bruch, der den erwartbaren Ablauf von Alltagsgeschehnissen unterläuft, lässt ein Ereignis als neu, unerwartet oder besonders hervorstechen und liefert damit den Anlass für das Erzählen. Weitere Definitionskriterien für Erzählwürdigkeit sind die Schwierigkeit eines Helden, ein angestrebtes Ziel zu realisieren, oder ein außergewöhnliches und sozial wichtiges Ereignis, wie in Stefan Zweigs Erzählung *Die unsichtbare Sammlung* (1927): »Ich muß Ihnen doch erzählen, woher ich gerade komme. Denn diese Episode ist so ziemlich das Sonderbarste, was mir altem Kunstkrämer in den siebenunddreißig Jahren meiner Tätigkeit begegnet ist« (2001, S. 408). Einen Interessantheitswert für den Leser gewinnen Geschichten durch die Ungewöhnlichkeit von Sachverhalten, die Bedeutung von Geschehnissen für das eigene Leben, starke Gefühle, die Ereignisse auslösen, die Möglichkeit der Identifikation mit Figuren und durch ansprechende Themen.

Einbettungsverhältnisse

Eine weitere Untergliederung eines Erzähltextes erfolgt durch Einbettungsverhältnisse. Diese entstehen, wenn innerhalb einer Geschichte eine Geschichte erzählt wird wie im novellistischen Erzählen mit seiner Konstruktion eines Erzählrahmens, in den eine oder mehrere Binnenerzählungen eingelagert sind (Giovanni Boccaccios *Decamerone* 1349–53; Conrad Ferdinand Meyers *Die Hochzeit des Mönchs* 1884).

Der Plot

Romane und längere Erzählungen enthalten oft nicht nur eine Folge von Ereignissen, sondern mehrere Handlungsstränge. Ein Handlungsstrang besteht aus Handlungen und Erlebnissen einer bestimmten Figur oder ist durch Bindung an einen Schauplatz oder durch ein Thema charakterisiert. Mehrere Handlungsstränge ergeben den Plot eines Romans. Während die Geschichte vor allem die zeitliche Abfolge von Ereignissen umfasst, geht es beim Plot um sinnhafte (kausale) Verknüpfungen zwischen Ereignissen.

Figuren

Figurenkonzeption

Figuren sind Teil der erzählten Welt und in ihrem Äußeren eine sinnlich wahrnehmbare Erscheinung. Sie können statisch (unverändert) oder dynamisch sein, indem sie sich im Laufe einer Geschichte entwickeln. Ihnen können nur wenige Merkmale oder mehrere zugeordnet sein (ein- vs. mehrdimensional), und sie können als Typen oder individuelle Charaktere konzipiert sein (flach vs. tief). Zum Begriffsfeld von »Figur« gehören die Kategorien Haupt- und Nebenfigur, deren Unterscheidung auf dem Grad der Involviertheit einer Figur in das Handlungsgeschehen beruht. Hauptfiguren motivieren im Unterschied zu Nebenfiguren den Handlungsablauf oder sind Betroffene zentraler Geschehnisse. Die Unterscheidung von Protagonist und Antagonist akzentuiert die Gegensätze zwischen Figuren, die das Potenzial für Konflikte bilden.

Figurenmerkmale

Figuren agieren vor allem als Handlungsträger. Sie treten in bestimmte Beziehungen zueinander, die sich im Laufe einer Erzählung verändern und sich nach sozialen Aspekten (Hierarchien, Abhängigkeiten, Status), Emotionen (Liebe, Hass) und Formen von Kommunikation gegeneinander abstufen und beschreiben lassen. Merkmale von Figuren lassen sich klassifizieren nach äußeren und inneren Merkmalen. Zu den äußeren Merkmalen gehören Aussehen, Kleidung, Geschlecht und Alter, soziale Attribute (etwa Status, Stellung, Ausbildung, Machtposition), das soziale Umfeld sowie der Lebensstil und Habitus einer Figur. Die inneren Merkmale sind die eigentlichen Charaktermerkmale, die eine Figur in ihrer Identität und Persönlichkeit unverwechselbar machen.

Figuren in Raum und Zeit

Figuren sind auf besondere Weise mit Räumen verbunden. Ihre soziale Attribuierung fordert entsprechende Räume: Zum Bürger gehört das bürgerliche Ambiente seiner Wohnung / seines Hauses und die Stadt als Lebensraum; der Abenteurer dagegen bewegt sich im wilden, unzivilisierten Raum. Der Zusammenhang von Zeit und der charakterlichen und sozialen Ausstattung von Figuren spielt beim historischen Erzählen, aber auch im bürgerlichen Roman oder Zeitroman, der ein Bild der Gesellschaft geben möchte, eine wesentliche Rolle. In Theodor Fontanes Romanen z. B. tragen die Figuren Attribute, die direkt in Verbindung stehen mit dem Preußentum, seinem Militarismus und der Gründerzeit, so in *Schach von Wuthenow* (1883).

Techniken der Figurencharakterisierung

Figuren können sprachlich-explizit durch Merkmalszuschreibungen charakterisiert werden. Das kann durch den Erzähler, die Figur selbst (Selbstcharakterisierung) oder andere Figuren (Fremdcharakterisierung) erfolgen. Implizit werden Figuren durch Verhalten, Handeln und ihre Rede charakterisiert. Bei Selbstaussagen einer Figur bleibt zu prüfen, ob man ihnen trauen kann und ob das, was sie sagen, wahr ist. Das gilt auch für den Erzähler, der in seinen Mitteilungen nicht immer zuverlässig ist.

Erzählte Zeit – Erzählzeit

Verhältnis von erzählter Zeit und Erzählzeit

Zeit und Raum sind Ordnungsprinzipien des Erzählens. Die auf Günther Müller (1946/1968) zurückgehende Unterscheidung zwischen der erzählten Zeit, der Zeit, die innerhalb der erzählten Welt vergeht, und der Erzählzeit, der Zeit, die für das Erzählen einer Geschichte gebraucht wird, charakterisiert Genette (1972/²1998) unter der Kategorie »Dauer«. Äußerlich kann man die Zeit des Erzählens am Umfang des Textes (Seitenlänge) oder an der zu erbringenden Zeit für das Lesen eines Textes abmessen. Die Erzählzeit kann die erzählte Zeit über- oder unterschreiten, überspringen (Ellipse nach Genette), zusammenfassen oder durch erzählerische Auslassungen die erzählte Zeit zum Stillstand bringen:

Zeitdehnung:	Erzählzeit ist größer als die erzählte Zeit.
Zeitraffung:	Erzählzeit ist kleiner als die erzählte Zeit.
Zeitsprung:	Auslassen von erzählter Zeit; Erzählzeit = 0 (narrative Ellipse).
Zeitdeckung:	Erzählte Zeit ist gleich der Erzählzeit.
Pause:	Es wird erzählt, aber es vergeht keine erzählte Zeit.

Abb. 1: Zeitliche Strukturen in Erzähltexten

Ereignisse können chronologisch erzählt werden oder achronologisch. Der Erzähler kann das Erzählgeschehen in der Vergangenheit, Gegenwart und/oder Zukunft verankern. Typische Verfahren hierbei sind die Rückwendung zu Vergangenem (Analepse) und die Vorwegnahme (Prolepse), bei der der Erzähler dem gerade stattfindenden Erzählgeschehen vorausgreift und berichtet, was später geschehen wird. Vor- und Rückgriffe variieren in Umfang und Reichweite, erfolgen zu unterschiedlichen Zeitpunkten innerhalb der Erzählung und haben unterschiedliche Funktionen, wie Spannungserzeugung, Erwartungsaufbau oder Nachliefern von Informationen zu Vorgeschichten und Entwicklungen einer Figur. Geschehnisse können auch gleichzeitig stattfinden. Diese Zeitphänomene subsumiert Genette (1972/[2]1998) unter der Kategorie »Ordnung«.

Ana-/ Prolepse

Eine andere Kategorie der Beschreibung von Zeitstrukturen ist die Frequenz: Ereignisse können einmalig vorkommen oder wiederholt. Einmalige Geschehnisse können wiederum einmal erzählt werden oder mehrmals, und was mehrfach geschieht, kann einmal erzählt werden, wie z. B. wenn es heißt: »Jeden Freitag spielte er Karten«. Derartige Möglichkeiten der Strukturierung von Zeit beeinflussen den Aufbau des Erzählten. So werden in Max Frischs Roman *Stiller* (1954) dieselben Geschehnisse aus mehreren Perspektiven berichtet und machen die erzählte Geschichte in ihrem Wahrheitsgehalt und dem, was tatsächlich geschehen ist, fraglich.

Genres

Die Ausprägung von Zeitstrukturen erfolgt in Abhängigkeit von Genres. Beim Märchen bildet der Erzählvorgang die erzählten Ereignisse in ihrer Abfolge ab. Es kennt keine Vergangenheit und daher auch keine Rückblende, sehr wohl aber die in die Zukunft verweisende Prophezeiung oder Verwünschung. Die Struktur der Erinnerung liegt insbesondere den Erzählungen von Theodor Storm zugrunde, um Vergangenes zu fiktionalisieren. Eine Ausprägung der phantastischen Literatur verwendet das Motiv der Zeitreise und unterläuft damit empirische Zeitgesetze.

Erzählter Raum – Erzählraum

Erzählter Raum

Der erzählte Raum meint den Raum der erzählten Welt bzw. den Raum, in dem eine Geschichte spielt. Es gibt konkrete Räume wie Häuser, Orte, Landschaften, Naturräume, die in sich wiederum untergliedert sind. Ein Merkmal von Räumen ist ihre Umgrenztheit: Flüsse, Berge, Stadtmauern, Hecken, Zäune oder Staatsgrenzen begrenzen Räume und gliedern sie in ein Innen und Außen, ein Diesseits und Jenseits, in Heimat und Fremde. Ein offener Raum ist das Meer, ein geschlossener der Wald oder die Insel. Die Bewegung des Helden im Raum ist zeithistorisch geprägt (etwa Pferd, Kutsche, Eisenbahn) und gattungsabhängig. Grenzüberschreitungen sind ein zentrales Motiv der erzählenden Literatur und konstitutiv für bestimmte Genres wie dem Abenteuerroman, in dem der Held die Grenzen des Vertrauten verlässt und in unbekanntes Terrain aufbricht.

Der Raum ist narratives Kompositionselement, Schauplatz für Handlungen und markiert soziale Gegensätze wie arm vs. reich. Je nach Gattung vermittelt der Raum Erlebnis- und Gefühlsumstände (etwa Glück, Unglück, Angst, Wohlbehagen, Nähe, Ferne), erzeugt Stimmungen und hat kognitive Funktion.

Das Erzählen ist nicht nur ein zeitlicher Vorgang, sondern auch ein Vorgang, der in seiner schriftsprachlichen Manifestation Raum beansprucht (Umfang des Textes). Die Elemente des Textes stehen in einer Beziehung des Nacheinander. Hinzu tritt die Strukturierung in hierarchische Einheiten (Kapitel, Abschnitte). Der Textraum wird gegliedert durch Richtungsangaben, wie z. B. »siehe Kapitel 2«, »im vorhergehenden Kapitel«, »wie oben gesagt« oder »im nächsten Abschnitt«. Es handelt sich um textdeiktische Mittel der Standortbestimmung des Sprechers/Lesers. Sie lokalisieren ein Ziel vom jeweils aktuellen Erzähl- und Lesepunkt aus. Der Roman des 18./19. Jahrhunderts setzt bevorzugt solche Mittel ein und lenkt damit den Leserblickpunkt nach oben, unten, vorne und hinten. Es entsteht dadurch eine Metaebene des Erzählens.

Erzählraum

Didaktik des Geschichtenverstehens

Historisch gesehen wurde die Behandlung erzählter Geschichten im Deutschunterricht der Aufsatzdidaktik zugeordnet mit Erzählschreibformen des Nacherzählens von Geschichten und des eigenen Erlebens. In den 1980er Jahren verschob sich das Interesse auf den Erwerb von Erzählfähigkeiten bei Kindern. In diesen Ausführungen liegt der Akzent auf rezeptiven Fähigkeiten. In dieser Perspektive haben Geschichtenstrukturen eine das Verstehen fundierende und lenkende Funktion. Sie helfen beim Zuhören, Geschichten zu behalten, und beim Lesen, den Stoff zu gliedern, zu organisieren und eine kognitive Struktur für das Verstehen aufzubauen. Sie bieten dem Literaturunterricht eine Basis, um die übergeordnete Kompetenz des Geschichtenverstehens in Teilkompetenzen zu untergliedern und die Organisation von Prozessen der Entwicklung von Verstehenskompetenzen erzählter Geschichten zu begründen. Da Dramentexten und Spielfilmen ebenfalls Geschichten zugrunde liegen, ist ein Transfer von Geschichtenkategorien (Handlung, Figuren, Zeit, Raum) auf andere Erzählgattungen und -medien möglich. Das Erzählen von Geschichten wird dadurch in seiner intermedialen und medienübergreifenden Funktion deutlich.

Geschichtenverstehen

Kompetenzziele. Das Lesen erzählender Texte zielt zunächst auf das Verstehen der erzählten Geschichte, die ihrerseits aus dem Erzähltext abstrahiert werden muss. Dabei sind Entscheidungen darüber erforderlich, welche Ereignisse wichtig oder nebensächlich sind. Weltbezogene Konzepte für Figuren, Handlungen, Situationen, Raum und Zeit bilden dabei eine primäre Grundlage. Da diese Prozesse von Leser zu Leser variieren, entstehen verschiedene Interpretationen der erzählten Geschichte.

Leserkompetenzen

Zu einer sinngebenden Lektüre gehören das Identifizieren von Zustandsänderungen in ihrer Relevanz, der Erzählwürdigkeit einer Geschichte, der zeitlichen und kausalen Verknüpfung von Ereignissen, das Erschließen von verborgenen, insbesondere motivationalen Zusammenhängen, das Erfassen von Figurenkonzepten, funktionalen Handlungsrollen und Art der Konflikte. Gegebenenfalls muss die natürliche Abfolge der Geschehnisse aus der Anordnung auf der textuellen Ebene rekonstruiert werden. Auf einer übergeordneten Ebene gilt es, Geschichteneinheiten in ihrer Funktion und die thematische Struktur zu erfassen, bei einem Roman die Plot-Struktur zu erkennen.

Anforderungsniveau

Das Anforderungsniveau für den Leser hängt textseitig von der Dichte und Komplexität der erzählten Geschichte und ihrer genrespezifischen Realisierung ab: Dichte entsteht durch vielfache und komplexe Bezugnahmen; die Bedeutungen sind nicht eindeutig. Ein Beispiel sind Formen gleichnishafter Rede wie bei der Parabel (Franz Kafka, Bertolt Brecht), bei der der Leser veranlasst wird, über den Wortlaut eines Textes hinaus nach einer zweiten uneigentlichen Bedeutung zu suchen, ohne zu einem Abschluss zu gelangen. Unter Komplexität werden bei epischen Langformen die Zahl der Handlungsstränge und ihre Verzweigung in Haupt- und Nebenhandlungen verstanden, der Umfang des Figurenarsenals, die Vielfalt möglicher Beziehungen zwischen Figuren und die Konzeption von Figuren (flach vs. tief, ein- vs. mehrdimensional, statisch vs. dynamisch). Bei einer erhöhten Komplexität in einem Roman oder einer langen Erzählung muss der Leser mehr textinterne und -externe Verweisungszusammenhänge herstellen und eine größere Textmenge für die Konstitution des Erzählten berücksichtigen. Die Zugänglichkeit des Erzählten hängt auch davon ab, ob Inhalte konkret-anschaulich oder abstrakt gegeben sind, sprachlich direkt ausgedrückt sind oder implizit bleiben, ob sie Hintergrundwissen voraussetzen und ob linear chronologisch erzählt wird oder diskontinuierlich und achronologisch.

Geschichtenkategorien. Geschichtenstrukturen und -elemente lassen sich für den Unterricht in Form von Fragen operationalisieren, die jeweils Teilkompetenzen des Verstehens abbilden. Es handelt sich um Interpretationsstrategien, die ein Schüler im Laufe seiner Lerngeschichte in sein Repertoire aufnimmt und die es ihm ermöglichen, sich selbständig einem Text zu nähern und zu wissen, wie er fragen, worauf er achten, was er übergehen und nach welchen Beziehungen er suchen kann, um eine kohärente Geschichte bilden zu können:

Geschichtenkategorien

Kategorien	**Operationale Fragen**
Erzählen	Was ist Erzählen? Welche Funktion hat das Erzählen? Was motiviert das Erzählen? Was macht eine Geschichte erzählenswert?
Thema/Inhalte	Was ist das Thema der Geschichte? Worum geht es?
Aufbau von Geschichten	Wie ist eine erzählte Geschichte aufgebaut? Welche narrativen Einheiten lassen sich identifizieren?
Funktionen	Welche Funktionen haben die Geschichteneinheiten?
Komplikation	Wodurch entsteht ein Konflikt? Worin besteht der Konflikt?
Lösungen	In welchen Schritten wird zu einer Lösung hingeführt? Welche Lösungen werden geboten? Oder wird auf eine Lösung verzichtet und bleibt die Geschichte offen?
Gliederungssignale	Gibt es Gliederungssignale innerhalb der Geschichte und auf der Textebene?
Handlungen	Wie ist die zeitliche Abfolge von Handlungen? Sind Handlungen kausal miteinander verknüpft? Welche Handlungen sind hervorgehoben/wichtig? Liegt ein Handlungsstrang vor oder gibt es mehrere? Was ist Haupt- und Nebenhandlung?
Figuren	Welche Figur ist Haupt-/Nebenfigur bzw. Protagonist/Antagonist? Wie ist eine Figur charakterisiert? Ändert sich die Figur im Laufe der Geschichte? Welche Techniken der Figurencharakterisierung werden eingesetzt: implizit/explizit; Selbst-/Fremdcharakterisierung? Was sind die Ziele und Handlungsmotive einer Figur?
Emotionen von Figuren	Wie fühlt sich eine Figur in einer bestimmten Situation? Wie reagiert sie innerlich auf bestimmte Geschehnisse?
äußere Reaktionen	Wie reagiert eine Figur äußerlich auf bestimmte Geschehnisse?

Einstellungen/Weltbilder	Welche Einstellung hat eine Figur zu anderen Figuren und deren Verhalten; wie bewertet sie diese? Welche Sicht auf die Welt hat die Figur? Welche Wert- und Glaubenshaltungen nimmt sie ein?
Beziehungen	Welche Beziehungen bestehen zwischen Figuren? Ändern sich diese im Laufe der Geschichte?
Schauplatz/Raum	Wo spielt die Geschichte? Welche Funktion hat der Raum? Wie ist der erzählte Raum gegliedert?
Zeit	Wann spielt die Geschichte? Gibt es zeitliche Signale auf den Kontext? Wann geschieht was? Wie sind erzählte Zeit und Erzählzeit gegliedert? Werden Ereignisse chronologisch oder achronologisch erzählt, finden Rückblenden und Vorausschau statt?

Abb. 2: Operationalisierung von Geschichtenstrukturen und -elementen

Da nicht alle Kategorien für einen konkreten Erzähltext von Belang sind, bedarf es einer Konzentration auf jene Elemente und Beschreibungskategorien, die für eine Geschichte und ihr Verständnis relevant sind. Damit die Texterschließung nicht in Einzelbeobachtungen zerfällt, gilt es, den Schüler zu einer Syntheseleistung anzuregen, die das Einzelne in plausible Zusammenhänge integriert, z. B. indem er einen Zusammenhang von Thema und Figurenkonstellation herstellt.

Methodische Zugänge. Wie derartige Kategorien zum Erfassen des Erzählten im Unterricht vermittelt werden, ist eine Frage der Methode, die ihrerseits vom Alter und den Interessen von Schülern und dem angestrebten Ziel abhängt, vorhandene Geschichtenkompetenzen zu verankern, zu erproben, zu erweitern und zu transferieren. Elementare Geschichtenkategorien, die Schüler im Laufe ihrer literarischen Sozialisation bereits erworben haben, wie etwa Handlung und Figur, können ausdifferenziert werden. Neue Kategorien lassen sich induktiv ableiten und durch bestimmte Interaktionsformen (mündlich, schriftlich, szenisch) im Handlungsrepertoire von Schülern sichern oder müssen expliziert werden. Ein typisches Verfahren im Unterricht und in Lehrwerken sind Aufgaben zur Identifikation und Beschreibung von Geschichtenelementen wie im folgenden Beispiel:

Aufgaben

»a) Welche Figuren kommen in der Geschichte vor? Wie werden sie genannt?
b) Wo spielt die Handlung? Sammelt Einzelheiten zu dem Schauplatz.«
(*Deutschbuch NG 7*, 2008, S. 100)

In einer erweiterten Texterschließung werden Indikatoren angegeben, anhand derer Schüler bestimmte Geschichtenelemente im Text erkennen können wie zur erzählten Zeit:

»Wie lange eine erzählte Handlung dauert, sieht man an Zeitangaben wie ›zur verabredeten Stunde – es dauerte denn auch nur wenige Augenblicke‹ […].«
(*Deutschbuch NG 7*, S. 111)

Was für Leser im Fokus der Aufmerksamkeit steht und einen Interessantheitswert hat (Figuren, Ereignisse, Themen), bietet einen lernerorientierten, motivierenden Einstieg in das Unterrichtsgespräch, das im weiteren Verlauf ein erstes subjektives Verständnis modifiziert. Für das Erfassen, worum es in einem Text geht, stellt die Lesedidaktik Verfahren bereit, wie Zusammenfassen, Schlüsselwörter markieren, den Handlungsverlauf in einem Flussdiagramm festhalten, eine Geschichte gliedern und Figuren charakterisieren. Textanalytische Verfahren beziehen sich auf das Identifizieren und Beschreiben der genannten Elemente und Einheiten von Geschichten. Neben der Handlungsanalyse spielt die Figurenanalyse im Unterricht eine wesentliche Rolle vor allem in schriftlichen Prüfungsaufgaben (s. Kap. 8.1.5). Das weiterführende Interpretieren richtet sich auf die funktionale Bedeutung von Erzählelementen, auf implizite Zusammenhänge, wie etwa innere Vorgänge, Handlungsmotive, Beziehungen zwischen Figuren, Art und Ursache von Konflikten, und eine kontextuelle Einordnung des Textes. Um Leseinteresse und Neugierde auf fremde Welten zu wecken und dem eigenen Erleben von Schülern Raum zu geben, eignen sich im Rahmen eines handlungs- und produktionsbezogenen Ansatzes Formen des mündlichen und schriftlichen Weiter- und Umerzählens von Geschichten, Vorgeschichten erfinden, Dialoge verfassen oder Situationen in Szene setzen.

Verständnissicherung

Handlungs-/Figurenanalyse

Die Fachdidaktik hat die Frage, ob das Inhaltsverständnis durch eine Zusammenfassung oder Inhaltsangabe gesichert werden sollte, wiederholt erörtert und nimmt eine eher ablehnende Haltung ein, u. a. weil eine Inhaltsangabe bereits eine Art Deutung darstellt und sie damit Interpretationsspielräume begrenzt. Derartige Vorbehalte sind im Blick auf heterogene Lernergruppen

Inhaltsangabe

jedoch zu relativieren, da das Erfassen des Kerngedankens für Schüler mit Leseverständnisproblemen bereits eine Hürde darstellt. Sie bedürfen daher der Unterstützung durch genaue Spracharbeit und der Vergewisserung, worum es in einem Text geht. Generell ist das Erfassen des Erzählten grundlegend für eine vertiefende Auseinandersetzung mit einer Erzählung und lenkt den Blick im positiven Sinne auf die unterschiedlichen Resultate von Abstraktions- und Bewertungsvorgängen beim Lesen.

5.1.2 Der erzählerische Diskurs

Konstitutiv für das Narrative ist, dass im Erzählen eine erzählte Welt (Diegese) hervorgebracht wird. Die Fragen, wer erzählt und aus welcher Perspektive erzählt wird, stehen im Fokus der Erzählforschung.

Der Erzähler

Erzählebenen

Für die Erzähltextanalyse sind als Erstes die Ebenen, auf denen Erzählinstanzen angesiedelt sind, zu unterscheiden. Die Erzählinstanz kann sich auf der Ebene der erzählerischen Vermittlung, der extradiegetischen Erzählebene, befinden oder auf der intradiegetischen Erzählebene, wenn der Erzähler zugleich eine Figur innerhalb der erzählten Geschichte ist. Bei der Bestimmung des Erzählers hilft eine grundlegende Unterscheidung zwischen dem heterodiegetischen und homodiegetischen Erzähler (Genette 1972/^{2}1998), was dem traditionellen Er- und Ich-Erzähler entspricht.

Er-Erzählen

Beim Er-Erzählen ist der Erzähler keine Figur der erzählten Welt, vielmehr steht er außerhalb der Diegese und erzählt über andere und deren Erfahrungen, Erlebnisse und Begebenheiten. Allerdings gibt es auch Erzählungen, in denen der Erzähler »ich« sagt, und dennoch handelt es sich um ein Er-Erzählen, weil der Erzähler nicht zur Welt der Figuren gehört und die Geschichten von Dritten erzählt. Die Frage, wessen Geschichte erzählt wird, ist ein operationales Kriterium, das es ermöglicht, narrative Aussagen auf das Redesubjekt oder auf eine andere Figur als Gegenstand der Aussage zu beziehen.

Ich-Erzählen

Beim Ich-Erzählen dagegen ist der Erzähler eine Figur der erzählten Welt. Ist der Erzähler die Hauptfigur, so erzählt er von sich und seinen Erlebnissen (Autodiegese/Selbsterzählung bei Genette). Das erzählende Ich macht sich selbst zum Erzählgegenstand (erzähltes Ich). Für die Identität von Ich-Erzähler und erzählter Figur gibt es in der erzählenden Literatur viele Spielarten. Eine besteht darin, dass das erzählende Ich in einer späteren Lebensphase auf seine

Jugend zurückblickt und von seinen damaligen Erlebnissen, Erfahrungen und Geschehnissen, in die es involviert war, erzählt. Es besteht eine zeitliche Distanz zwischen dem erzählenden Ich zum gegenwärtigen Zeitpunkt und dem erzählten bzw. erlebenden Ich zum früheren Zeitpunkt seiner Lebensgeschichte und damit verbunden eine Erfahrungs- und Wissensdifferenz. Typisch ist diese Form des Erzählens für autobiographisches und tagebuchartiges Erzählen. Ein Beispiel für einen solchen Ich-Erzähler ist Thomas Manns *Felix Krull* (1. Teil 1910–13). Aber der Ich-Erzähler kann auch eine Randfigur sein, wie z. B. in Christa Wolfs *Nachdenken über Christa T.* (1968), wo die Freundin über das Leben von Christa T. erzählt. Im strengen Sinne handelt es sich nicht um ein Ich-Erzählen.

Du-Erzählen

Das primäre Merkmal des Du-Erzählens ist, dass »du« (oder »Sie«) gesagt wird und somit eine Erzählung der 2. Person vorliegt. Das Du ist Adressat und Gegenstand des Erzählens, aber es kann auch der Leser gemeint sein. Bei einer besonderen Form des Du-Erzählens spielt das erzählende Ich mit seiner eigenen Identität, indem es sich von sich selbst distanziert und mit »du« anredet. Das erzählende Ich kann dabei anonym, unpersönlich bleiben wie in Max Frischs *Burleske* (1950) oder als sprechende Figur präsent sein.

Erzählverhalten. Je nach Verhalten des Erzählers und seinen Fähigkeiten werden das auktoriale, personale und neutrale Erzählverhalten unterschieden.

Auktoriales Erzählen

Beim auktorialen Erzählen steht der Erzähler außerhalb der erzählten Welt, verfügt über ein Wissen über die Vorgänge in der erzählten Welt, kann zurückblicken, vorausschauen und hat Einblick in das Innere von Figuren. Die Einmischungen in Form von Kommentaren, Reflexionen und Erläuterungen und die Ansprache an den Leser sind bezeichnend für auktoriales Erzählen. Ein Beispiel dafür ist Thomas Manns *Der Zauberberg* (1924), in dem ein expliziter Erzähler ankündigt, die Geschichte von Hans Castorp zu erzählen:

> »Die Geschichte Hans Castorps, die wir erzählen wollen, – nicht um seinetwillen (denn der Leser wird einen einfachen, wenn auch ansprechenden jungen Menschen in ihm kennenlernen), sondern um der Geschichte willen, die uns in hohem Grade erzählenswert scheint […].«
>
> (Thomas Mann: *Der Zauberberg* 1967, S. 5)

Personales Erzählen

Beim personalen Erzählen liegt der Fokus bei einer Figur (Reflektorfigur nach Stanzel 1979). Das Wahrnehmungsfeld ist auf den subjektiven Blickpunkt dieser Figur eingegrenzt. Außenwelt wird nur insoweit zugänglich gemacht, wie die Figur diese wahrnimmt, auf sie reagiert und sie reflektiert. Eine Innensicht besteht nicht in Bezug auf andere Figuren. Beim personalen Erzählen mischen sich Elemente der Erzählerrede und der Figurensicht/-rede. Typisch ist die Verwendung der Er-/Sie-Form, des Präteritums, Verben des Denkens und Meinens (»dachte er«), erlebte Rede, lokale und temporale Deiktika (»hier«, »dort«, »jetzt«, »dann«). Franz Kafka bevorzugt z. B. die Verbindung von Er-Form und personalem Erzählen:

»›Was ist mit mir geschehen?‹, dachte er. Es war kein Traum. Sein Zimmer, ein richtiges, nur etwas zu kleines Menschenzimmer, lag ruhig zwischen den vier wohlbekannten Wänden.«

(Franz Kafka: *Die Verwandlung* 2002, S. 5)

Die direkte Wiedergabe des Gedankens der Figur, markiert durch die Anführungszeichen und das Verb des Denkens (»dachte er«), zeigt die Gegenwart des Erzählers. Bei dem Satz »Es war kein Traum« liegt der Blickpunkt bei der Figur, deren Wahrnehmungen wiedergegeben werden.

Neutrales Erzählen

Beim neutralen Erzählen werden Szenen, Geschehnisse und Dialoge distanziert, von außen und ohne erzählerische Einmischungen präsentiert. Es besteht kein Zugang zum Inneren von Figuren. Auch die Figurensicht tritt zurück, so dass äußeres Geschehen objektiv und wertneutral wiedergegeben wird (*camera eye*-Technik nach Friedman 1955). Nicht alle Erzähltheorien arbeiten mit dieser Kategorie, aber für narrative Textteile, die sich weder als auktorial noch personal beschreiben lassen und die genannten Merkmale aufweisen, ist sie eine hilfreiche Beschreibungskategorie. Neutrales Erzählen kommt in Christa Wolfs *Nachdenken über Christa T.* (1968) oder in szenischen Darstellungen bei Theodor Fontane vor, in denen der Erzähler sich völlig zurücknimmt und die Figuren reden lässt:

»›Sechs Blatt mit 'ner Quart.‹
›Gut.‹
›Und du?‹
›Vierzehn As, drei Könige, drei Damen … Und du machst keinen Stich.‹
Und er legte das Spiel auf den Tisch und schob im nächsten Augenblicke die Karten zusammen, während der Andere mischte.
›Weißt Du schon, Ella verheiratet sich.‹
›Schade.‹
›Warum schade?‹«

(Theodor Fontane: *Irrungen, Wirrungen* 2010, S. 49)

Ein solcher Dialog wie hier am Spieltisch in Fontanes *Irrungen, Wirrungen* (1887) stellt das Geschehen innerhalb der Romanwelt direkt und szenisch dar.

Auktoriales/ figurales Erzählen

Erzähler und Figuren sind in der erzählenden Literatur die beiden narrativen Punkte, von denen aus Welt erzählt und betrachtet wird (Stanzel 1955; Cohn 1978; Schmid 2005). Je nach Fokus liegt auktoriales oder figurales Erzählen vor. Das Er-, Ich- und Du-Erzählen sind auktorial, wenn der Fokus beim Erzähler liegt: Er-Erzähler beim Er-Erzählen und erzählendes Ich beim Ich-/ Du-Erzählen. Sie sind figural, wenn der Fokus bei der Figur liegt, aus deren Sicht erzählt wird: der Handlungsfigur beim Er-Erzählen, dem erlebenden Ich beim Ich-Erzählen und dem erlebenden Du beim Du-Erzählen. Danach ergeben sich folgende Formen des Erzählens:

Formen des Erzählens

Er-Erzählen	Erzähler ist keine Figur der erzählten Welt. Er erzählt die Geschichte eines Dritten. Liegt der Fokus beim Erzähler = *auktorial.* Liegt der Fokus bei einer Figur = *figural.*
Ich-Erzählen	Erzähler ist eine Figur der erzählten Welt. Er erzählt seine eigene Geschichte. Liegt der Fokus bei dem erzählenden Ich = *auktorial.* Liegt der Fokus bei dem erzählten, erlebenden Ich = *figural.*
Du-Erzählen	Ein Erzähler-Ich ist keine Handlungsfigur. Er erzählt die Geschichte eines Du. Liegt der Fokus bei dem Erzähler-Ich = *auktorial.* Liegt der Fokus bei dem handelnden, erlebenden Du = *figural.*

Abb. 3: Formen des Erzählens

Kompetenzen des Erzählers

Zur Charakterisierung des Erzählers bleibt weiterhin zu prüfen, was der Erzähler weiß und woher er sein Wissen hat (von anderen Figuren, aus Manuskripten), wie er die Informationen verteilt und wie zuverlässig er ist: Hält er wichtige Informationen vor, verfälscht er Fakten, widerspricht er sich, lügt er? Der Wissensumfang des Erzählers hängt vom Grad seiner Beteiligung (Haupt-/Nebenfigur), seiner Position auf der intra- oder extradiegetischen Ebene und der Quelle seines Wissens ab.

Modus des Erzählens

Ein Wesensmerkmal von Narrativen ist die Mittelbarkeit des Erzählens. Es hat in unserem Kulturraum eine lange Tradition, zwischen dem mittelbaren Erzählen (Diegesis nach Platon) zu unterscheiden, bei dem ein erkennbarer Erzähler die Geschichte vermittelt, und dem unmittelbaren Erzählen (Mimesis), bei dem der Erzähler völlig zurücktritt und die Illusion des nicht vermittelten Erzählens erzeugt wird. Dem mittelbaren und unmittelbaren Erzählen entsprechen die Begriffspaare: Erzählermodus vs. Reflektor-Modus (Stanzel [1979]), narrativer vs. dramatischer Modus (Genette [1972/^{2}1998]) und *telling* vs. *showing* (Lubbock [1921]).

Mittelbares/ unmittelbares Erzählen

Unterschiedliche Grade der Vermitteltheit manifestieren sich in Redeformen. Textteile, in denen der Erzähler spricht, wie etwa Kommentare, Reflexionen, Beschreibungen und Vermittlung dessen, was Figuren tun, sagen, denken und empfinden, gehören zur Erzählerrede (bzw. Erzählbericht). Der Erzähler kann die Rede und Gedanken von Figuren zusammenfassend wiedergeben. Was die Figur erzählt, sagt oder denkt, ist Teil der Figurenrede. Verwendet werden dafür die direkte Rede, Gedankenrede und der innere Monolog. Zwischen der Erzähler- und Figurenrede gibt es Mischformen wie die indirekte und erlebte Rede. Bei der erlebten Rede steht das Aussagesubjekt beim Ich-Erzählen in der 1. Person, beim Er-Erzählen in der 3. Person (er/sie): »Es war ihm alles so klein, so nahe, so naß« (Georg Büchner *Lenz*, 1839). Rede und Gedankenwiedergabe einer Figur werden nicht durch einen Satz des Sagens, Meinens und Denkens (»sagte er«, »meinte er«, »dachte er«) eingeführt oder abgeschlossen. In der Regel wird das Imperfekt verwendet, aber es kommt auch das Präsens in der erlebten Rede vor. Beim inneren Monolog werden Gedanken, Wahrnehmungen und Assoziationen einer Figur unmittelbar aus dem Bewusstsein einer Figur heraus artikuliert. Typisch sind die 1. Person Präsens, eine verkürzte Syntax, Auslassungen und der subjektive Stil der Figur: »Ich muss auf die Uhr schauen […] Schickt sich wahrscheinlich nicht« (Arthur Schnitzler: *Leutnant Gustl*, 1900).

Erzählerrede

Figurenrede

Die Erzählperspektive

Das Phänomen, dass ein Erzähler das Bewusstsein einer Figur als einen Filter benutzt, durch den Ereignisse und Geschehnisse in der Welt wahrgenommen werden, hat die ältere Erzählforschung unter dem Begriff der Perspektive bzw. des *point of view* behandelt, die neuere Erzählforschung dagegen verwendet den Begriff der Fokalisierung. Genette (1972/^{2}1998, S. 134) trennt Wahrneh-

Fokalisierung

mungsvorgänge von Erzählvorgängen und geht von einer Zweiteilung aus: Wer sieht? (Modus) und Wer spricht? (Stimme). Unterschieden werden dabei drei Typen von Fokalisierung: interne, externe Fokalisierung und Nullfokalisierung. Mit Fokalisierung sind sowohl sinnliche Wahrnehmungen von Außenwelt gemeint als auch innere Vorgänge des Denkens, Fühlens oder Erinnerns einer Figur. Für ihre Beschreibung ist die Wahl des Punktes, von dem aus Elemente gesehen werden, entscheidend (Bal 1985, S. 104). Bei einer internen Fokalisierung liegt er in einer Figur, und der Wahrnehmungsvorgang ist Teil des dargestellten Geschehens. Er ist abhängig vom räumlichen Standort einer Figur, aber auch von ihrer weltanschaulichen Position, aufgrund derer andere Figuren oder Ereignisse bewertet werden. Interne Fokalisierung ist erkennbar an Verben des Sehens, Meinens, Denkens und Fühlens und der erlebten Rede. Es kann nur mitgeteilt werden, was im Wahrnehmungshorizont der Figur liegt, über innere Vorgänge anderer Figuren können lediglich Vermutungen angestellt werden. Intern fokalisiertes Erzählen hat die Funktion, Einblick in das Innere einer Figur zu geben, dem Leser eine Empathie nahezulegen und eine Figur zu charakterisieren. Andere Bereiche der erzählten Welt bleiben unzugänglich. Eine interne Fokalisierung verwendet Franz Kafka in *Die Verwandlung* (1915) (hier S. 78).

Interne Fokalisierung

Bei einer externen Fokalisierung liegt der Fokus bei einem außerhalb der Geschichte stehenden Erzähler. Es besteht Außensicht, ein Zugang zum Inneren einer Figur ist nicht möglich. Das entspricht der traditionellen Unterscheidung von Innen- und Außensicht. Ein Beispiel für eine externe Fokalisierung ist Dashiell Hammetts Roman *Der Malteser Falke* (1930):

Externe Fokalisierung

> »Spade, barfuß und in grün-weiß kariertem Schlafanzug, saß auf seiner Bettkante. Er starrte finster das Telephon auf dem Tisch an [...]. Kalte, feuchte Luft strömte durch zwei offene Fenster herein, brachte ein halbes Dutzend Mal pro Minute das dumpfe Klagen des Nebelhorns von Alcatraz mit. Ein Blechwecker in unsicherer Stellung auf einer Ecke von Dukes *Berühmte Kriminalfälle Amerikas* – mit der Titelseite nach unten – zeigte fünf Minuten nach zwei Uhr an.«
>
> (Dashiell Hammett: *Der Malteser Falke* 1974, S. 17)

Es wird beschrieben, was im Blick- und Hörfeld der Figur liegt: feuchte Luft, offene Fenster, Nebelhorn, Buch, Blechwecker. Von der äußeren Realität wird nur ein begrenzter Ausschnitt beschrieben, das, was im Nahbereich der Figur liegt. Dieser Ausschnitt wird durch eine Beobachterposition präsentiert, aber die Figur ist nicht das Subjekt der Beobachtung, sondern das Objekt. Es ist ein narratives Verfahren, bei dem in Bezug auf die Welt fokussiert wird, ohne eine Figur zur Fokalisierungsinstanz zu machen. Der Fokus kann innerhalb einer Erzählung konstant bei einer Figur bleiben oder zwischen Figuren wechseln (multiperspektivisches Erzählen), so dass Welt auf verschiedene Weise perspektivisch gebrochen erscheint, wie in Gustave Flauberts *Madame Bovary* (1856).

Konstanter/ variabler Fokus

Bei der Nullfokalisierung wird nicht fokalisiert; es werden keine Perzeptionsvorgänge beschrieben. Genette selbst hat die Nullfokalisierung mit dem auktorialen Erzähler gleichgesetzt, der über eine unbeschränkte Sicht und Allwissenheit verfügt. Aber ein deutlich hervortretender, sich einmischender, wertender und kommentierender Erzähler rückt die Welt durchaus in eine bestimmte Perspektive. Auch im Erzählen wird die Welt perspektiviert und stehen dem Erzähler dafür vielfältige Mittel der Selektion, der Wertung, der Aufmerksamkeitslenkung auf Figuren, Handlungen, Situationen und Räume zur Verfügung, so dass Welt als eine interpretierte hervortritt. In dieser Sicht impliziert nicht nur das Sehen, sondern auch das Erzählen eine Perspektive.

Nullfokalisierung

Nach einer kritischen Auseinandersetzung mit Genettes Typologie besteht in gegenwärtigen Fokalisierungstheorien (u. a. Nünning 1990) Konsens darin, dass von fokalisiertem Erzählen nur gesprochen werden kann, wenn jemand ›sieht‹ und Perzeptionsvorgänge zur Darstellung gelangen. Das kann durch die Wahl einer oder mehrerer Figuren in der erzählten Welt, durch deren Augen Ereignisse gesehen werden, geschehen oder durch die Einnahme eines externen Blickpunktes. Operationale Kriterien für Fokalisierungen sind: Wer sieht? Was wird gesehen? Durch welche sprachlichen Mittel können Wahrnehmungsvorgänge identifiziert werden?

Kriterien der Fokalisierung

Der Leser

Das Erzählen ist ein kommunikativer Vorgang. Dazu gehören nicht nur eine Erzählinstanz und ein Erzählgegenstand, sondern auch der Adressat. Die Kommunikation des Erzählers mit dem Leser gehört seit Entstehen des bürgerlichen Romans im 17./18. Jahrhundert mit zu den beliebtesten Spielarten fiktionalen Erzählens, das auch in der Gegenwart immer wieder verwendet wird (Volker Braun, Dieter Kühn). Bei dem angesprochenen Leser handelt es sich um einen fiktiven Leser, nicht um den realen. Die Aufmerksamkeit des Lesers wird gelenkt, und bisweilen werden ihm bestimmte Einstellungen gegenüber Figuren oder Geschehnissen und Deutungen nahegelegt. Eine besondere Form der Kommunikation mit dem Leser besteht darin, dass der Erzähler falsche oder sich widersprechende Informationen gibt und sich somit als ein

Fiktiver vs. realer Leser

unzuverlässiger Erzähler erweist (*unreliable narrator*), was wiederum zu einer Instabilisierung im Wissen und in der Orientierung des realen Lesers führt.

Impliziter Leser

Eine andere Kategorie ist die des impliziten Lesers von Wolfgang Iser (1972), die all jene sprachlichen, narrativen und wissensbezogenen Kompetenzen umfasst, die erzählende Texte bei einem Leser voraussetzen, damit die literarische Kommunikation gelingt und ein Verstehen zustande kommt.

Leserlenkende Erzählstrategien

Es gibt eine Reihe von leserlenkenden Erzählstrategien. Dazu gehören Spannungstechniken und die Strukturierung des Wissens des Lesers durch die Verteilung von Informationen. Durch Vorenthalten wichtiger Informationen im Text entstehen Wissenslücken und ein erhöhtes Maß an Inkohärenz, die wiederum den Leser zu Aktivitäten im Sinne der Schließung von Lücken und der Herstellung von Kohärenz anregen. Die Erzeugung von Wissenslücken ist eine Strategie, die genrespezifisch eingesetzt wird, z. B. im klassischen Detektivroman, in dem der Mordfall zu einem Rätsel wird, dem Whodunit. Die Fragen, wer der Mörder ist, wie und warum er die Tat begangen hat, erzeugen eine Spannung nach vorne, die bis zum Schluss aufrechterhalten wird, indem nur verzögert im Laufe des Romans Informationen gegeben werden, die Teile des Rätsels lösen, bis am Ende der Fall aufgeklärt ist. Die Differenz im Wissen von Figur und Leser ist ein weiteres erzählerisches Mittel, von dem Kriminalromane und Filme gezielten Gebrauch machen, um Spannung zu erzeugen, beispielsweise, wenn der Leser um eine drohende Gefahr für eine Figur weiß, die selbst ahnungslos ist.

Die Erfahrung und Wahrnehmung des Lesers/Hörers werden durch das Erzählen strukturiert. Insbesondere Figuren ziehen die Aufmerksamkeit des Lesers auf sich, lösen Gefühle der Sympathie oder Antipathie, des Mitleidens oder der Abwehr, der Identifikation oder der Distanz aus. Figurales Erzählen legt eine Identifikation und Empathie, Nähe oder Ferne zu Figuren nahe. Chronologisch lineares Erzählen ist flüssiger zu lesen als ein achronologisches Erzählen oder ein Erzählen, das den Lesefluss durch metafiktionale Äußerungen unterbricht und zu einer Reflexion auf das Erzählen und den fiktionalen Charakter des Erzählten auffordert. Lektürebegleitende Erlebnisse, Wahrnehmungen und Gefühle sind zentrale Lesemotive und bieten Anknüpfungspunkte für die reale Kommunikation im Literaturunterricht.

Funktionen von Erzählformen

Mit dem Wandel von Weltbildern, Wirklichkeitsauffassungen und Lebensformen im Laufe der Geschichte ändern sich Formen des Erzählens. Der auktoriale Erzähler dominierte im Roman des 17. und 18. Jahrhunderts (Henry

Fielding, Christoph Martin Wieland, Jean Paul) und sicherte durch seine Weltschau und Überlegenheit eine Ordnung von Wirklichkeit. Auktoriales Erzählen hat den Anspruch, Wirklichkeit in ihrer Totalität darzustellen. Durch Geschlossenheit und Lösungsangebote für Problemlagen wird die Welt nicht zuletzt als kohärent und sinnhaft interpretiert. Im 19. Jahrhundert erfolgt eine verstärkte Hinwendung zu Innenwelten und dem figuralen Erzählen (Jane Austen, Henry James, Gustave Flaubert). Darstellungsweisen, die innere Vorgänge von Figuren wiedergeben, wie die erlebte Rede und der innere Monolog, gewinnen an Bedeutung.

Totalität von Wirklichkeit

Innenwelten

Mit dem Zurücktreten von Handlungs-/Geschichtenstrukturen und der zunehmenden perspektivischen Brechung von Welt, der gesteigerten Reflexivität und Subjektbetontheit im Roman der Moderne (Franz Kafka, Alfred Döblin, Robert Musil, Rainer Maria Rilke) entwickeln sich neue Erzählformen und Darstellungsverfahren: achronologische Handlungs- und Erzählfolgen, Bewusstseinsvorgänge, Perspektivenvielfalt, mehrschichtige Zeitstrukturen, Simultaneität und die aus dem Film stammende Montage. Zu den Montagetechniken bei A. Döblin gehören der sprunghafte Wechsel von Figurenperspektiven, Zeit- und Handlungsebenen und die Integration von Texten aus Zeitung, Werbung und Radio. Damit in Verbindung stehen eine andere Sicht auf die Welt, die nicht mehr als geschlossen-sinnhaft erlebt wird, und andere Konzeptionen von Subjektivität. Kohärenz, Sinnansprüche und konsistente Wirklichkeitsmodelle werden zur Moderne hin zunehmend problematisch, setzen Techniken der Instabilisierung von Gegebenheiten der Welt ein, so dass der Leser im Unsicheren darüber belassen wird, was der Fall ist, wer was wie sieht und wie die Welt beschaffen ist. Viele Erzähltexte verzichten auf Lösungsangebote und damit auf den Anspruch, eine Ordnung zu stiften und dergestalt Welt zu interpretieren.

Modernes Erzählen

Traditionelles kontinuierliches und lineares Erzählen setzt sich jedoch auch im 20. Jahrhundert fort, wie z. B. in den *Buddenbrooks* von Thomas Mann (1901) oder in *Mephisto* von Klaus Mann (1936) sowie im historischen Roman, der auf Formexperimente verzichtet, um im herkömmlichen Erzählduktus Geschichte anschaulich zu vermitteln (u. a. Lion Feuchtwanger). Die Rückkehr des auktorialen Erzählers ist ab den 1980er Jahren zu beobachten, so in Patrick Süskinds *Das Parfüm* (1985), ein Text, der als postmoderner Roman Auktorialität mit intertextuellen Bezügen auf literarische Traditionen (Gattungen, Werke) kombiniert.

Traditionelles Erzählen

Auch in dem breiten Bereich von Kinder- und Jugendliteratur und populären Genres dominiert das unverbrüchliche Erzählen von Geschichten, wie z. B. in Gesellschafts-, Abenteuer- und Kriminalromanen. Dieses Erzählver-

Populäre Genres

fahren sichert eine hohe Leserwirksamkeit und Lesbarkeit, indem der Leser sich am »roten Faden« einer Geschichte entlangbewegen kann. Zugleich adaptiert auch die Populärliteratur moderne Erzähltechniken wie Perspektivenwechsel, z. B. in den Kriminalromanen von Henning Mankell oder Andrea M. Schenkel.

Didaktik erzählender Texte

Schulisches Curriculum

Für die erzähltheoretische Fundierung der Behandlung von Erzähltexten im Unterricht sind die Erkenntnisse der Erzählforschung grundlegend, sie werden jedoch im Kontext der schulischen Interpretationspraxis anders gewichtet. Kriterien für die Auswahl und Anordnung von Erzählbegriffen im schulischen Curriculum sind ihre Praxistauglichkeit, Operationalisierbarkeit und eine verständliche Fachterminologie. Die Begrenzung interpretatorischer Handlungsspielräume durch Alter und Interessen der Zielgruppe, vorhandene Wissens-, Lese- und Deutungskompetenzen und Schulformen sind dabei in Rechnung zu stellen.

Rezeption der Erzählforschung

Die moderne Narratologie wurde zwar innerhalb der Literatur- und Filmdidaktik rezipiert (Ehlers 2010; Leubner/Saupe 2006/^{3}2012), sie hat jedoch kaum Eingang in die Unterrichtspraxis und in Lehrmaterialien gefunden mit Ausnahme des Oberstufenlehrwerks *Duden* (2009), das sowohl Erzählkategorien von Petersen als auch von Genette vorstellt und an einem Romanauszug exemplifiziert. Die erzähltheoretische Grundlage von aktuellen Schulbüchern stützt sich vor allem auf den Ansatz von Petersen (1993). Die Gründe für die zögerliche Rezeption der Narratologie hängen mit dem hohen Abstraktionsgrad und der Komplexität und Ambiguität narrativer Konzepte wie Fokalisierung zusammen, die eine Umsetzung in die schulische Interpretationspraxis erschweren.

Bildungsstandards

Die Bildungsstandards im Fach Deutsch für den Mittleren Schulabschluss (2006) benennen die Geschichtenkategorien »Figur«, »Raum-/Zeitdarstellung«, »Konfliktverlauf« und die Erzählbegriffe »Erzähler« und »Erzählperspektive«. Ansonsten tauchen Erzählkategorien vorrangig bei den produktiven Verfahren auf, die zum Perspektivenwechsel und zur Verwendung des inneren Monologs auffordern. Die Bildungsstandards für die Hauptschule beinhalten keine expliziten Erzählkategorien.

Bildungsperspektive

Durch die Auseinandersetzung mit Texten der erzählenden Literatur erhalten Schüler Einblick in die Tiefe kultureller Erzählräume mit ihren Welten, Gesellschafts-, Geschichts- und Menschenbildern und menschlichen Dramen von Liebe, Glück, Scheitern, Despotie und Verrat. Das Einüben kultureller

Praktiken des Lesens und Deutens ermöglicht Schülern eine Partizipation an einer langen Erzähltradition mit ihrem Transfer an Erfahrungen und Weltsichten. In der Aneignung von Erzählstrukturen und Erzählinhalten kann das Lernersubjekt seine Verstehens-/Deutungsstrukturen im Hinblick auf das fiktionalisiert Andere und Fremde in der Literatur erweitern und zu neuen Selbst- und Weltkonstruktionen angeregt werden.

Literarische Bildung

Interpretationskompetenzen in Bezug auf erzählende Texte unterschiedlicher Gattungs- und Zeitzugehörigkeit und Wissen über Erzählstrukturen, Darstellungskonventionen und Gattungen und die Fähigkeit, gattungsbezogenes und narratives Wissen auf Texte anzuwenden (Prozeduralisierung), sind daher Teil einer literarischen Bildung. Wie Wissen und Können auf sinnvolle Weise zusammenspielen, so dass Textsinn entsteht und die schulische Lektüre zu einem sinnhaften Erlebnis wird und nicht zu einer Entfremdung führt, bei der in Erprobung schematisierten Gattungswissens Texte lediglich als Repräsentanten einer Gattung betrachtet werden, ist eine zentrale Fragestellung der Literaturdidaktik.

Zielperspektive

Kompetenzziele. Eine Zielsetzung für die Behandlung erzählender Texte im Unterricht besteht darin, Schüler mit kognitiven, narrativen und wissensbezogenen Kompetenzen auszustatten, die es ihm ermöglichen, Erzählgegenstände und erzählerische Sinnentwürfe zu konstituieren und sich zu ihnen in Beziehung zu setzen, und sie mit der Vielfalt erzählerischer Formen, ihren Welt- und Sinnentwürfen, ihren Themen und narrativen Strukturen und ihrem historischen Wandel vertraut zu machen. Doch über narrationsspezifische Kompetenzen des Erschließens und Verstehens von Texten hinaus geht es auch um die Fähigkeit der Einnahme einer fiktionalen Lektüre mit den begleitenden emotionalen, imaginativen Prozessen (insbesondere beim Roman und langen Erzählungen; s. Kap. 4 und 5.1.3), des Entwickelns von Fiktionsbewusstsein, des Sich-Einlassens auf das Als-ob-Spiel von Fiktionen auch in Bezug auf andere Erzählmedien (s. Kap. 7) und der immer wieder neu zu bestimmenden Grenze zwischen Fiktion und Wirklichkeit.

Leserkompetenzen

Zu den sinnkonstituierenden Leistungen des Lesers gehört es als Erstes, die erzählte Geschichte mit ihrer Ereignisstruktur in Beziehung zu dem Wie ihrer erzählerischen Vermittlung zu setzen, d. h. die Perspektivierung erzählter Vorgänge, die Identität des Erzählers, seine Funktion, seine Stellung zur und in der erzählten Welt und seine Qualitäten sowie die Anordnung von Geschehnissen im Fluss der Zeit und die semantischen Qualitäten des erzählten Raumes zu erfassen.

Da die Vermittlung von Erzählphänomenen im Literaturunterricht stets in Verbindung mit bestimmten epischen Formen und in der gymnasialen Oberstufe in Verbindung mit einer literaturgeschichtlichen Einordnung erfolgt, wie z. B. bei Johann W. Goethes Briefroman *Werther* (1774) im Kontext von Empfindsamkeit und Sturm und Drang, sind zweitens der Verstehens-/Interpretationsprozess gattungsspezifisch einzugrenzen und die Realisierung des Erzählens in einzelnen Genres, ihre Merkmale und deren Bedeutung innerhalb eines Textes näher zu betrachten, wie etwa die Struktur der Offenheit bei der Kurzgeschichte oder der Rahmen in der Novelle. Um zu vermeiden, dass der Text lediglich zum Exempel für Gattungsmerkmale wird, sollte Gattungswissen im Hinblick auf den individuellen Text und seine Bedeutung fruchtbar gemacht werden.

Genres

Als Drittes ist im Hinblick auf die Lektüre epischer Langformen der Prozess des Lesens zu berücksichtigen und lesedidaktisch abzustützen. Das betrifft zum einen allgemeine Lesefähigkeiten wie Selektion von Wichtigem, Inferenzen und Kohärenzbildung (s. Kap. 4.2), zum anderen literatur- und genrespezifische Lesefähigkeiten. So stellt die Lektüre eines Romans aufgrund seiner Länge und Tektonik eigene Kompetenzanforderungen an den Leser. Er muss je nach Beschaffenheit des Romans mehrere Handlungs- und Erzählstränge integrieren, die Plot-Struktur erfassen, narrative und thematische Großeinheiten konstituieren, eingebettete Erzählungen hierarchisieren, Multiperspektivität und mehrschichtige Zeitstrukturen in ihrer Bedeutung bestimmen und Figuren in ihrem sozialen Raum, ihrer Entwicklung und Gesamtanlage erfassen und Hintergrundwissen einbringen können. Das Textverständnis setzt ein Wissen voraus, das der Leser für die Lösung bestimmter Verstehensaufgaben einbringen muss, wie etwa Alltagswissen über Handlungsabläufe, Routinen, gesellschaftliche Institutionen, Wert-/Normensysteme und Lebensverhältnisse.

Romanlektüre

Erzählkategorien. Die erzählende Literatur ist so vielfältig und reichhaltig, dass nicht alle Erzählphänomene der Beschreibung in Kompetenzen und einer Operationalisierung zugänglich sind, sondern es immer ein Mehr an Phänomenen gibt. Auf der Basis der vorangegangenen erzähltheoretischen Ausführungen lassen sich jedoch elementare Erzählkategorien für den Literaturunterricht vorschlagen, die Zugänge zu Erzählphänomenen öffnen. Sie bieten Schülern eine Hilfestellung für die Erschließung von Erzähltexten und Lehrkräften eine Hilfestellung für die Formulierung von Aufgabenstellungen und die Strukturierung von Lernprozessen:

Erzählkategorien

Erzählkategorien	Erzählphänomene/Fragestrategien
Erzähler	Wer erzählt: Ich-/Er-Erzähler? Gehört der Erzähler zur erzählten Welt oder nicht? Handelt es sich um einen hetero-/homodiegetischen Erzähler bzw. Er- oder Ich-Erzähler?
Er-Erzählen	Wessen Geschichte erzählt der Erzähler? Liegt der Fokus bei dem Erzähler, der von Erlebnissen/Erfahrungen einer Figur erzählt (*auktorial*)? Liegt der Fokus bei einer Figur, aus deren Sicht erzählt wird (*figural*)?
Ich-Erzählen	Besteht eine zeitliche Differenz zwischen dem erzählenden und dem erlebenden Ich? Liegt der Fokus bei dem erzählenden Ich (*auktorial*)? Liegt der Fokus bei dem erlebenden Ich (*figural*)?
Du-Erzählen	Wer ist das angesprochene Du? Ist das erzählende Ich eine anonyme Instanz oder eine Handlungsfigur? Wer ist der Adressat: der Leser, der Teil des Ichs? Liegt der Fokus bei dem erzählenden Ich? Liegt der Fokus bei dem erlebenden Du?
Wissen des Erzählers	Wie ist die Verteilung von Informationen des Erzählers im Verhältnis zum Wissen der Figuren: größer, gleich groß, kleiner?
Grad der Beteiligung	Haupt-/Nebenfigur?
Position	Befindet sich der Erzähler auf der intra- oder extradiegetischen Ebene?
Quelle	Woher hat der Erzähler sein Wissen?
Erzählperspektive	Wo liegt der Fokus, von dem aus wahrgenommen wird? Liegt er in einer handelnden Figur (interne Fokalisierung)? Liegt er außerhalb der Geschichte (externe Fokalisierung)? Was ist der Gegenstand des Sehens/Fokalisierens?
Redeformen	In welchen Textteilen spricht der Erzähler, in welchen eine Figur? – erlebte Rede – innerer Monolog – direkte Rede/Dialog – indirekte Rede

Abb. 4: Erzählkategorien

Die vorausgegangene Übersicht über die Erzählkategorien liefert operationale Kriterien für die Formulierung von Aufgaben und Begriffsbestimmungen im Unterricht und in Lehrwerken, um narratives Wissen bereitzustellen und anwendbar zu machen. Definitionen geben Abgrenzungskriterien an, anhand derer ein Schüler entscheiden kann, ob ein Erzählphänomen unter diesen Begriff fällt. Diese Abgrenzungskriterien müssen präzise und eindeutig sein. Die sprachliche Formulierung (Wortschatz, Fachausdrücke, Satzbau) richtet sich nach dem Alter der Schüler. Eine graduelle Abstufung zwischen Jahrgangsstufen erfolgt durch eine sukzessive Erweiterung von Merkmalen einer Erzählkategorie. Zugleich müssen Texte ausgewählt werden, die eine Identifikation von Merkmalen ermöglichen. Ein Beispiel für ein klares Unterscheidungskriterium von Er- und Ich-Erzähler liefert z. B. das Lehrwerk *Duden. Das Oberstufenbuch*: »Der Erzähler erzählt von anderen (Er-Erzähler). Der Erzähler erzählt von sich selbst (Ich-Erzähler)« (2009, S. 151). Dieser Begriffsbestimmung liegt das Kriterium, wessen Geschichte erzählt wird, zugrunde (hier S. 76.) und ließe sich bereits in der 7./8. Jahrgangsstufe einführen. In höheren Jahrgangsstufen könnte diese Definition schrittweise erweitert werden, nämlich um die Merkmale der Introspektion in andere Figuren, der begrenzten Sicht auf die Außenwelt und bei einer zeitlichen Differenz um die Kategorien des erzählenden und erlebenden Ich sowie der Frage, wessen Sicht eingenommen wird.

Definitionen

Auswahl erzählender Texte. Die Textauswahl erfolgt einerseits nach thematischen Gesichtspunkten (Freundschaft, Liebe, Generationen-, Identitäts-, Gesellschaftskonflikte u. a. m.) und Bezügen auf gegenwärtige Lebenswelten, andererseits nach dem Vorkommen von Erzählformen und -verfahren in Gattungen der erzählenden Literatur (Romane, Novellen, Kurzgeschichten, Fabeln u. a. m.) und anderen Erzählmedien (Bilderbuch, Film, Hörspiel). Romane der KJL (Kinder- und Jugendliteratur), aber auch Hör- und Sehmedien bieten mit ihrem Repertoire an Erzählformen und -verfahren eine Hinführung zu Geschichten- und Erzählkategorien und synthetisierenden Leistungen in der Primarstufe und in der Weiterführung bis zur 7./8. Jahrgangsstufe. Mit gewissen Variationen im Sekundarbereich von Real-/Gesamtschule und Gymnasium legen Lehrwerke folgende Reihenfolge von epischen Untergattungen und Erzählkategorien zugrunde: In der Jahrgangsstufe 5–6 werden Märchen, Sagen, Fabeln, Erzählungen und Romane der KJL behandelt; im Vordergrund stehen das Verständnis der Geschichte, der Erzähler, erzählte Zeit, Figurenmerkmale und Ich-/Er-Erzählen. Für die Jahrgangsstufe 7–8 werden Kurzgeschichten, Kalendergeschichten, Anekdoten und Jugendromane mit Behandlung des Ich-/Er-Erzählens, auktorialen und personalen Erzählverhal-

Auswahlkriterien

Erzählkategorien und Jahrgangsstufen

tens, Innen-/Außensicht, Rückwendungen und Vorausschau vorgeschlagen. In der Jahrgangsstufe 9–10 werden Novellen, Parabeln, Briefe, Autobiographien, Tagebücher und Romane gelesen in Verbindung mit dem Erarbeiten von Rahmenhandlung, achronologischem Erzählen, Raum- und Zeitstrukturen, verschiedenen Perspektiven, innerem Monolog und erlebter Rede. In der höheren Sekundarstufe werden Verhaltensweisen des Erzählers, fokalisiertes Erzählen, Zeit- und Raumstrukturen differenzierter betrachtet. Die Oberstufe intensiviert die Romanlektüre u. a. in Verbindung mit literaturhistorischen und poetologischen Gesichtspunkten.

Methodische Zugänge. Dem Verstehen von Erzähltexten liegen Regeln zugrunde, die eine intersubjektive Verständigungsbasis für den Unterricht bilden und immer wieder gesichert werden müssen, damit die Textdeutung nicht beliebig wird. Andererseits muss der Literaturunterricht auch Raum für Subjektivität, eigenes Erleben, individuelle Sichtweisen und Vorstellungen geben, Neugierde und Leseinteresse bei Schülern wecken, Zugänge zu Geschichten und ihren fremden Welten, Erfahrungen und Schicksalen öffnen. Dieser Zweipoligkeit von Text- und Schülerorientierung tragen Methoden mit einer Kombination von textanalytischen, interpretativen und handlungs-/produktionsbezogenen Verfahren Rechnung.

Erzähltext-analyse

Analyseverfahren beziehen sich auf im Text identifizierbare Erzählelemente und -strukturen. Einzelanalysen wie Erzählformen, Figurenaufbau, mehrschichtige Zeitstrukturen, Perspektive, Gliederung des Raumes, sind jedoch in einer Synthese zusammenzuführen. Die Interpretation umfasst die funktionale Bewertung von Erzählelementen innerhalb eines Textes, Bildung interner Verweisungszusammenhänge und Herstellung von Kontextbezügen. Da Erzählphänomene oft uneindeutig sind, setzt ihre Identifikation vielfach eine genauere Untersuchung des unmittelbaren Kontextes voraus, wie bei Döblins *Berlin Alexanderplatz* (1929) mit seinem raschen Wechsel von Erzähler- und Figurensicht, von innerem Monolog, erlebter Rede und Gedankenbericht. Einzelne Verstehensaktivitäten sind in der Regel in ein Unterrichtsgespräch eingebettet, das Impulse für vertiefende Verstehensprozesse gibt und dem Abgleich verschiedener Lesarten von Schülern, der argumentativen Verteidigung eigener Deutungen, der Versprachlichung von Leseerfahrungen und der Motivationssteigerung dient (s. Kap. 8.1.4). Bei der Lektüre von Romanen oder Novellen, zu denen Verfilmungen vorliegen (*Effi Briest*, *Die Entdeckung der Currywurst*), bietet sich der Vergleich von Film und Literatur unter thematischen, kompositorischen, medienübergreifenden und -spezifischen Aspekten an (s. Kap. 7.3). Vergleichen lassen sich auch Texte, in denen aus unterschied-

Vergleichen

lichen Perspektiven erzählt wird, um auf die Unterschiede zwischen figuralem und auktorialem Erzählen hinzuführen.

Inferenzen, also jene Informationen, die der Leser auf der Basis des Textes und seines Wissens ableitet und beisteuert, sind ein wesentlicher Teil einer Interpretations- und Lesekompetenz. Zu ihrer Schulung ist eine Lernumgebung empfehlenswert, die durch Variation von Lesezielen, Texten und Aufgabenstellungen den Umfang und die Art der Inferenzbildung steuert und das Inferieren kommunikativ-funktional einbettet. Für die Förderung inferenziellen Lesens eignen sich auch handlungs-/produktionsorientierte Aufgaben, die in enger Verbindung mit der Erschließung von Inhalten und Erzählstrukturen gestaltet werden sollten, wie z. B. einen inneren Monolog einer Figur oder einen Brief schreiben, relevante Situationen szenisch darstellen, Geschichten zu Ende schreiben oder aus der Perspektive einer anderen Figur neu entwerfen. Das schult zudem die Empathiefähigkeit. Die Ergebnisse dokumentieren, ob die Interaktion von Text und Leser gelungen ist und ein Schüler z. B. in der Logik der Geschichte diese zu Ende schreiben oder die Erzählperspektive wechseln kann.

Schulung inferenzieller Fähigkeiten

5.1.3 Fiktion und Fiktionalität

Am Begriff der Fiktion wird in gegenwärtigen Lese-/Mediensozialisationstheorien die Besonderheit literaturbezogener Lesekonzepte diskutiert (s. Kap. 4.1.2). Die Begriffe »Fiktion« und »Fiktionalität« stehen in engem Zusammenhang mit der Entwicklung des Romans und der Herausbildung einer fiktionalen Lektüre im 17./18. Jahrhundert. Sie gelten jedoch nicht nur für den Bereich der erzählenden Literatur, sondern auch für Drama, mündliches Erzählen, audiovisuelle und auditive Medien, wie Film, Hörspiel, Soaps, Infotainment oder Computerspiele mit ihren virtuellen Spielwelten, in denen mit Grenzüberschreitungen und -verwischungen von Fiktion und Wirklichkeit gespielt wird. Auch die Lyrik enthält fiktive Elemente, wie Orte, Gegenstände, konkrete Situationen.

Fiktionalität und Medien

Der Begriff »fiktional« bezeichnet einer geläufigen Definition zufolge Texte, die von Dichtern/Schriftstellern verfasst sind und nicht unmittelbar auf eine empirisch gegebene, außersprachliche Wirklichkeit referieren. Das, wovon erzählt wird, ist fiktiv im Gegensatz zu real. Merkmal von Fiktionalität ist, dass die Fiktion (die fingierte Wirklichkeit) nicht unabhängig vom Erzählen existiert, sondern erst durch das Erzählen konstituiert wird. Abgegrenzt von fiktionalen Texten werden faktuale Texte/Textsorten (u. a. die Reportage), die sich

Fiktional/faktual

dem Anspruch nach auf Sachverhalte und Geschehnisse der Wirklichkeit beziehen.

Fiktiv/real

Während sich der Begriff »Fiktion« auf die dargestellten Gegenstände und Sachverhalte bezieht, bezeichnet »Fiktionalität« die Darstellungsweise, die Rede bzw. das Erzählen, und »fiktiv« den ontologischen Status der Gegenstände und Sachverhalte innerhalb der fingierten Welt. Zwischen Fiktionalität und Faktualität bestehen Überschneidungen, Montagen und Hybridisierungen, wie z. B. im Fall der Autofiktion, wo beides nicht mehr getrennt werden kann. Während mimetische Darstellungsverfahren eine Nähe und Ähnlichkeit zur außertextuellen Wirklichkeit vortäuschen, erzeugt nicht-mimetische Literatur einen Bruch mit vertrauten Wirklichkeitsvorstellungen, wie etwa in der phantastischen Literatur.

Fiktionale Lektüre

So-tun-als-ob-Spiel

Die Beobachtung, dass Fiktionen beim Rezipienten Emotionen wie Mitleid, Furcht oder Angst auslösen, hat innerhalb von Fiktionstheorien zu verschiedenen Erklärungsansätzen geführt. Eine prominente, wenn auch umstrittene These besagt, dass Rezipienten beim Lesen eines Romans oder Anschauen eines Spielfilms in eine Art »So-tun-als-ob-Spiel« (*make-believe*, Walton 1990) eingebunden sind. Sie tun so, als ob sie das Dargestellte für wirklich und wahr halten würden. Für die Zeit der Lektüre nehmen Leser diese Haltung ein und können so an innerfiktiven Vorgängen auch emotional partizipieren, empathisch nachvollziehen, was in Figuren vor sich geht, oder sich mit ihnen identifizieren. Die fiktionale Lektüre ist gekennzeichnet durch eine Doppelstruktur von emotionaler, identifikatorischer Teilhabe und Distanz mit Formen der Selbstbeobachtung, der Infragestellung aufgrund anderer Werthaltungen und der Reflexion. Da auch Erfahrungen, Emotionen und Empathie einen Zugang zum Verstehen öffnen, sind sie unter dem Aspekt von Kompetenz zu betrachten.

Fiktionskompetenz

Fiktionssignale

Zu den Fähigkeiten des Lesers gehört es, eine auf Fiktionen bezogene spezifische Rezeptionshaltung einzunehmen, die fiktive Welt zu konstruieren und zwischen Verstrickung und Distanzierung zu changieren. Textinterne und -externe Fiktionssignale legen dem Leser nahe, einen fiktionalen Text so zu lesen, dass nicht auf die eigene faktische Realität referiert wird. Zu den textexternen Signalen gehören Paratexte, z. B. Gattungsangaben, wie Roman oder Novelle, zu den textinternen Signalen zählen:

- Erzählformeln, wie etwa zu Beginn von Märchentexten »Es war einmal«;
- metanarrative Äußerungen des Erzählers, mit denen er die Geschichte, die er erzählt, oder sein Erzählen selbst kommentiert;
- Leseransprachen;
- Metafiktionen: Der Erzähler thematisiert die Erfundenheit seiner Geschichte;
- Einblick in innere Vorgänge von Figuren in Form des inneren Monologs oder der erlebten Rede;
- Techniken der Verfremdung einer historischen, empirischen Wirklichkeit;
- Tempus: Das epische Präteritum markiert nicht, dass die Ereignisse der Geschichte zeitlich zurückliegen, sondern Fiktionalität. Das historische Präsens ist ebenfalls ein Fiktionalitätssignal und zielt auf eine größere Lebendigkeit und Nähe der Geschehnisse;
- Strukturierung der Zeit, insbesondere beim achronologischen Erzählen;
- die verschiedenen Verhältnisse von Erzähler und Figuren sowie ihre Zugehörigkeit zu den verschiedenen narrativen Ebenen signalisieren, dass die erzählten Geschehnisse einen fiktiven Status haben;
- Ereignisträger, Räume, Geschehnisse innerhalb der erzählten Welt sind Elemente des Fiktiven.

Der Spielfilm

Der Spielfilm und das Kino arbeiten ebenfalls mit Fiktionalitätssignalen (Paratexten) (s. Kap. 7.3), z. B. in Form von: Vor-/Nachspann, Sendeort/-zeit, Metro-Goldwyn-Meyer-Löwe, Inserts, Off-Sprecher/-Stimme, Musik, Doppelrollen eines Schauspielers, Vor-/Rückblenden. Beim Hörspiel ist es z. B. die Ansage eines Radiosprechers, dass die folgende Sendung ein Hörspiel sei.

Grenze Fiktion – Realität

Zu einem kompetenten Umgang mit fiktionalen Texten gehört die Fähigkeit, die Grenzen zwischen Fiktion und Realität, die unterschiedlichen Grade von Fiktionalität und die Spielarten der Selbstthematisierung des eigenen Fiktionscharakters eines Werks immer wieder neu zu bestimmen und in ihrer ästhetischen Funktion einzuordnen. Die in der erzählenden Literatur entworfenen fiktiven Welten sind Möglichkeiten für den Leser, die eigene Wirklichkeit zu überschreiten, Erkenntnisgewinne für sich und die eigene Lebenswirklichkeit nutzbar zu machen und in das eigene Repertoire an Selbst-/Welterkenntnis zu integrieren. Aber Fiktion ist auch ein Medium der Erfahrung, des Erlebens, Sich-Unterhaltens und Spielens.

Empfohlene Literatur

Fludernik, Monika: Einführung in die Erzähltheorie. Darmstadt 2006.
Ehlers, Swantje: Studienbuch zur Analyse und Didaktik literarischer Texte. Baltmannsweiler 2010.
Leubner, Martin / Saupe, Anja: Erzählungen in Literatur und Medien und ihre Didaktik. Baltmannsweiler 2006.
Zipfel, Frank: Fiktion, Fiktivität, Fiktionalität. Analyse zur Fiktion in der Literatur und zum Fiktionsbegriff in der Literaturwissenschaft. Berlin 2001.

5.2 Drama

5.2.1 Drama und Theatralität

Dramentext

Ein Drama kann man als einen Dramentext lesen, doch eigentlich zielt es auf die Inszenierung auf der Bühne, wo es sich dem Zuschauer optisch und akustisch präsentiert. Der dramatische Text ist in Vers- oder Prosaform verfasst und grundsätzlich durch die Rede der handelnden Figuren strukturiert: Die Figurenrede bildet den Haupttext, während alle Informationen und Anweisungen für die Bühneninszenierung im Nebentext enthalten sind. Eine Ausnahme bildet das Lesedrama, das nicht für die Aufführung bestimmt ist.

Inszenierung

Gegenüber der Textvorlage gelangen bei der Inszenierung nicht-sprachliche Kommunikations- und Darstellungsmittel zur Anwendung: Gestik, Mimik, Kinesik (Bewegung im Raum ohne Positionswechsel), Proxemik (Körperbewegung mit Positionswechsel), Licht, Akustik, Musik, Kostümierung und Maske der Schauspieler. Die Kommunikationssituation im Theater unterscheidet sich grundlegend von der Lektüre eines dramatischen Textes: Während die Lektüre ein privater und individueller Akt ist, schafft das Theater einen öffentlichen Raum, bei dem die Bühne als Ort der Aufführung (meist) vom Zuschauerraum getrennt ist und Spielgeschehen und Zuschauen sich gleichzeitig und lebendig-konkret ereignen. Die Beziehung zwischen Bühne und Zuschauer, die sich wiederum im historischen Kontext ändert, sowie die Konkretheit der Situation und der performative Charakter des Spiels prägen die Kommunikation zwischen dem Schauspiel auf der Bühne und dem Publikum, das in verschiedenen Wahrnehmungsmodalitäten des Sehens und Hörens angesprochen ist.

Erzählerische Vermittlung

Als wesentliches Abgrenzungskriterium zur Epik galt traditionell, dass beim Drama die erzählerische Vermittlungsinstanz fehlt. Doch bedarf diese Bestimmung der Einschränkung, da es auch im Drama verschiedene Formen der erzählerischen Vermittlung gibt, etwa den explizit auftretenden Erzähler, einen Chor, Projektionen von Bildern, Tafeln mit dokumentarischen Informationen, Szenentitel und Spruchbänder. Kunstgriffe, um dem Zuschauer und anderen Figuren Hintergrundinformationen zu liefern, sind die Mauerschau (Teichoskopie), bei der gerade Geschehendes berichtet wird, und der Botenbericht, bei dem vergangene Ereignisse mitgeteilt werden, die selbst nicht auf der Bühne dargestellt werden können, wie z. B. große Schlachten, die auf diese Weise jedoch als verdeckte Handlungen in den Aktionsraum der Aufführung einbezogen werden.

5.2.2 Aufbau des Dramas

Einheit von Handlung, Raum, Zeit

Aristoteles postulierte die Einheit der Handlung, die durch Anfang, Mitte und Ende strukturiert und durch den Chor gesichert ist. Die Zeit sollte einen Sonnenumlauf nicht überschreiten. Aufgrund der eingeschränkten bühnentechnischen Möglichkeiten, die eine räumliche Umgestaltung und damit einen Schauplatzwechsel nicht gestatteten, war auch der Raum einheitlich strukturiert. Der Mittelteil hat die Funktion, einen Umschwung einzuleiten, der auf die Handlung (Peripetie) oder auf die Erkenntnis (Anagnorisis) bezogen ist, bei der Unwissen in Wissen/Erkenntnis überführt wird. Während die Peripetie bei der Tragödie auf die Katastrophe zuläuft, zielt sie bei der Komödie auf ein versöhnliches, gutes Ende. Strukturbestimmend ist die Anagnorisis für das analytische Drama, bei dem ein Geschehen, das vor Beginn der Dramenhandlung liegt, schrittweise im Verlaufe des Dramas enthüllt wird und zu einer Erkenntnis führt. Ein Beispiel dafür ist König Ödipus, der unwissentlich seinen Vater Laios tötet und seine Mutter Iokaste heiratet. Am Ende wird seine Unkenntnis und schuldhafte Verstrickung in Selbsterkenntnis überführt. Beim Zieldrama ist der dramatische Handlungsverlauf nach vorne gerichtet und läuft auf ein Ereignis hin, das die Lösung bringt (Friedrich Schillers *Kabale und Liebe*, 1784).

Peripetie

Die Einteilung der dramatischen Handlung in Akte ist das vorherrschende Gliederungsprinzip seit der Renaissance und liegt dem deutschen Barockdrama und den Dramen der Klassik zugrunde (fünf Aufzüge/Akte). Gustav Freytag (1863) schlug fünf Teile vor, die den fünf Akten des traditionellen Dramas entsprechen: 1. Einleitung, 2. Steigerung, 3. Peripetie, 4. retardierendes Moment, 5. Katastrophe. Dieses Schema gilt jedoch nur für streng gegliederte klassische Dramen, für die es allerdings ein nützliches Analyseinstrument ist. Dramaturgisch wichtiger ist jedoch die Szene. Damit ist das Geschehen zwi-

Akte

Szene

schen Schauplatzwechseln oder zwischen Auftritt und Abgang von Figuren gemeint. Shakespeare gliederte seine Stücke nach Szenen.

Geschlossene/offene Dramenform

Aufbauend auf dem Prinzip der Einheit hat Volker Klotz (1960) die geschlossene und offene Form eines Dramas unterschieden. Eine geschlossene Dramenform ist durch die Einheit von Raum und Zeit, einen tektonischen Aufbau mit aufsteigender Linie bis zum Höhepunkt und abfallender Linie bis zur Katastrophe, einen festen Schluss, geringe Personenzahl und Raum- und Zeitverschiebung gekennzeichnet. Die Handlung verläuft einsträngig, kausal, linear und kontinuierlich. Spielzeit und gespielte Zeit stimmen weitgehend überein. Eine offene Dramenform dagegen zeichnet sich durch häufigen Personen- und Schauplatzwechsel, einen atektonischen Aufbau, eine Vielzahl an Figuren und eine vielgestaltige Handlung aus. Auch die Vielfalt von Ständen und Redestilen (z. B. Standessprachen, Dialekte) ist bezeichnend für die offene Form. Herrschen in der geschlossenen Form das Rededuell, die hypotaktische Satzkonstruktion und die logische Schlussfolgerung vor, so sind Sprache und Dialoge bei der offenen Form durch Sprunghaftigkeit, parataktische Sätze, Ellipsen und Satzabbruch gekennzeichnet. Den Typ der offenen Form realisierten vor allem Shakespeare und Büchner, aber auch Goethe in *Götz von Berlichingen* (1773). Goethes *Torquato Tasso* (1790) steht dagegen für die geschlossene Form.

Offene Form	**Geschlossene Form**
viele Zeitsprünge	lineare Handlungen
weite Zeiträume	kausale Verknüpfungen
häufiger Ortswechsel	gleicher Ort
keine Ständeklausel	Ständeklausel (Drama: hoher Stand; Komödie: niedriger Stand)
viele Figuren	wenige ›dramatis personae‹
gemischte Sprachen/Stile	einheitliche Sprache
atektonischer Aufbau	symmetrischer Aufbau

Abb. 5: Offene vs. geschlossene Form des Dramas

5.2.3 Merkmale des Dramas

Für die Bestimmung dessen, was ein Drama, insbesondere eine Tragödie ist, hat Aristoteles in seiner *Poetik* (335 v. Chr.) dramentheoretische Konzepte entwickelt, die im Laufe der Geschichte weiter ausdifferenziert wurden und immer wieder den Ausgangspunkt für die Analyse dramatischer Texte bildeten. Sie sind auch eine Voraussetzung für moderne Stücke, die sich wie bei Bertolt Brecht dezidiert gegen die aristotelische Tradition stellten.

Figurenrede. Das Handeln im Drama besteht im Wesentlichen in der Rede der Figuren (Dialoge, Monologe), die ein Differenzierungsmerkmal ist, um Drama, Epik und Lyrik voneinander zu trennen. Der Dialog besteht aus Rede und Gegenrede. Die Aussage bezieht sich auf den Partner und die Zuschauer. Dialoge geben Auskunft über die raum-zeitliche Situation, den Handlungszusammenhang, die Empfindungen von Figuren und ihre Beziehungen. Eine Variante der Figurenrede ist das Beiseite-Sprechen, bei dem eine Figur etwas sagt, das andere Figuren nicht mithören sollen, das Publikum jedoch wahrnimmt. Der Zuschauer erhält dadurch Informationen, über die andere Figuren nicht verfügen sollen, z. B. ein Vorgriff auf spätere Ereignisse. In der Komödie pointiert das Beiseite-Sprechen Missverständnisse und Intrigen. Ein Monolog ist eine Einzelrede ohne Gegenrede, die an das Publikum gewendet ist. Er hat die Funktion, eine dramatische Figur zu charakterisieren, Einblick in ihre Pläne, Zweifel und Emotionen zu geben und den Handlungsverlauf durch Kommentare und Reflexionen zu unterbrechen. Moderne Dramentexte haben die Tendenz zur Monologisierung (Samuel Becketts *Das letzte Band* [1958], Peter Handkes *Quod libet* [1970]). Die Rede kann in Versform oder Prosa verfasst sein. Gotthold E. Lessing verwendet in *Emilia Galotti* die Prosaform, ebenso moderne Dramatiker wie Peter Handke, Botho Strauß und Thomas Bernhard.

Dialog

Monolog

Versform vs. Prosa

Figuren. Figuren sind in Abhängigkeit vom historischen Kontext, von Gattungsgesetzen, vom vorherrschenden Weltbild und Vorstellungen vom Menschen unterschiedlich konzipiert. Eine Figur kann entwicklungsfähig oder statisch, flach oder tief, eindimensional oder mehrdimensional sein. Zur Figurenkonzeption gehören unterschiedliche Formen der Individualisierung und damit der Unverwechselbarkeit eines Individuums und der Typisierung, die zur Ausprägung von Figurentypen führt, wie etwa der Geizige bei Molière. Stereotypisierte Randfiguren treten bevorzugt in der Komödie auf. Grundlegend für die dramatische Handlung ist die soziale Interaktion von Figuren, die zu bestimmten Konfliktlagen führen. Eine Figur ist durch äußere Umstände wie Herkunft, sozialer Status, Freunde charakterisiert, die an ihrem Habitus, ihrer Gestik, Mimik und Sprache erkennbar sind. Charakterliche Eigenschaften wie Tugend oder Tapferkeit sind aus der Handlung ableitbar; körperliche Attribute wie Schönheit und Stärke sind sichtbar. Die Informationsvergabe zu

Figurenmerkmale

einer Figur kann auf der figuralen Ebene durch die Figur selbst oder durch andere und auf der auktorialen Ebene über externe Erzählinstanzen und den Nebentext geliefert werden.

Die Handlung. Die in der Narrativik getroffene Zweiteilung von Geschichte und Diskurs gilt ebenfalls für den dramatischen Text. Auch ihm liegt eine Geschichte zugrunde, bestehend aus Ereignissen, Figuren und zeitlich-räumlichen Verhältnissen, die auf der Ebene der Darstellung organisiert werden durch Selektion, Anordnung, Vor- und Rückgriffe. Hinzu kommt jedoch als Spezifikum des Dramas die szenische Präsentation. Im traditionellen Drama bildet der Konflikt den Kern der Dramenhandlung, der seit dem 18. Jahrhundert in einen inneren und äußeren Konflikt unterschieden wird. Das moderne Drama bricht mit dieser langen europäischen Tradition des Dramas und seiner Konfliktstruktur, dem Umschlag, der schicksalhaften Konstellation und dem tragischen Ende des Helden. Für viele moderne Dramatiker, wie z. B. Botho Strauß oder Thomas Bernhard, sind Kategorien des Handlungskonfliktes und des Parteienstreits nicht mehr tragfähig und zeitgemäß. Ihre Stücke handeln eher von gescheiterten Beziehungen und Lebensentwürfen und spiegeln moderne Lebensformen.

Die Geschichte

Zeit und Raum im Drama. Wie in erzählenden Texten sind Zeit und Raum auch in dramatischen Texten bestimmende Kategorien mit dem entscheidenden Unterschied, dass es zwei raum-zeitliche Bezugssysteme gibt, nämlich den realen Bühnen- und Theaterraum und den fiktiven Raum, in dem sich das dramatische Geschehen vollzieht. Der Bühnenraum mit Requisiten, Kulisse und Beleuchtung ist zu trennen vom Zuschauerraum mit Galerien und Logen und dem fiktiven Raum. Der fiktive Raum ist der konkrete Ort der dramatischen Handlung (etwa Zimmer, Saal, Kirche, Marktplatz, Straße), der entweder sichtbar oder unsichtbar (hinterszenischer Raum) ist.

Raumzeitliche Bezugssysteme

Die reale Spielzeit (Zeit der Aufführung) ist zu trennen von der fiktiven gespielten Zeit (Zeit von Handlungen und Geschehnissen), die entweder szenisch realisiert wird oder über die der Zuschauer durch die Figurenrede Informationen erhält. Zeitstrukturierende Mittel sind Vor- und Rückgriffe.

Reale vs. fiktive Zeit

5.2.4 Arten des Dramas und Wirkungsabsichten

Die nachhaltige Wirkung der antiken Tragödie in der europäischen Kultur zeigt sich in der Nach- und Neugestaltung ihrer mythischen Stoffe in der Moderne (z. B. Elektra bei Eugene O'Neill, Jean Giraudoux und Jean-Paul Sartre). Figuren, Konflikte, dramatische Szenerien von Schuldverstrickung und Untergang des (heroischen) Helden sind Archetypen, die immer wieder zu neuen Interpretationen Anlass geben. Bezeichnend für die griechische Tragödie ist das unglückliche Ende und das Wirkungsziel der Katharsis, dem Erlebnis des Gereinigt-Werdens von den Affekten Jammer (Eleos) und Schaudern (Phobos) (Fuhrmann ²1992, S. 94). Durch Eleos und Phobos soll der Zuschauer auf eine höhere Stufe der Reflexion gebracht werden, die ihm eine Handlungsorientierung ermöglicht.

Tragödie

Katharsis

Eine reinigende Wirkung sowie einen erzieherischen Effekt hat Gotthold Ephraim Lessing auch für die Komödie gefordert, die durch das Lachen und seine befreiende Reaktion ausgelöst werden sollte. Das gute Ende ist ein Merkmal, das seit den Poetiken der Renaissance zum festen Bestand der Komödie gehört, ebenso das niedere Personal. Im Aufbau ist die Komödie so konzipiert, dass sie unglücklich beginnt, aber glücklich und komisch endet.

Komödie

Lessing entwickelte in seiner *Hamburgischen Dramaturgie* (1767–69) ein eigenes Dramenkonzept, in dem er in seiner Neuinterpretation zentraler Aspekte der aristotelischen Poetik – Ständeklausel, Katharsis, hoher Stil – die theoretischen Grundlagen für das bürgerliche Drama schuf. Die aristotelischen Begriffe »Eleos« und »Phobos« interpretierte Lessing um und übersetzte sie als »Mitleid« und »Furcht«, denen er eine reinigende Wirkung zusprach. Die Voraussetzung für die Erfüllung der kathartischen Wirkung ist die Ähnlichkeit des Zuschauers mit dem (bürgerlichen) Helden. Lessings Neukonzeption der Wirkungs-/Mitleidstheorie ist grundlegend für die Herausbildung des bürgerlichen Trauerspiels (vgl. beispielsweise *Miß Sara Sampson* [1755] oder *Emilia Galotti* [1772]).

Bürgerliches Trauerspiel

Bestimmend für das bürgerliche Trauerspiel ist der Konflikt zwischen Ständen. Doch nicht die Zugehörigkeit zu einem Stand ist das Entscheidende, sondern es ist die Haltung bzw. das Ethos, das die Figuren jeweils zu Repräsentanten ihres Standes macht und deren Handeln begründet sowie den tragischen Konflikt schürt. Werte, die das Bürgertum für sich beansprucht, wie etwa innerfamiliäre Liebe und Tugendhaftigkeit, werden als allgemein-menschliche Werte dem Adel entgegengesetzt. So gehört Appiani in *Emilia Galotti* zwar zum Adel, steht jedoch aufgrund seiner ethischen Haltung und Wertorientierung dem Bürgertum näher und distanziert sich bewusst vom Hof. Odoardo repräsentiert in seinem Moralkodex und seinen Erziehungsidealen das Bürgertum. In seiner Wirkung zielt das Trauerspiel auf das Mitleiden mit Emilia, die, nicht frei von sinnlicher Anfechtbarkeit, einen mittleren Charakter darstellt, deren Schicksal der Zuschauer für sich fürchtet.

Episches Theater

Brechts episches Theater zielt auf die Aktivierung des Zuschauers und Veränderung seines Bewusstseins und Verhaltens. Es verfährt antiillusionistisch, indem Verfremdungseffekte eingesetzt werden, um beim Publikum einen Erkenntnisprozess auszulösen. Zu den Verfremdungsmitteln gehören der Einsatz von Prolog, Vorspiel und Titelprojektionen sowie erzählerische Elemente, realisiert durch Erzähler, Sänger und Chor, die den Zuschauern immer wieder die Artifizialität der Bühnensituation in Erinnerung rufen sollen.

Absurdes Drama

Seit den 1950er Jahren sind verschiedene dramatische Richtungen entstanden: Das absurde Drama (Samuel Beckett, Eugène Ionesco, Jean Genet, Harold Pinter) unterläuft tradierte Formen, die auf Kohärenz, klar umrissene Konflikte und psychologische Motivierung zielen, durch Wiederholungen, Inkohärenzen, Nonsens-Dialoge, Wortspiele und einen hohen Grad an Abstraktheit.

Dokumentarisches und postdramatisches Theater

Das Dokumentarische Theater (Rolf Hochhuth, Peter Weiss, Heinar Kipphardt) behandelt historische, politische und soziale Ereignisse. Es bedient sich dabei dokumentarischen Materials, Interviews, Berichten und historischer Reportagen. Das postdramatische Theater bricht mit Illusionstechniken und arbeitet vorrangig mit auditiven und akustischen Zeichen. Konventionelle dramatische Formen leben in Film und Fernsehen fort.

5.2.5 Dramen- und Theaterdidaktik

Entwicklung der Dramendidaktik

Die Dramendidaktik ab den 1950er Jahren zeigt eine deutliche Polarität von Ansätzen, jenen, die vom Drama als Lesetext und Gattung ausgehen, und jenen, die den Schwerpunkt auf das Theater und die Inszenierung des Dramas auf der Bühne legen. Zu Beginn standen mit Robert Ulshöfer (1957) und Hermann Helmers (1966) die gattungsstrukturellen Besonderheiten unter Ausklammerung der Verbindung von Dramentext und Bühnenaufführung im Vordergrund. Seit den 1970er Jahren finden das Theater und die Inszenierung stärkere Beachtung und werden mit unterschiedlicher Gewichtung von gattungsstrukturellen und aufführungsbezogenen Komponenten zu einem integralen Element der Dramendidaktik mit einer Vielfalt an produktiven und theatralen Verfahren in der Umsetzung und Erarbeitung von Dramen, u. a. durch Klaus Göbel (1977), Harro Müller-Michaels (1971), Herta-Elisabeth Renk (1978), Franz-Josef Payrhuber (1991) und Günter Waldmann (1996). Einen theoretisch fundierten und sowohl das Dramatische als auch das Theatralische einbeziehenden Entwurf einer neuen Dramen- und Theaterdidaktik liefern Rudolf Denk / Thomas Möbius (2008).

Gegenüber der Hochschätzung von Klassikern im Deutschunterricht wurden im Hinblick auf Aktualität und Nähe zum Schüler seit den 1960er Jahren verstärkt moderne Dramen in den Unterricht einbezogen und auch mediendramatische Formen (Hörspiel, Film-/Fernsehspiel) berücksichtigt. Gegenüber der Privilegierung der Tragödie wurde in den 1990er Jahren für die Behandlung der Komödie plädiert, wie z. B. Friedrich Dürrenmatts *Besuch der alten Dame* (1956). Frieder Schülein / Michael Zimmermann (2002) verstehen Theaterspielen als Teil der ästhetischen Bildung und ordnen ihm einen festen Platz im Deutschunterricht zu, und zwar unter Berücksichtigung postmoderner Theaterentwicklungen, bei denen mit Mitteln der Videoprojektion, Musikcollage, Montagetechnik, Fragmentarisierung und mit Bildelementen gearbeitet wird. In Ergänzung eines traditionellen Kanons von Schulklassikern sind postdramatische Theaterstücke und Inszenierungen z. B. von Robert Wilson, Heiner Müller oder Botho Strauß, für die die innere Handlungslogik einer Geschichte nicht mehr im Zentrum steht, sondern Bilder, Klang, Rauminstallationen und Bewegungen im Raum ein Eigengewicht erhalten, zu berücksichtigen.

Die Lehrpläne der Bundesländer ab 2000 knüpfen einerseits an bewährte Traditionen an, andererseits ist eine deutliche Akzentuierung des modernen Theaters zu erkennen mit Brecht, Dürrenmatt, Frisch, Ibsen, Miller, Kipphardt, Handke und Strauß. Die Bildungsstandards für den Mittleren Schulabschluss im Fach Deutsch (2003) fordern die Anwendung analytischer Methoden zur Erfassung der wesentlichen Elemente dramatischer Texte und die Vermittlung offener und geschlossener Dramenformen.

Bildungsstandards

Kompetenzziele

Das Drama und das Theater als Institution und Ort eines sozialen Ereignisses haben in der europäischen Geschichte eine lange Tradition und sind Teil einer kulturellen Praxis, in der sich Formen der Selbsterzeugung und der Selbstvergewisserung einer Kultur spiegeln. Die archetypischen Konfliktlagen und Szenarien der Tragödie und ihre kulturgeschichtlich hohe Wirksamkeit, die einen Zeitraum von mehr als 2000 Jahren umfasst, rechtfertigen ihre Behandlung im Unterricht. Der geschichtliche Wandel in den dramatischen Formen mit ihren Wert- und Normsystemen und der gesellschaftlichen Bedeutung des Theaters sowie die zunehmende Medialisierung und Theatralisierung moderner Lebensformen legen es nahe, sich mit dem Drama und seiner Inszenierung zu befassen. Die Zielsetzung einer ästhetischen Bildung besteht darin, an das Theater heranzuführen, die Wahrnehmung für die verschiedenen theatralen Zeichen zu schulen, Schülern die Partizipation an dieser kulturellen Praxis und ihren Hervorbringungen zu ermöglichen und sie über die Schule hinaus mit jenen Kompetenzen auszustatten, die ihnen den kritischen und interessierten Umgang mit Dramentexten, Inszenierungen, dem Theater, der Literaturkritik und aktuellen Debatten über Inszenierungen, ihre Interpretationen von Dramen, Regisseure und Autoren ermöglichen. Da das Drama auf seine Weise und mit seinen Mitteln Welt- und Menschenbilder entwirft, interpretiert und gestaltet, dient seine Behandlung der Annäherung, Erkenntnis und Aneignung von Welt, was wiederum den Rückbezug auf eigene Lebenswelten, Erfahrungen und Identitätskonstruktionen impliziert, damit ein Erkenntnisgewinn möglich ist.

Ästhetische Bildung

Angesichts der Sperrigkeit, die Dramentexte der Schülerrezeption entgegenstellen, müssen spezifische Interessen geweckt und interpretatorische Fähigkeiten entwickelt werden, um den dramatischen Text in seinen Grundkategorien und theatralen Qualitäten erfassen, ihn epochal und historisch einordnen und die textinternen Bezüge zur Bühneninszenierung erkennen und szenisch imaginieren zu können. Das erfordert das Bereitstellen elementarer Begriffe zur Analyse von Dramentexten und Aufführungen sowie die Vermittlung von Kenntnissen historischer Dramenformen und Inszenierungsstile. Andererseits bieten das Performative und die Visualität des Theaters gerade Jugendlichen einen direkteren Zugang zur Literatur, zumal sie in ihrer Lebenswelt dramatischen Formen eher sehend und hörend als lesend begegnen, z. B. im Film, Hörspiel und in Computerspielen.

Interpretationsfähigkeiten

Dramen-/Theaterkategorien

Doppelstruktur der Kommunikation

Ausgangspunkt einer Dramendidaktik ist die Doppelstruktur der Kommunikation »Lesen des Textes« und »Schauen/Sehen der Aufführung« bzw. die Zweiteilung von Dramatischem und Theatralischem. Die unterschiedlichen Kommunikationsformen sind nicht nur durch verschiedene kognitive, mentale Handlungen und Wahrnehmungen bestimmt, sondern auch durch eine andere Raum- und Zeitstruktur. Zum Lesen gehört die Realisierung dessen, was der Haupttext beschreibt/aussagt, und damit die fiktive Spielwelt, sowie die der Bezüge auf die Inszenierung, wie etwa die Stellung der Figuren zueinander, Requisiten und Räume, wie sie im Nebentext formuliert sind. Sehen und Hören umfassen die Wahrnehmung der wechselseitigen Abhängigkeit von

Sprachlich-Gegebenem und Nicht-Sprachlichem, das zeichenhaft in Körperlichkeit, Mimik, Gestik, Bewegung und Akustik gegeben ist, von fiktiver Spielhandlung und konkretem Theater- und Bühnenraum und der eigenen Zuschauerrolle, damit zusätzliche Rezeptionsprozesse in Gang gesetzt werden, das Gezeigte und Gehörte in ihrer Zeichenhaftigkeit zu erkennen und zu deuten.

Theater

Des Weiteren gilt es, Einblick in das Theater, seine Architektur und Geschichte zu geben, die ihm eigenen theatralen Mittel, wie die Rolle der Schauspieler, von Raum, Körperlichkeit und Licht, sowie unterschiedliche Formen der Kommunikation zwischen Bühnengeschehen und Zuschauer zu vermitteln und Schüler dergestalt mit Kompetenzen der Analyse von Bühnenaufführungen auszustatten, die Grundlage von Verstehen ist. Die Thematisierung der Inszenierungs- und Kanongeschichte eines Dramentextes wie *Emilia Galotti* oder *Wilhelm Tell* öffnet eine kulturgeschichtliche Perspektive im Literaturunterricht und kann durch Analogiebildung auch zur Reflexion auf gegenwärtige Zusammenhänge von Literatur, Lebenswelt und kulturellen Praktiken anregen.

Dramentextanalyse

Da nach hier vertretener Auffassung eine Dramendidaktik stets die Zweipoligkeit des Dramas im Blick haben sollte, muss sowohl der Dramentext als Text als auch seine Realisierung auf der Bühne und die im Text eingelassenen Bezüge auf die Inszenierung in Form von Nebentexten und alle Theater bezogenen Komponenten (Theatrales) behandelt und erarbeitet werden. Für die Dramentextanalyse bilden folgende Kategorien die Grundlage; sie stellen eine Operationalisierung des Dramatischen und Theatralen dar:

I. Der Dramentext, das Dramatische	
Handlungs-/Geschehnisebene	Handlung, Geschehen, Figuren, Raum, Zeit, Figurenanordnungen, Interaktionen
Sprachliche, figurale Vermittlungsformen	Haupttext: Figurenrede (Monologe, Dialoge); Vers- vs. Prosaform
Narrative Vermittlungsformen	Chor, Erzähler, Sänger, Prolog, Exposition
Zwei Kommunikationssituationen	die theatralische und die innerfiktive Kommunikationsstruktur
Szenische Umsetzung	Nebentexte mit Regieanweisungen zu Bewegung, Mimik, Gestik, Haltung
Aufbau/Gliederung des Dramas	Akt, Szene, Auftritt; Einheitsprinzip
Dramenformen/Untergattungen	Tragödie, Komödie, bürgerliches Trauerspiel, epische Form, absurdes Drama, Anti-Theater, Dokumentarisches Theater

Formtypen	offene vs. geschlossene Form des Dramas
Dramentheorie	Auszüge aus der Theorie der Tragödie von Aristoteles, Lessings *Hamburgische Dramaturgie*, Brechts Ausführungen zum epischen Theater

Abb. 6: Dramentext

Aufführungsanalyse

Die Dramentextanalyse bildet tendenziell die Grundlage für die Aufführungsanalyse, die wiederum nur exemplarisch erfolgen und je nach Erkenntnisinteresse und historischem Dramentyp mit verschiedenen Segmenten arbeiten muss. Beim klassischen Drama und bürgerlichen Illusionstheater empfiehlt sich eine Untersuchung des Aufbaus in Akte und Szenen, der Handlungsfolge, der Figuren(-konstellationen) und Raumkonzepte, beim postdramatischen Theater dagegen Licht und Klang. Kategorien für die Aufführungsanalyse fasst die folgende Tabelle zusammen.

II. Das Theater und das Theatralische	
Theater	Institution, Geschichte, kulturelle Praxis
Bühnenformen	antikes Theater, elisabethanisches Theater, Guckkastenbühne
Szenische Präsentation	Schauspieler, Maske, Gestik, Musik, Kostüme, Bühnenbild, der theatrale Raum, Zeit, Kommunikation mit dem Publikum
Theatralisches	Performanz (Nachahmung der Handlung durch Handlung), Öffentlichkeit, Gleichzeitigkeit der Kommunikation, von Ereignis auf der Bühne und Sehen/Erleben beim Zuschauer; theatralische Kommunikationssituation
Nicht-sprachliche, mediale Vermittlungsformen	Musik, Foto, Dokumente, Gestik, Mimik, Kinesik, Proxemik, Kostüm, Bühnenbild, Licht, Akustik und ihre Funktion
Dramen-/Theatergeschichte	Dramentext – Bühnenformen, Beziehung zwischen Bühnengeschehen und Publikum

Abb. 7: Theatrales

Die Besprechung von Inszenierungen im Unterricht sollte im ästhetischen Erleben und in möglichen Irritationen und Erwartungsbrüchen von Schülern ihren Ausgang nehmen.

Auswahl dramatischer Texte

Auswahlkriterien

Wesentliche Auswahlkriterien für Dramentexte sind die thematische Relevanz, der Bühnenerfolg, die Rezeptionsgeschichte, der innovative Charakter und strukturelle und dramengeschichtliche Aspekte. Typische Themen sind der Konflikt zwischen Bürgertum und Adel, Individuum und Gesellschaft, aber auch Umwelt und Wissenschaft. *Emilia Galotti* wird bevorzugt als repräsentativ für das bürgerliche Trauerspiel behandelt, während Brechts Stücke für eine neue Form des Theaters stehen. Die Verbindung von Literaturgeschichte und Dramentext ist Thema der gymnasialen Oberstufe, wie etwa bei *Nathan der Weise* (1779) und der Aufklärung oder bei *Götz von Berlichingen* (1773) und dem Sturm und Drang. Bis zur 7. Klasse werden Rollenspiele, Stegreif-/Puppenspiele bevorzugt; das mehraktige Drama wird in der Regel ab der 8. Klasse behandelt. Das Jugendtheater ist als Einstieg in das Theater geeignet. Inwieweit eine Aktualisierung geleistet werden kann und Konfliktlagen, Wirklichkeits- und Menschenbilder im Drama der heutigen Schülergeneration vermittelbar sind, sind weitere zu beachtende Aspekte, ebenso die Behandlung dramatischer Formen im Film, in der Pantomime und im Hörspiel.

Methodische Zugänge

Szenische Umsetzung

Neben analytischen Verfahren der Erarbeitung und Anwendung von dramenspezifischen und aufführungsbezogenen Kategorien empfehlen sich Formen der szenischen Umsetzung und Realisierung von Dramenauszügen, die theatrale Zeichen erproben und Wege des Verständnisses aufzeigen. Waldmann (2001) bietet hierfür ein reiches Repertoire an Möglichkeiten, wie das laute Lesen/Sprechen mit verteilten Rollen, das Spielen von Szenen, den Aufbau von Standbildern und Positionierungen im Raum. Das Schreiben von Spielszenen und Dialogen/Monologen gibt Einblick in die ästhetische Verfasstheit von Dramen. Werkstätten sind geeignet, um Rollenfächer und Figurenkonzepte zu erarbeiten. Formen des kreativ-produktiven Umgangs mit Dramentexten, wie das Antizipieren des künftigen Handlungsverlaufs, das In-Szene-Setzen verdeckter Handlungen oder das Beschreiben übersprungener Geschehnisse, sind weitere Annäherungen an das Drama. Vergleichen lassen sich Aufführung und Dramentext, verschiedene Inszenierungen eines Dramas oder me-

Vergleiche

diale Realisierungen wie Max Frischs *Biedermann und die Brandstifter* als Hörspiel und Bühnenfassung, Literaturverfilmung und Dramentext oder ein Stoff in unterschiedlichen Dramenfassungen und Bearbeitungen. Der Vergleich von Einzelszenen von Dramen unter dem Aspekt von offener vs. geschlossener Form oder Dialog- vs. Monologführung bietet sich zur funktionalen Erschließung von Dramenelementen an.

Empfohlene Literatur

Denk, Rudolf / Möbius, Thomas: Dramen- und Theaterdidaktik. Eine Einführung. Berlin 2008.

Ehlers, Swantje: Studienbuch zur Analyse und Didaktik literarischer Texte. Baltmannsweiler 2010.

Pfister, Manfred: Das Drama. München (1977/[11]2001).

Waldmann, Günter: Produktiver Umgang mit dem Drama. Baltmannsweiler 2001.

5.3 Lyrik

Lyrikbegriffe

Die Frage, was ein Gedicht ist, wird je nach zugrunde gelegter Lyriktheorie unterschiedlich beantwortet: Der im 18. Jahrhundert entstandenen wirkungsmächtigen Subjektivitätstheorie zufolge ist Lyrik Ausdruck von Subjektivität, Empfindung und Selbstaussprache eines Ichs. Jedoch ist diese Bestimmung von Lyrik vor allem am Erlebnisgedicht als einem historischen Typus von Gedicht gewonnen worden und lässt didaktische und pragmatische Funktionen von Gedichten unbeachtet. Der russische und tschechische Formalismus heben Verfremdung und Abweichung vom Alltagssprachgebrauch als Besonderheit der poetischen Sprache hervor, doch kommen Metaphern, Umstellungen und Substitutionen ebenso in der alltäglichen Sprache und in der Prosa vor. Die Definition von Lyrik über formale Mittel der Metrisierung und Reimbindung erweist sich ebenfalls als unzulänglich, da es Gedichte ohne metrische Ordnung gibt.

Dieter Lamping (1989/[3]2000) definiert ein lyrisches Gedicht als eine Einzelrede in Versen und grenzt sie damit von der Wechselrede des Dramas und der vermittelnden Rede der Epik ab. Der Vers (lat. *versus* von *vertere* ›wenden‹) kehrt an den Versanfang zurück im Unterschied zur Prosa, die dem Wortsinn nach »die geradeaus laufende Rede« bedeutet. Mit dieser Definition ist als eine formale Eigenschaft die rhythmische Untergliederung eines lyrischen Textes in Einheiten (= Verse) angesprochen, die beim gesprochenen Text durch Pausen und bei einem schriftlichen Text graphisch durch den Zeilenbruch erfolgt. Die Segmentierung von sprachlichem Material hat einen semantischen Effekt. Für die Gedichtinterpretation sind jedoch noch eine Reihe weiterer Aspekte zu beachten, etwa Bildlichkeit, artifizielle Sprache, Selbstreferenzialität, Kürze, Dichte und fiktionale Elemente.

Das jeweils zugrunde gelegte Lyrikverständnis beeinflusst den Umgang mit lyrischen Texten im Literaturunterricht und die Bestimmung, welche Elemente und strukturellen Gegebenheiten gegenstandskonstitutiv sind und vom Schüler beherrscht werden müssen, um sich lyrischen Texten zu nähern, Zugang zu deren eigener Ästhetik zu gewinnen und ein Verständnis zu entwickeln.

5.3.1 Form und Struktur des Gedichts

Anknüpfend an die Beschreibung der Form eines Gedichts, die Metrum, Rhythmus, Syntax und ihre Beziehungen zueinander und den Aufbau eines Gedichts umfasst, wird auf die Bildlichkeit als einer weiteren gattungsspezifischen Charakteristik und die Struktur der lyrischen Einzelrede mit ihrer situativen Einbettung und der Artikulation eines Sprechers eingegangen.

Formelemente

Satz- vs. Versordnung

Verssegmentierung. Die Untergliederung durch Pausen (Zeilenbrechung) ist eine spezifisch ästhetische Operation. Sie folgt nicht dem Satzbau und seinen syntaktischen Einheiten, so dass Satz- und Versordnung aufeinanderstoßen. Stimmen Vers- und Satzgrenze überein, liegt ein Zeilenstil vor. Läuft ein Satz über die Versgrenze hinaus auf die nächste Verszeile, handelt es sich um einen Zeilensprung (Enjambement): *Über den feuchten Watten / schimmert der Abendschein.* Beim Strophensprung geht das syntaktische Gefüge über das Ende einer Strophe hinaus. Durch die verschiedenen Formen, Vers- und Satzordnung zueinander zu komponieren, sie in Harmonie oder Disharmonie zu bringen, machen sich Verse unabhängig von syntaktischen Regeln der Sprache, lenken die Aufmerksamkeit auf die eigenen Regeln und tragen damit zur Poetisierung bei.

Versmaß

Metrische Regulierung. Das Versmaß ist ein metrisches Muster, das bestimmt wird durch die Anzahl der Silben, die regelmäßige Abfolge von betonten Silben und Reimbindung. Das Versmaß legt die Zahl der Hebungen fest. Die Verslänge bestimmt sich wiederum nach der Zahl der Hebungen: dreihebig, vierhebig etc. Zwischen die Hebungen sind ein- oder zweisilbige Senkungen eingelassen. Der regelmäßige Wechsel zwischen Hebungen und einsilbigen Senkungen wird als »Alternation« bezeichnet. Beginnt ein Vers mit einer unbetonten Silbe (Auftakt) und enthält eine Senkung zwischen den Hebungen, so liegt ein alternierender, auftaktiger Vers vor. Nach der griechischen Metrik, die die Metren nach der Silbenlänge (lange vs. kurze Silben) und nicht nach der Betonung, wie in der deutschen Verskunst (betont vs. unbetonte Silben) bestimmt, ist das ein Jambus (v-). Ein alternierender, auftaktloser Vers (Trochäus -v) beginnt mit einer betonten Silbe, auf die eine Senkung folgt. Bei den dreisilbigen Versen sind zwei Doppelsenkungen zwischen die Hebungen eingelassen. Bei einem Daktylos (-vv) handelt es sich um einen auftaktlosen Vers mit Doppelsenkungen. Beim Anapäst (vv-) folgt auf eine Doppelsenkung eine Hebung.

Alternation

Um die Alternation von Hebungen und Senkungen gleichmäßig zu halten, fällt manchmal ein unbetonter Vokal zwischen zwei Konsonanten aus (Synkope): *Dämm'rung* statt *Dämmerung*. Stoßen zwei Vokale aufeinander (*habe ich*) entsteht eine klangliche Härte, die durch Elision des Vokals am Ende eines Wortes vermieden wird: *hab' ich*. Endet eine Verszeile mit einer Hebung, so liegt ein männlicher Versausgang (männliche Kadenz) vor, endet sie mit einer Senkung, ein weiblicher (weibliche Kadenz).

Kadenz

Klangstrukturen. Mit dem Reim betont die deutschsprachige Lyrik die Klangähnlichkeit. Der Reim verbindet zwei Verszeilen miteinander. Klingen die ersten Wörter zweier Zeilen gleich, so liegt ein Anfangsreim vor: *Wer jetzt kein Haus hat, baut sich keines mehr / Wer jetzt allein ist* (Rilke). Beim Binnenreim reimen Wörter innerhalb eines Verses: *Nimmer, nimmer wiedersehen!* (Clemens Brentano). Beim Endreim erfolgt eine Differenzierung nach der Funktion des Reims für die Gliederung einer Versfolge in: Paarreim (aabb), Kreuzreim (abab), umschließender Reim (abba) und Schweifreim (aabccb). Der Reim unterstützt die Einheit eines Verses, schafft zugleich eine Einheit höherer Ordnung und stärkt die Kohärenz eines Gedichts. Zudem stützt er die Memorierleistung, da sich Gereimtes leichter einprägt.

Reim

Die Lyrik macht von Klangstrukturen und ihrer Übereinstimmung vielfältigen Gebrauch. Formen lautlichen Gleichklangs sind die Alliteration und die Assonanz. Bei der Alliteration stimmen die anlautenden Konsonanten von Wörtern (betonte Stammsilben) überein: *und **w**erden **w**achsen wie des **W**aldes Beeren*. Bei einer Assonanz sind die Konsonanten nicht am Gleichklang beteiligt, sondern die Vokale der betonten Silben: *w**e**rden – B**ee**ren*. Bei der Lautmalerei (griech. *Onomatopoiie*) werden die natürlichen Laute (akustische),

Alliteration und Assonanz

aber auch Stimmungen, Tätigkeiten und Bewegungen phonetisch abgebildet. Klangstrukturen stellen Sinnbeziehungen her durch mimetische (nachahmende) Funktionen, durch Hervorrufen von Gefühlen und Stimmungen und Leitklänge, die ein Gedicht durchziehen. Klangliche Mittel können auf der semantischen Ebene Inhalte verstärken und versinnlichen und dadurch ein Mehr an Bedeutung erzeugen. Die Romantik hat von klanglichen Mitteln vielfältigen Gebrauch gemacht wie Brentanos *Frühes Liedchen* ([2. Fassung 1802], ^{2}1978, Bd. 1, 130):

Funktion von Klangstrukturen

Lieb' und Leid im leichten Leben
Sich erheben, abwärts schweben,
Alles will das Herz umfangen,
Nur verlangen, nie erlangen

Es handelt sich um eine vierzeilige Volksliedstrophe mit einem alternierenden auftaktlosen Vers (Trochäus -v); die Elision in *Lieb'* stützt dieses Versmaß. In Vers 1 und 4 liegt ein Inreim vor; das Versende reimt sich mit einem Wort innerhalb desselben Verses: *erheben – schweben*; *verlangen – erlangen.* Dadurch wird die innere Kohärenz der Verszeile gestärkt, zugleich aber verbinden die beiden Paarreime (aa; bb) jeweils die 1. und 2. Verszeile und die 3. und 4. Das Enjambement vom 1. zur 2. Verszeile hat ebenfalls eine die Verszeilen verbindende Funktion. Hinzu kommen die Alliterationen: *Lieb' und Leid im leichten Leben.* Die Intensivierung der klanglichen Mittel trägt mit zur Poetisierung des Gedichts bei, und sie korrespondieren den Inhalten und der Auf- und Abwärtsbewegung im Gedicht (*erheben – abwärts schweben*). Das sprechende Ich ist zwischen Gefühlen und Spannungen hin- und hergerissen, wie die Gegensätze auf der Wortebene zeigen: *Liebe – Leid, alles umfangen – nie erlangen.*

Graphisch-visuelle Gestaltungsmittel. Graphische Gestaltungsmittel (Schrift-/Druckbild, figürliche Anordnung) visualisieren Inhalte. Bei metrisch regulierten Figurengedichten der Vormoderne fallen Text und Schriftbild zusammen (Baum, Glas, Ei). Die moderne visuelle Poesie verzichtet völlig auf Sprache und ist rein visuell organisiert oder sie reduziert die Sprache auf Grundbestandteile, ordnet diese räumlich an und hebt damit die Materialität der Sprachzeichen hervor.

Visuelle Poesie

Strophe. Eine Strophe ist eine Zusammenstellung von Versen zu einer metrisch höheren Einheit, die einen ganzen Verstext gliedert. Sie ist metrisch geregelt und als Einheit wiederkehrend. Bei Strophen werden Silbenzahl, Verszahl und Reimschemata wiederholt. Eine Zusammenfügung von Versen, die metrisch nicht geregelt ist, aber graphisch als zusammengehörig markiert ist, wird als Versgruppe bezeichnet. Bekannte Strophenformen sind die Volksliedstrophe, Terzine, Chevy-Chase-Strophe, Terzette und Quartette.

Antike Formen

Gedichtformen. Zu den antiken Formen der Lyrik gehören die Ode (ein Lobgedicht Gottes), die Hymne mit ihrem gehobenen Sprachstil und die Elegie, ein Trauer-/Klagegedicht in Distichen (Doppelvers aus sechshebigem Hexameter und Pentameter (Fünffuß)). Weitere Gedichtformen sind das Volkslied, die Ballade, unter den romanischen Formen vor allem das Sonett und die kleinen Formen Epigramm und Haiku: Das Volkslied mit seiner vierzeiligen Strophenform, der Wiederholung von Reim, Reimwörtern und Rhythmus war besonders in der Romantik beliebt. Das Sonett ist eng mit der Liebesthematik verbunden, jedoch verbindet es sich im Laufe seiner Geschichte auch mit anderen Thematiken, wie z. B. in der religiösen Lyrik. Mit Francesco Petrarca etablierte sich die Zweiteilung aus zwei Quartetten mit dem Reimschema abba und den beiden Terzetten mit zwei Varianten im Reimschema: cdc dcd; cde cde. Das Epigramm (= Aufschrift) ist eine eigene Gedichtform, die sich auf Grabmälern und Weihegeschenken findet und oft einen moralisch-didaktischen Ton hat. Das 20. Jahrhundert greift diese Kurzform wieder auf (Erich Fried). Das aus dem Japanischen kommende Haiku besteht aus Wortgruppen mit 5, 7 und 5 Lauteinheiten.

Volkslied

Sonett

Epigramm

Haiku

Die Ballade. Die Ballade (engl. *ballads*; eine volkstümliche Erzählung in Liedform) steht in der Tradition des Heldenliedes, hat aber auch eine volkstümliche Herkunft. Eine Weiterentwicklung fand im 17. Jahrhundert im Bänkelsang und in der Moritat statt, denen das Medium des öffentlichen Vortrags und Funktionen der Unterhaltung, Information und moralischen Belehrung gemeinsam sind. An diese Tradition knüpfen im 20. Jahrhundert Frank Wedekind und Bertolt Brecht an. Die Ballade enthält erzählerische, dramatische und lyrische Elemente:

Merkmale der Ballade

1. Erzählt wird eine Geschichte. Dabei weist die Ballade strukturell alle Merkmale einer Geschichte auf wie Handlungen, Figuren, besondere Ereignisse.
2. Als lyrisches Element treten die Verssegmentierung hinzu und einfache Reim- und Strophenstrukturen. Von der Lyrik unterscheidet sie sich jedoch wiederum dadurch, dass es einen fiktiven Erzähler geben kann, der das Geschehen berichtet.
3. Szenen, Dialoge und Dramatisierung durch Zuspitzung auf eine Konfliktsituation sind die dramatischen Elemente der Ballade.

Wort und Syntax

Das Wort ist das elementare sprachliche Material eines Gedichtes, wobei seine Referenz auf einen außersprachlichen Gegenstand unterlaufen werden kann: Das Wort wird oft aus seinem Satzzusammenhang gelöst und kann, so isoliert, seine Bedeutungsfülle entfalten. Durch Wiederholung eines Wortes am Anfang (Anapher) und am Ende eines Verses (Epipher), identische Wendungen am Anfang und Schluss einer Strophe oder Vertauschung von Wörtern gehen Wörter jeweils neue Beziehungen ein. Je nach Gedicht liegt die Wirkung von Wortwiederholungen in der Bewegung und Steigerung. Ihre Funktion besteht darin, dass ein lyrischer Text strukturiert und auf Beziehungen von Wörtern untereinander verwiesen wird. Durch Abweichung von Regeln der Grammatik und Wortstellung entstehen auf der Satzebene eine Reihe von rhetorischen Figuren (z. B. Parallelismus, Inversion, Chiasmus) und Auslassungen (Ellipsen und Zeugma). Ein Parallelismus liegt vor, wenn gleichrangige syntaktische Einheiten symmetrisch wiederholt werden: *Meine Hemden wasch ich / meine Socken wasch ich* (Nicolaus Born: *Erbmasse*). Bei der Inversion werden syntaktische Elemente vertauscht: *Röslein rot* (Goethe: *Heideröslein*). Beim Chiasmus werden einander entsprechende Satzglieder kreuzweise angeordnet, wie etwa in Paul Celans Gedicht: *Tau.* [...] *der Herr brach das Brot / das Brot brach den Herrn.*

Wortwiederholung

Rhetorische Figuren

Bildliche Redeweise

Zu den bekannten bildhaften Formen gehören der Vergleich, die Metapher, die Metonymie, die Synästhesie, die Personifikation und die Allegorie. Der Vergleich stellt eine Beziehung zwischen zwei Sachverhalten her, die nicht miteinander identisch sind, aber eine Eigenschaft teilen: das *tertium comparationis.* Erkennbar ist der Vergleich an den Vergleichspartikeln »wie«, »als« und der Präposition »gleich«.

Metapher

Nach antiken Metapherntheorien ist eine *Metapher* (griech. *metaphérein* ›anderswohin tragen‹) eine Bewegung von einem Ursprungsbereich in ein Fremdes, wo es ein eigentliches Wort ersetzt und eine uneigentliche Bedeutung gewinnt (Substitutionstheorie). In dieser Sicht tritt in der Metapher »Abend des Lebens« an die Stelle von »Alter« das Wort »Abend«, das sich nun an einem Platz befindet, zu dem es nicht gehört, und nimmt eine übertragene Bedeutung an. Dem liegt sprachtheoretisch die Annahme zugrunde, dass ein Wort ein Name für ein Ding ist und die Bedeutung eines Wortes das ist, was es bezeichnet. Die römische Rhetorik hat die Metapher zu einer rhetorischen Figur, einem Schmuck der Rede, und einem verkürzten Vergleich uminterpretiert und ihr dadurch die Erkenntnisfunktion genommen, die sie ursprünglich hatte.

Moderne Metaphern-theorien

Moderne Metaphern- und Sprachtheorien stellen dieses Metaphernverständnis in Frage. Sie gehen davon aus, dass die Bedeutung eines Ausdrucks abhängig ist vom Satz- bzw. Verwendungskontext, dem Diskurs oder dem kulturellen Rahmen. Aus Sicht der Interaktionstheorie ist die Metapher nicht eine Abweichung von einer wörtlichen Bedeutung, sondern von einem prototypischen Gebrauch von Wörtern (Kurz 1982/[4]1997, S. 17). Sie unterläuft die Konvention des Sprachgebrauchs, ohne die wörtliche Bedeutung zu tilgen, und erweitert dadurch Bedeutungen. Die Redeweise vom uneigentlichen Sprechen und von übertragener Bedeutung ist einem überholten Sprachweltbild verpflichtet.

Die Metapher ist auch kein verkürzter Vergleich, da bei ihr zwei Sachverhalte verschmelzen, die beim Vergleich getrennt bleiben. Die räumliche Mobilität der Metapher vom Gewohnten zum Fremden macht eine Differenz sichtbar und regt damit Interpretationsprozesse an. Im didaktischen Kontext hält sich die These von der uneigentlichen Bedeutung und der Metapher als verkürzter Vergleich nachhaltig lebendig und findet sich in vielen auch aktuellen Lehrwerken.

Metonymie

Bei der Metonymie (wörtlich: ›Umbenennung‹) wird ein Ausdruck innerhalb eines Bereichs verschoben, und es besteht eine reale Beziehung zwischen zwei Ausdrücken wie die von Gefäß und Inhalt (ein »Gläschen« trinken). Steht ein Teil für ein Ganzes oder umgekehrt, so liegt eine Synekdoche vor, z. B. »Ich nehme ihn unter mein Dach« statt »in mein Haus«. Eine andere Form der Metaphorisierung ist die Synästhesie, bei der verschiedene Sinnesbereiche vermischt werden: taktile, akustische, visuelle und geschmackliche, z. B. *Blickt zu mir der Töne Licht* (Brentano). Bei der Personifikation wird einem nicht-menschlichen Gegenstand (Natur, abstrakter Begriff) eine menschliche Eigenschaft zugeordnet (*Gelassen stieg die Nacht an Land*, Eduard Mörike). Die Allegorie (griech. *allos agoreuein* ›bildlich reden‹, ›anders sagen‹) ist eine bildliche Form, die gegenüber der Metapher nicht ein Einzelelement eines Textes, sondern einen ganzen Text umfasst. Es gibt eine wörtliche und eine allegorische Lesart.

Personifikation

Allegorie

Kommunikationsstruktur

Außer den genannten formalen und sprachlichen Elementen müssen als strukturelles Merkmal die Einzelrede und ihre Konstituenten betrachtet werden. Dazu gehört eine Sprecher-Instanz, die als Ich an der Textoberfläche erscheint oder aber nur implizit bleibt. Sprachliche Mittel der Artikulation eines Rede-

Rede-subjekt

subjekts sind Personalpronomina (»ich«, »meiner«, »mir«, »mich«, »wir«), Possessivpronomina (»mein«, »meine«) und Eigennamen. Das Ich kann sich in unterschiedlichen Situationen befinden und Reflexionen, Haltungen, Wahrnehmungen oder Gefühle ausdrücken. Das individuelle Ich, gemeinhin als »lyrisches Ich« bezeichnet, stellt für den Leser eine Identitätsfigur dar und suggeriert eine Nähe. Die Kategorie des lyrischen Ichs gilt aufgrund ihrer Konnotationen und ihrer Bindung an die Erlebnislyrik als höchst problematisch. Von einem sich artikulierenden Ich ist das Rollen-Ich abzugrenzen z. B. in der Barocklyrik, das in konventionellen Formen und Bildern spricht, sowie der fiktive Erzähler der Ballade.

Adressat

Das Ich kann sich an sich selbst oder an ein Gegenüber wenden (z. B. Natur, Gott, die Geliebte), für das es mehrere Anredeformen gibt: »du«, »ihr«, »Sie« oder einen Eigennamen. Zum Sprechen gehört auch der Gegenstand, über den gesprochen wird: z. B. Großstadt, Natur, Liebe, Freundschaft. Wird von einem Gegenstand gesprochen, ohne dass eine Sprecher-Instanz und ein Adressat an der Textoberfläche in Erscheinung treten, so handelt es sich um eine Er-Form (Burdorf [2]1997, S. 210), auch »Dinggedicht« genannt, wie *Der Panther* von Rainer Maria Rilke.

Lyrische Rede

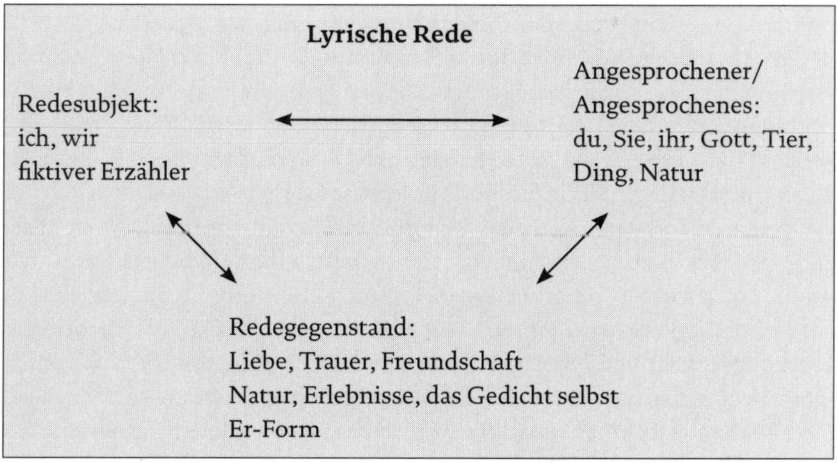

Abb. 8: Lyrische Rede

Fiktive Wirklichkeit

Viele Gedichte enthalten fiktive Elemente (etwa Figuren, Raum, Zeit). Für die Konstituierung der Sprechsituation und einer fiktiven Wirklichkeit spielen Raum und Zeit eine wesentliche Rolle. Raum- und Zeitangaben helfen, die

Redesituation zu lokalisieren (im Café, am Fenster), bezeichnen das Thema (*Im September, Im Vorfrühling, Um Mitternacht*), stellen Nähe oder Ferne zur Wirklichkeit her, markieren Zeitabläufe oder greifen einen Zeitmoment heraus. Zeit und Raum werden durch formale, grammatische und sprachliche Mittel, wie deiktische Elemente (z. B. Zeit-/Raumadverbien, Präpositionen), Tempora, Rhythmus, Metrum und Verse, auf den verschiedenen Bedeutungsebenen eines Gedichtes strukturiert, die funktional zusammenspielen und beim Rezipienten bestimmte Raum- und Zeitvorstellungen evozieren.

5.3.2 Didaktik der Lyrik

Entwicklung der Lyrikdidaktik

Nach 1945 bestimmten die werkimmanente Methode und die Subjektivitätstheorie die Didaktik der Lyrik. Mittels Einfühlung und innerer Ergriffenheit sollten Schüler zu einem Verständnis lyrischer Texte hingeführt werden. Hören und Sprechen stellten die Wege zu Gedichten dar. Die Tradition des Erlebnisgedichts bildete das bevorzugte Reservoir für die Textauswahl. Der gattungsorientierte Ansatz der 1960er Jahre zielte auf die Aneignung poetologischer Grundbegriffe und Analysetechniken. Im Rahmen der gesellschaftspolitischen Orientierung der 1970er Jahre gewannen das politische Gedicht und die historische Interpretation an Bedeutung. Die folgende Phase akzentuierte die handwerkliche Seite im Erschließen lyrischer Texte und die Förderung von Verstehensfähigkeiten, die jedoch verengt wurde durch lehrergesteuertes Hinführen auf feststehende Interpretationsziele, so z. B. bei Elke Austermühl (1982). Der handlungs-/produktionsorientierte Ansatz hat in der Lyrik sein bevorzugtes Paradigma gefunden (Waldmann 1998), bleibt allerdings auf eine textimmanente Betrachtung beschränkt. In den 1990er Jahren wurde ein sprachtheoretischer Ansatz mit Akzentuierung der Sprachreflexion vertreten. Zugleich wird bis zur Gegenwart an die Subjektivitätstheorie der Lyrik angeknüpft und lyrische Subjektivität zur Legitimationsfigur für einen Unterricht gemacht, der auf Ich-Stärkung und Subjektfindung gerichtet ist. Damit erfolgt eine Verengung auf eine realistische und subjektzentrierte Lyrik. Ulf Abraham (2000) spricht von lyrischer Alterität, die am Anfang von didaktischen Überlegungen stehen sollte, damit wird jedoch ein Bestimmungsmerkmal von Lyrik zur Basis des Lyrikunterrichts gemacht. Neuere Ansätze sind mediendidaktisch ausgerichtet und heben die Verbindung von Gedichten und Audiovisuellem, von Schrift und Stimme hervor (Anders 2013). Den Wandel von Metapherntheorien hat die Literaturdidaktik mit wenigen Ausnahmen (Katthage 2004) bislang kaum nachvollzogen.

Kompetenzziele

Lyrik ist in der Schule fest etabliert, wie ein Blick in die Lehrpläne, Bildungsstandards, Prüfungsvorgaben und Lehrwerke bezeugt. Die Vermittlungsaufgabe der Schule besteht darin, zu einer gattungsspezifischen Lektüre lyrischer Texte zu befähigen und die Form als Bedeutungsfaktor einsichtig zu machen. Dazu gehört die Fähigkeit:

Kompetenzen für den Umgang mit lyrischen Texten

- den inhaltlichen Ablauf in einem Gedicht (etwa Geschehnisse, Situationen, Veränderungen) oder Reflexionen nachzuvollziehen und zu paraphrasieren;
- die Gliederung in Sinn-/Stropheneinheiten bzw. Abschnitte zu erfassen und zu beschreiben;
- Formelemente und Ordnungsprinzipien (etwa Versifikation, Klangstrukturen, Bildlichkeit, poetische Syntax) zu erkennen und zu beschreiben;
- auszuwählen, was für den konkreten lyrischen Text von Bedeutung ist;
- formale und strukturelle Merkmale in ihrer Wirkungsweise und Funktion zu bestimmen;
- aus den sprachlichen, formalen und strukturellen Mitteln das sich in einem Gedicht artikulierende Ich in seiner Eigenheit und für den Leser Andersheit wahrzunehmen;
- das angesprochene Gegenüber zu identifizieren und die Beziehung zwischen Redesubjekt und Adressat zu bestimmen;
- den fiktiven Raum als Raum zur Vorstellung zu bringen und die fiktive Wirklichkeit und ihre Elemente zu erfassen;
- Veränderungen, Brüche, Widersprüche, Abweichungen zu erkennen und zu Inhalten in Beziehung zu setzen;
- eine Historisierung durch Einbeziehen des Entstehungskontextes, epochaler Bezüge und poetologischer Positionen vorzunehmen;
- intertextuelle Bezüge zu rekonstruieren;
- die einzelnen Aspekte auf den verschiedenen Bedeutungsebenen eines lyrischen Textes in einen kohärenten Zusammenhang zu integrieren, um zu einem Gesamtverständnis zu gelangen.

Rezeption

Zu berücksichtigen ist die Besonderheit der Rezeption lyrischer Texte in den Dimensionen von Lesen, Sehen und Hören. Die Sprachlichkeit, Selbstreflexivität, Suspension (Aufhebung) von Wirklichkeitsbezügen, hohe Verdichtung und das Zurücktreten von Inhalten gegenüber der Form beanspruchen erhöhte Aufmerksamkeit und widersetzen sich oft einem unmittelbaren Verständnis. Die Andersheit eines Subjekts, das sich in der lyrischen Rede konstituiert, und die Differenz zum eigenen mit Biographie gefüllten Leser-Ich können je nach Wahrnehmungsdisposition und Erleben eines realen Lesers ein gewisses Maß an Fremdheit und Beunruhigung mit sich bringen und einen Impuls für literarisches Lernen bilden, indem es potenziell zu einer Erweiterung des Eigenen führt. Lyrik trägt zur literarischen Bildung bei, indem das Ich, das sich in einem Gedicht artikuliert, dem Rezipienten als ein fremdes entgegentritt und ihn zu einer Auseinandersetzung mit seinem eigenen Ich-Konzept und Selbstverständnis anregt. Lyrische Texte, die auf Personalität, Ich-Perspektive und sprachlich gefasste Identitätskonstruktion verzichten und den Gegenstand oder die zeichenhafte Struktur hervorheben, lenken den Rezipienten auf den Gegenstand selbst, die Wirklichkeit und ihre Zeichenvermitteltheit (etwa durch Sprache, visuelle Konfigurationen, Klänge), um neue Sichtweisen auf Welt und Zeichen zu vermitteln. Der Dialog mit einem Gedicht bewegt sich zwischen Nähe und Distanz, Selbst- und Welterweiterung sowie Verständlichkeit und hermeneutischer Fremdheit.

Analysekategorien

Die folgenden lyrischen Kategorien bilden eine Grundlage für die Analyse und Interpretation lyrischer Texte. Sie lassen sich in Interpretationsstrategien (Heuristiken zur Lösung von Deutungsproblemen) umwandeln, die transferfähig sind:

Analysekategorien

Grundkategorien der Lyrik	
Vers	Versmaß, Versaus-/-eingang, Enjambement, Versformen
Strophe/Abschnitte	Volksliedstrophe, Odenstrophe, Terzine
Gedichtformen	Ode, Hymne, Elegie, Lied, Sonett
Klangstrukturen	Reim (Klassifikation nach Position und Funktion): Paarreim, Kreuzreim, Binnenreim; Alliteration, Assonanz
graphisch-visuelle Mittel	Schriftbild, räumliche Anordnung von Zeichen
Wort	Wiederholungen, Anapher, Epipher
Syntax	Parallelismus, Chiasmus, Inversion, Auslassungen
metaphorische Redeweise	Metapher, Vergleich, Metonymie, Personifikation, Synästhesie, Allegorie
Kommunikationsstruktur	Sprecher, Adressat, Redegegenstand, Er-Form

Wirklichkeitsbezug	Figuren, konkrete Situation, Raum, Zeit, Geschehnisse
Wirkungen auf den Leser	Gefühle, Reflexionen, Identifikation, Distanz, Aufmerksamkeitslenkung, Differenzerfahrungen

Abb. 9: Grundkategorien der Lyrik

Auswahl lyrischer Texte

Lyrische Rede realisiert sich historisch in unterschiedlichen Formen, die jeweils ihre eigenen Interpretationsweisen fordern. Tradierte Formen, Innovationen, Brüche, Bilder, Sprache, Weltbezug und Reflexion werden in der Geschichte der Lyrik immer wieder neu in ein Verhältnis gebracht, um das Selbstverständnis einer Zeit und ihre Weltbilder zum Ausdruck zu bringen wie das Verhältnis zur Natur oder Großstadterfahrungen. Daher empfiehlt sich für die Auswahl lyrischer Texte eine Fokussierung auf lyrische Verfahrensweisen (realistische, subjektzentrierte Lyrik vs. anti-realistische Verfahren der modernen Lyrik) und Konzepte lyrischer Rede, etwa:

Auswahlkriterien

- das Paradigma der Erlebnislyrik mit Identitätsfiguren eines lyrischen Ichs und Ausdruck von Subjektivität (Goethe, Eichendorff, Mörike); Erneuerung des Formenbestandes durch Klopstock als neue Ausdrucksmöglichkeiten von Subjektivität;
- hermetische, symbolistische Lyrik, die auf Ich- und Erlebnisausdruck verzichtet und durch Kombination von Bildern, Worten und Tönen eine Kunstwelt schafft und eine hermeneutische Differenz erzeugt (Stefan George, Rainer Maria Rilke, Gottfried Benn, Ingeborg Bachmann, Paul Celan);
- sachliche, entemotionalisierte Lyrik (Günter Eich, Walter Höllerer);
- engagierte Lyrik, die etwas mitteilt und bevorzugt mit traditionellen Formen arbeitet (Bertolt Brecht, Jürgen Becker, Erich Fried);
- Alltagslyrik, die sich der unmittelbaren Wirklichkeit zuwendet (Rolf Dieter Brinkmann);
- Konkrete Poesie mit ihrem Ausschluss eines Subjekts und ihrer visuellen Codierung der Wahrnehmung (Eugen Gomringer);
- lyrische Formen der Postmoderne und der Popkultur (Rap, Hip Hop, Song) mit Aspekten der Intermedialität.

Typisch ist die Behandlung von Lyrik in literaturgeschichtlichen und thematischen Einheiten (etwa Liebe, Natur, Umwelt, Exil), nach Motiven (etwa Mond,

Inter-textuelle und inter-kulturelle Aspekte

Abschied, Brunnen), nach Gattungen (etwa Ballade, Sonett) und intertextuellen Gesichtspunkten, wie die vielen Bezugnahmen auf Bertolt Brechts *An die Nachgeborenen* aus den *Svendborger Gedichten* bei Paul Celan, Erich Fried und Rose Ausländer. Für die interkulturelle Arbeit (s. Kap. 4.4.4) eignen sich Gedichte, die Migrations- und Fremdheitserfahrungen thematisieren, von Gino C. Chiellino, Aras Ören, Aysel Özakin oder Yüksel Pazarkaya. Im Medium der Lyrik werden Fragen der Identität, der kulturellen Zugehörigkeit, des Woher und Wohin artikuliert: *Was geschieht mit den Wurzeln / wollen sie alle der Erde müde / in den Himmel ragen?* (Zehra Çirak). Schülerbezogene Selektionskriterien betreffen die Zugänglichkeit eines Gedichts, die Motivation und Anknüpfungsmöglichkeiten an gegenwärtige Lebenswelten (etwa Freundschaft, Umwelt, Natur, Krieg, Großstadt).

Die Ballade

Die Ballade gehört aufgrund ihrer Handlungsdominanz, Weltbezogenheit und Verständlichkeit zu den beliebten Gattungen bei Schülern. Zu den kanonisierten Balladentexten in den Klassen 5 bis 10 gehören Goethes *Zauberlehrling*, *Der Erlkönig*, Schillers *Der Taucher*, Theodor Fontanes *John Maynard* und Annette von Droste-Hülshoffs *Der Knabe im Moor*. Die Tradition des Bänkelsangs und der Moritat und ihrer Erneuerung bei Wedekind und Brecht bieten in ihrer medialen Kombination von spektakulären Inhalten, Bild, Text, öffentlichem Vortrag und Funktionen (Sensation, Unterhaltung, Information) Anschlüsse an die populäre Kultur.

Methodische Zugänge

Während die Grundschule verstärkt erlebnisbezogene und spielerische Umgangsformen mit Sprachspielen, Rätseln und Kinderlyrik einsetzt, um zu poetischen Mitteln (etwa Rhythmus, Klang, Bild, Wiederholungsstrukturen) hinzuführen und Sprache zu fördern, werden in der Sekundarstufe I die Befähigung zur selbständigen Erschließung von Gedichten, die Aneignung formaler und struktureller Elemente, Form-/Sprachbewusstheit, Gattungswissen und in der gymnasialen Oberstufe die literaturgeschichtliche Einordnung akzentuiert. Die Methodik umfasst sowohl systematische, regelorientierte Ansätze als auch handlungs- und produktionsorientierte Verfahren, wie die Eigengestaltung von lyrischen Texten, die Veränderung von Sprecherpositionen, Umformungen oder mediale Arrangements (Waldmann 1998; Spinner ³1997). Sie können zu formalen Elementen hinführen, vor allem aber auch die Sinnlichkeit eines Gedichts vermitteln. Themen, Motive (etwa Mond, Frühling), Aufbau, Metaphern und Gedichtformen lassen sich vergleichend erarbeiten. Im Hinblick auf intermediale Aspekte können Vertonungen von Ge-

Texterschließung

Handlungs- und produktionsorientierte Verfahren

Intermediale Aspekte

dichten und Balladen, Gedichtverfilmungen untersucht und Gedichte mit einem Poetry Clip verglichen werden. In seiner Anbindung an die Jugendkultur eignet sich das Performanceformat des Poetry Slam (z. B. Bas Böttcher) für den Lyrikunterricht, um Schülern die Bedeutung von Stimme und Körpereinsatz näherzubringen und das Hörverstehen zu schulen.

Genaues Lesen

Die hohe Dichte und Form-/Sprachbetontheit der Lyrik legen ein genaues, schrittweises Lesen nahe. Über die Erarbeitung von Inhalt und Thema eines Gedichtes lässt sich ein erstes Verständnis sichern. Von dort aus kann der Gesamtaufbau untersucht werden, um daran anschließend in feinere Analysen überzugehen. Gliederungssignale auf der auditiven Ebene (betont/unbetont, Tempo, Pausen), der visuellen (Druck-/Schriftbild, Anordnung von Zeichen), der räumlichen (Schauplatzwechsel, Richtungsangaben) und zeitlichen (Abläufe, Tempuswechsel) helfen, Sinneinheiten und Veränderungen wahrzunehmen.

Verfahren zur Erschließung von Balladentexten

In Bezug auf die Ballade ist eine Renaissance des Mündlichen mit dem Vortragen und Hören von Balladen zu verzeichnen. Der Vergleich von motivgleichen Balladen ist fester Bestandteil einer Balladendidaktik. Szenisches Vortragen, das Geschehen in eine andere Zeit zu verlegen, Verfassen einer Zeitungsmeldung oder eines Storyboard sowie der Einsatz von Hörkassetten bzw. CDs gehören zum Methodenrepertoire für den Umgang mit Balladen.

Empfohlene Literatur

Burdorf, Dieter: Einführung in die Gedichtanalyse. Stuttgart [2]1997.

Ehlers, Swantje: Studienbuch zur Analyse und Didaktik literarischer Texte. Baltmannsweiler 2010.

Waldmann, Günter: Produktiver Umgang mit Lyrik. Baltmannsweiler 1998.

6. Kanon und Literaturgeschichte in der Schule

Der Gegenstand literarischen Lernens

Die folgenden Ausführungen wenden sich zunächst dem Kanon zu. Bei Kanonfragen geht es um den Gegenstand, das ›Was‹ literarischen Lernens und um Prinzipien schulischer Kanonbildung und ihrer normativen Grundlage. Der darauf folgende Abschnitt behandelt die Literaturgeschichte und die Problematik der Periodisierung und hebt die Funktion von literaturgeschichtlichem Unterricht für die Ausbildung historischen Verstehens als einer kulturellen Kompetenz hervor.

6.1 Kanon

Aus der großen Vielfalt literarischer Werke muss für die Schullektüre eine Auswahl getroffen werden. Doch wer entscheidet, was Schüler nach welchen Kriterien und mit welcher Zielsetzung lesen sollen? Diese Fragen haben immer wieder zu kontroversen Debatten geführt, deren Argumentationsweisen einen Einblick in die Komplexität von Entscheidungsprozessen bezüglich eines schulischen Kanons und den zugrunde liegenden Wertmaßstäben geben, die sich je nach bildungspolitischen und gesellschaftlichen Rahmenbedingungen, Unterrichtszielen und Literaturbegriffen ändern.

6.1.1 Kanondefinition

Kanonbegriff

Ein Kanon (gr. *kanón* ›Maß-Rohr‹, ›Maßstab‹) ist ein Korpus von Texten, die als wertvoll gelten und deren Kenntnisse innerhalb einer Kultur für verbindlich erklärt werden. Die Selektion von Texten beruht auf Wertungen, die sich auf Inhalte, formale Eigenschaften, aber auch auf Wirkungen auf Leser beziehen. Solche Wertzuordnungen ändern sich historisch, so dass ein Kanon einem Wandel unterliegt, sich Neuem öffnet, Kanontexte ausgrenzt oder einst verworfene Werke wieder aufnimmt. Zur Moderne hin verliert der tradierte, einheitliche Kanon seine Verbindlichkeit und differenziert sich in verschiedene Kanones an der Universität, in der Schule, der Öffentlichkeit und im Bereich audiovisueller Medien. Neben einem materialen Kanon mit konkreten Texten bildet sich aufgrund von Sinnzuschreibungen zu Texten ein Deutungskanon heraus, der ebenfalls über Bildungseinrichtungen weitergegeben wird und über Ein- oder Ausschluss aus einem Kanon entscheidet (Heydebrand 1993; Korte 2002).

6.1.2 Kanonbildung

An der Kanonisierung von Texten und Autoren sind verschiedene Instanzen und Faktoren beteiligt. Derzeit konkurrieren zwei Erklärungen zur Beantwortung der Frage, wie es zur Kanonisierung kommt. Die eine favorisiert textexterne, soziale, pädagogische, religiöse Faktoren und deren kulturelle Funktionen. Dazu gehören das kulturelle Kapital, das nach Pierre Bourdieu (1978) der sozialen Abgrenzung dient, der Machtfaktor, Zensurmaßnahmen und Mechanismen der wichtigsten Kanoninstitutionen Universität und Schule. Der andere Erklärungsansatz führt textinterne, ästhetische Merkmale an, die Kanontexte auszeichnen und eine Voraussetzung für Kanonisierung sind. Simone Winko (1996, 2002) und Benjamin Specht (2012) heben Komplexität, Polyvalenz, Offenheit und Selbstreferenz als Texteigenschaften hervor, die Anschlüsse an vielfältige Lektüren in verschiedenen Kontexten ermöglichen. Diese wurden als ästhetische Normen/Werte in der Ästhetik des späten 18. Jahrhunderts ausgebildet und sind auch für den modernen Bildungsdiskurs bestimmend. Die Kanonforschung geht inzwischen von einem interdependenten Verhältnis aus, weil auch textinternen Merkmalen eine soziale Funktion (z. B. eine ideologische) zukommen kann.

Kanonisierung

Textexterne Funktion

Textinterne Merkmale

Kanonisierung hängt wesentlich davon ab, wie präsent ein Text/Autor durch Veröffentlichung, in Literaturkritik, Wissenschaft, Literaturgeschichten, Schulbüchern, Anthologien, Lexika, Übersetzungen, Interpretationen, Verfilmungen und Hörbuchfassungen ist. Kulturelle Praktiken, wie Gedenkfeiern, Preisvergaben und Literaturfeste, sichern die Überlieferung von Kanones. Derartige Formen von Kommunikation über literarische Gegenstände tragen mit zur Aufnahme in einen Kanon und deren Dauerhaftigkeit bei. Umgekehrt führt eine Nicht-Thematisierung zum Vergessen und Ausschluss (Schmidt/Vorderer 1995, S. 146). Gegenüber der Stabilisierung eines (Kern-)Kanons gibt es immer auch gewisse Anpassungen innerhalb einer Kultur, um dem historischen Wandel, veränderten Wirklichkeitsbildern, Medienwelten und Gegenwartsliteraturen gerecht zu werden. Die Dynamik und Offenheit eines Kanons zeigt sich an Revisionen, wie z. B. im Fall von Heinrich Heine, der im 19. Jahrhundert als ein umstrittener Autor galt, im Nationalsozialismus verboten wurde und in der BRD erst in den 1960er Jahren Anerkennung und Aufnahme in den Schulkanon fand.

Präsenz von Texten/Autoren

Kernkanon

Kanonwandel

6.1.3 Institution Schule und Literaturkanon

Die Schule ist eine der Institutionen, die wesentlich zur Kanonisierung von Werken, Autoren, Gattungen, Epochen und deren Sicherung im Kanon beitragen. Durch Selektion von Lektürestoffen für den Unterricht, Leselisten, administrative Vorgaben, Interpretationshilfen, Schulbücher, Schulliteraturgeschichten, Prüfungsanforderungen und Lehrpläne werden bestimmte Texte und Autoren als relevant für Bildungsprozesse eingestuft. Die Schule stabilisiert damit nicht nur einen materialen Kanon, sondern auch einen Deutungskanon.

Schulischer Kernkanon

Ein Kanon mit in deutscher Sprache verfasster Literatur hat sich seit dem 18. Jahrhundert herausgebildet und allmählich den Kanon griechisch-römischer Autoren verdrängt. Er war vorrangig an der Klassik orientiert und diente vor allem der Bildung einer nationalen Identität. Für das Bürgertum hatte der Kanon eine das eigene Selbstverständnis sichernde Funktion. Werke von Johann Wolfgang von Goethe und Friedrich Schiller wurden in Lehr- und Leseplänen des frühen 19. Jahrhunderts und in Literaturgeschichten aufgenommen. Im Laufe des 19. Jahrhunderts hat sich die Geschichte der Literatur mit Epochen und Kenntnissen klassischer Werke als Bestandteil höherer Schulbildung durchgesetzt (Frank 1973, S. 286), bis im Wilhelminischen Kaiserreich Goethe, Schiller, Lessing, Friedrich G. Klopstock und als Romantiker Ludwig Uhland in der Prima etabliert waren. Dieser Kernkanon wurde schrittweise erweitert um Heinrich von Kleist, Georg Büchner, Heinrich Heine und Autoren des Realismus. Der Deutschunterricht der NS-Zeit setzte den bürgerlichen Literaturkanon weitgehend fort, wenn auch ein Autor wie Heine ausgeschlossen wurde, instrumentalisierte ihn jedoch für seine ideologischen Zwecke.

Kanonerweiterung

Bis in die 1960er Jahre gab es in den meisten Lehrplänen verbindliche Leselisten mit Schwerpunkt auf der kanonisierten Literatur des 18./19. Jahrhunderts, aber es fand auch eine Erweiterung des Kanons um Autoren des 20. Jahrhunderts statt, deren Texte inzwischen den Status von Schulklassikern gewonnen haben: Bertolt Brechts *Das Leben des Galilei*, Franz Kafkas *Der Prozess* und *Die Verwandlung*, Thomas Manns *Tonio Kröger* und *Die Buddenbrooks*, Friedrich Dürrenmatts *Der Besuch der alten Dame* sowie Max Frischs *Homo Faber*. Der tradierte bildungsbürgerliche Kanon geriet in der Reformbewegung der 1960/70er Jahre in Kritik, die dessen Legitimität und Autoritätsanspruch in Frage stellte, mehr Gegenwartsliteratur und eine Erweiterung um andere Genres (Trivial-/Gebrauchsliteratur, KJL) forderte. Die Folge war der Verzicht auf einen verbindlichen Kanon und eine Anpassung des Text- und Textsortenbestandes in den Schulbüchern. Das änderte sich wiederum in den 1980er Jahren mit der Neukonturierung des Literaturunterrichts. Die konstatierten Bildungsmängel, Traditions- und Geschichtsverlust führten zu einem Plädoyer für einen flexiblen und offenen Kanon (Hein 1990). Eine Schul-Kanonisierung erfolgte ab den 1960er/70er Jahren auch im Bereich der Kinder- und Jugendliteratur, u. a. wurden Erich Kästners *Emil und die Detektive*, Astrid Lindgrens *Pippi Langstrumpf* und Michael Endes *Momo* in den Kanon aufgenommen.

Offener Kanon

Eine andere Entwicklung nahm die frühere DDR, die an der Aufrechterhaltung einer kanonisierten literarischen Tradition interessiert war und ausgrenzte, was mit einem am Sozialistischen Realismus orientierten Literaturverständnis nicht verträglich war, wie etwa die klassische Moderne (Kafka). Der Sozialistische Realismus war eine marxistisch-leninistisch begründete Stilrichtung in Kunst und Literatur, die für eine Nähe zur Wirklichkeit eintrat, thematisch an der Arbeitswelt und Technik orientiert war und Formal-Ästhetisches ablehnte.

Die Diskussion um die Legitimität und Begründung eines literarischen Kanons verlagerte sich in den 1990er Jahren vom materialen Kanon auf Prozesse der Kanonbildung und die Normierungen und Wertsetzungen, die mit diesen einhergehen. Die Bedeutung von Kanonisierungsprozessen für die literarische Kultur zu vermitteln wurde zum Inhalt literarischer Bildung. Die didaktische Kanonreflexion der 1990er Jahre hat eine kultursoziologische Perspektive akzentuiert, in der der schichtenspezifische Zugang zur Bildung und die Funktion von Kanonwissen in der Lebens- und Schulpraxis hinterfragt wurden. In dieser Sicht sind mit Kanonwissen Gratifikationen der sozialen Anerkennung und des Gewinns für Karrieren oder durch das Prüfungssystem verbunden. Derartige Gratifikationserwartungen werden durch den Umgang mit Texten habitualisiert und »an lebenspraktische Verwertung rückgebunden« (Kämper-van den Boogaart 1997, S. 29).

Kanonkritik

Trotz anhaltender Kanonkritik und fortlaufender Aktualisierung der Lektüre um Gegenwartsautoren wie Christa Wolf, Bernhard Schlink, Daniel Kehlmann, Patrick Süskind ist zeitgleich an Universität und Schule eine Restabilisierung eines traditionellen Lektürekanons zu beobachten, für deren Erklärung soziale Faktoren alleine nicht ausreichen, sondern textästhetische heranzuziehen sind. Indikatoren sind Lektürevorschläge in der Literaturwissenschaft und Literaturkritik, Oberstufenlehrbücher, Schulliteraturgeschichten und Lektürelisten für das Zentralabitur. Wie die Auswertung von Vorgaben für das Abitur von 2008 bis 2010 in 12 Bundesländern von Clemens Kammler / Bettina Noack (2010) ergab, hat es zwar eine deutliche Erweiterung von Gegenwartsliteratur nach 1968 gegeben, jedoch nimmt der überlieferte Kernkanon mit den Autoren Büchner, Goethe, Brecht, Kafka, Schiller, Th. Mann, Fontane,

Restabilisierung eines Lektürekanons

Abiturvorgaben

Kleist, Lessing und Dürrenmatt eine deutliche Spitzenposition ein. Als Epoche dominieren in allen drei Gattungen Klassik und Romantik, von den Autoren des Bürgerlichen Realismus vor allem Fontane, und unter den Einzelwerken treten *Das Leben des Galilei, Woyzeck, Faust I, Die Verwandlung* und *Buddenbrooks* hervor. Offensichtlich trägt der klassische Kanon noch Wertvorstellungen, die für Bildungseinrichtungen und bestimmte Leserschichten neben Pluralisierungseffekten und der Koexistenz verschiedener Kanones in der Gesellschaft bedeutsam sind. Doch welcher Art sind diese Werte und woraus leiten sie sich ab?

6.1.4 Wertungen und Schulkanon

Die Selektion von Texten beruht auf expliziten oder impliziten Wertungen, die in einer bestimmten Literaturtheorie und Hermeneutik fundiert oder aus pädagogischen, philosophischen und soziologischen Theorien abgeleitet werden. Die Wertmaßstäbe ändern sich mit dem Literaturkonzept und Auffassungen darüber, was Literatur für Bildungsprozesse leisten sollte. Spezifisch didaktische Wertentscheidungen sind von Faktoren des Lern-/Bildungskontextes abhängig, d. h. von Bildungszielen, Lernergruppe, Relevanz für das Text-/Leseverstehen und den Aufbau von Lektürehaltungen sowie dem Abstand zwischen Kanontexten der Tradition und heutigem Leser. Dominant und wiederkehrend in der didaktischen Kanondebatte sind folgende Werte:

Didaktische Wertkriterien

- *Exemplarität* von Texten für Gattungen, Epochen und literarische Funktionen;
- *Aktualität*, sie verdeutlicht die Relevanz von Texten für die Gegenwart. Bedeutungszuschreibungen erfolgen im Hinblick auf lebensweltliche Nähe mit dem Argument, Schülern ein besseres Nachvollziehen älterer Texte zu ermöglichen.
- *Historizität*, sie betrifft den Geltungsanspruch, Texte in ihrem historischen Kontext einzuordnen und zu verstehen.
- *Offenheit*, sie nimmt in der Adaption rezeptionsästhetischer Prämissen für die Didaktik einen positiven Wert ein, weil sie Interpretationsspielräume und die Möglichkeit des Lesesubjekts, sich konstruktiv einzubringen, öffnet.
- *Polyvalenz*, sie ist ein positiver ästhetischer Wert im Unterschied zur Eindeutigkeit, die aufgrund ihrer Determination von Sinn negativ konnotiert ist.

- *Autonomie*, sie bedeutet Zweckfreiheit und Eigengesetzlichkeit des literarischen Gegenstandes.
- *Inhalte*, sie beziehen sich auf die thematische Relevanz innerhalb eines Kulturraumes, aber auch für den Leser, die Moralität und Ethik.

Offenheit, Polyvalenz und Autonomie sind ästhetische Eigenschaften, die der Autonomieästhetik um 1800 entstammen und im Bildungsdiskurs positiv bewertet werden. Ihnen wird Kanonrelevanz attestiert, weil sie Anknüpfungsmöglichkeiten für verschiedene Lesarten und Wertvorstellungen bieten. Die genannten Werte korrespondieren teilweise mit denen der EPA (Einheitliche Prüfungsanforderungen für das Abitur 2002, S. 6), nach denen Texte exemplarisch, lebensweltlich bedeutsam und von ästhetischer Qualität sein sollten.

In didaktischer Perspektive kommen leserbezogene Wertungskriterien ins Spiel. Unter motivationalen und lesesozialisatorischen Gesichtspunkten nehmen individuelle Lesepräferenzen mit Identifikationen, Versinken in fiktionale Welten, Suche nach Unterhaltung, Spannung und Abenteuer einen positiven Wert ein, da sie Gratifikationen versprechen und Anreize für die Lektüre von Texten der Tradition bieten. Zu den Gratifikationen zählen auch Erkenntnisgewinne. Wirkungsbezogene Werte lassen sich vor allem mit Figuren in Verbindung bringen, da sie Zentren der Aufmerksamkeit, der Orientierung in der Welt der Fiktionen und der Erlebnisdichte bilden, die in der Lektüre produktiv wirksam werden können. Das Repertoire reicht von den »großen« Figuren (Faust), den gebrochenen (Woyzeck) und monströsen Figuren der Phantastik bis zu denen der KJL und Popularkultur (Pippi Langstrumpf, Winnetou).

Wirkungsbezogene Werte

Die Bedeutung literarischer Texte für das Textverstehen und die Entwicklung von Lese- und Deutungskompetenzen sind weitere Selektionskriterien.

6.1.5 Kanonwissen

Im Literaturunterricht gilt es, Kanoninhalte zu vermitteln, die als verdichtete elementare Erfahrungsinhalte oder menschliche Grunderfahrungen in der Literatur konzeptualisiert werden. Sie ermöglichen in interkultureller Perspektive ein Verstehen über kulturräumliche Distanzen hinweg. Der überlieferte Bildungskanon wird auch gegenwärtig als Wissensbestand und Maßstab für die zu vermittelnde Bildung im Literaturunterricht angesehen, auch wenn die Lektürevorgaben für das Abitur um einen beachtlichen Anteil an Gegenwartsliteratur erweitert wurden. Im Rahmen eines kompetenzorientierten Unterrichts erhalten textbezogene Kanonmotive ein hohes Gewicht. Kanonwissen

Bildungskanon

Teilhabe an einer kulturellen Praxis

dient der Orientierung innerhalb eines Kulturraumes, dem geschichtlichen Bewusstsein, dem Erkennen intertextueller und intermedialer Bezüge in der Literatur, ermöglicht die Teilhabe an einer kulturellen Praxis und die Kommunikation über gemeinsame Gegenstände. An der Schnittstelle von schulischer Bildung und Lebenspraxis werden zunehmend die Erlebniseffekte, Wertperspektiven und Lektüregratifikationen literaturvermittelnder Medien (etwa Film, Fernsehen, Radio, Zeitung, Theater, Internet) in den Kanondiskurs der Didaktik einbezogen.

Empfohlene Literatur

Fingerhut, Karlheinz: Kanon, Kommentar und Schulkultur. In: Der Deutschunterricht (1997) H. 4, S. 180–190.
Korte, Hermann: Historische Kanonforschung und Verfahren der Textauswahl. In: Grundzüge der Literaturdidaktik. Hrsg. von Klaus-Michael Bogdal / Hermann Korte. Stuttgart 2002, S. 61–77.

6.2 Literaturgeschichte im Literaturunterricht

Historisches Verstehen

Die Vermittlung von Literaturgeschichte gehört zur tradierten Praxis des Literaturunterrichts, insbesondere in der Oberstufe. Sie hat kontroverse Debatten über das Verständnis von Literaturgeschichte und Wege ihrer Vermittlung ausgelöst. Ihre Legitimität bezieht sie derzeit aus der Zielsetzung, Kompetenzen historischen Verstehens aufzubauen.

6.2.1 Definition

Der Begriff der Literaturgeschichte

Die Literaturgeschichte (LG) ordnet die Literatur in ihrem historischen Verlauf und gliedert sie in eine chronologische Abfolge einzelner Epochen. Eine Epoche umfasst einen bestimmten Zeitraum mit literarischen Texten, die sich durch gemeinsame (epochenspezifische) Merkmale auszeichnen. Gattungen gelten dabei als epochenübergreifende Strukturen, die eine Kontinuität sichern. Für die – letztlich artifizielle – Abgrenzung von Epochen werden unterschiedliche Kriterien zugrunde gelegt: historische und politische Ereignisse, philosophische Ideen, ästhetische Programmatiken oder Stilkonzepte. Die LG deutet Literatur in ihrer Entwicklung, stellt durch Verknüpfung von Texten Zusammenhänge her und weist ihnen aufgrund bestimmter Merkmale einen historischen Ort zu. Sie bietet Kategorien für die Einordnung der Vielfalt literarischer Werke in ihrem historischen Kontext und ermöglicht eine bessere Verständigung über sie.

6.2.2 Literaturgeschichtsschreibung

Die Literaturgeschichtsschreibung reicht weit zurück bis in die Antike, doch erste Ansätze, die deutsche Literatur nach Perioden einzuteilen, entstanden erst im 17. Jahrhundert. Karl August Koberstein war der Erste, der 1827 eine deutsche Literaturgeschichte als Leitfaden für den Unterricht verfasste. Zu einer eigenen Gattung wurde die LG bei Georg Gottfried Gervinus, dessen *Geschichte der poetischen National-Litteratur der Deutschen* (1835–42) primär politisch motiviert war. Die Nationalliteratur wurde zu einem kulturellen Medium, das den nationalen Einigungsprozess mit vorbereiten sollte. Im 19. Jahrhundert entstand eine Vielzahl von Literaturgeschichten, die die deutsche Nationalliteratur in einer chronologischen Abfolge von Epochen darstellte, deren zeitliche Begrenzung oft durch herausragende historische Ereignisse markiert war. Zum Prinzip des schulischen Lektürekanons wurde die LG im 19. Jahrhundert.

Erste deutsche Literaturgeschichte für den Unterricht

Nachdem die Literaturgeschichtsschreibung durch die NS-Zeit diskreditiert worden war, prägte die Zeit nach 1945 eine Phase der Distanzierung gegenüber der LG. Das änderte sich in den 1960er/70er Jahren mit der Forderung nach einer Sozialgeschichte der Literatur und einer Rezeptionsgeschichte, die von der Geschichtlichkeit des Verstehens ausgeht. Innerhalb der Germanistik setzte eine kritische Auseinandersetzung mit dem Epochenbegriff ein, weil dieser eine Homogenität von Zeiträumen suggeriert und der Vielgestaltigkeit und den Überschneidungen in der Geschichte der Literatur, wie z. B. im Fall von Aufklärung, Weimarer Klassik und Romantik, nicht Rechnung trägt. Die Formel von der Gleichzeitigkeit dessen, was ungleichzeitig ist, bringt diese Problematik zum Ausdruck. Um den Wandel an den Rändern von Epochen zu verdeutlichen, der sich oft über einen langen Zeitraum erstreckt und verschiedene Aspekte wie Stile, Gattungen, Motive und Themen betrifft, wurden Epochenschwellen als Zeiten des Übergangs und Umbrüche, die durch Heterogenität und Diskontinuitäten gekennzeichnet sind, in den Vordergrund gerückt (Herzog/Koselleck 1987). Die Literaturdidaktik hat diese Debatte rezipiert und daraus Konsequenzen für die Behandlung von Literaturgeschichte im Unterricht und in den Lehrwerken gezogen (s. w. u.).

Epochenbegriff

6.2.3 Literaturgeschichte und Deutschdidaktik

Didaktik der Literaturgeschichte nach 1945

Nach einer Phase der ahistorischen Betrachtung von Literatur wurden in den 1970er Jahren verstärkt die geschichtliche Einordnung von Literatur gefordert und in den 1980er Jahren historisches Verstehen und die Vermittlung von Literaturgeschichte zu verbindlichen Lehrinhalten erklärt. Die neuen Bundesländer bevorzugten in ihren Lehrplanentwürfen von 1991/92 eine Behandlung von ausgewählten Epochen (Mayer 1995, S. 59 ff.). Ende der 1990er Jahre setzte sich in den Lehrplänen ein revidiertes Epochenverständnis durch, indem tradierte Epochenbegriffe problematisiert und Epochenübergänge stärker akzentuiert wurden.

Kritik am literaturgeschichtlichen Unterricht

Trotz der Skepsis gegenüber der Literaturgeschichtsschreibung und ihrem Periodisierungsverfahren wurde von literaturwissenschaftlicher Seite die Relevanz von Epochenbegriffen betont, die als Ordnungskategorien eine Orientierung für das Studium bieten, zum Verstehen von literarischen Texten in ihrem historischen Zusammenhang beitragen und eine Verständigung im wissenschaftlichen Diskurs ermöglichen (u. a. Vogt ⁵2002, S. 232). Dagegen kamen grundlegende Bedenken gegenüber der LG von literaturdidaktischer Seite. Sie galten der linearen, chronologischen und ganzheitlichen Epochendarstellung ebenso wie der Praxis, literaturgeschichtliches Wissen zu katalogisieren, in Schemata zu fixieren, Daten zu häufen, Epochenmerkmale in Übersichtstabellen aufzulisten und Texte durch ihre Zuordnung zu Epochen interpretatorisch festzulegen (Fingerhut 2002; Korte 1996, 2003; Nutz 1997, 2003; Abraham/Kepser 2009).

Kulturgeschichtlicher Ansatz

Als Alternative wurde eine kulturgeschichtliche Einordnung von Literatur mit individuellen Wegen der Erschließung von literaturgeschichtlichen Zusammenhängen vorgeschlagen (Mayer 1995, S. 68; Nutz 2003, S. 334; Korte 2003, S. 9). Entsprechend den Prämissen des *New Historicism* (Kaes 1995) wurde die Materialbasis um eine Vielzahl an Texten zu kulturellen Praktiken und Institutionen, wie Filmen, Hörspielen, Gemälden, Ritualen, Alltagsmythen oder Gebräuchen, erweitert, die nicht mehr den Hintergrund für einen literarischen Text und sein Verständnis bildeten, sondern als Texte auf derselben Ebene betrachtet wurden und damit das Verhältnis von Text und Kontext neu definierten. Fraglich ist jedoch, ob eine kulturgeschichtliche Fundierung mit ihren vielen, miteinander vernetzten Narrationen nicht zu einer Unübersichtlichkeit von Literaturgeschichte und Steigerung des Schwierigkeitsgrades führt, die von Schülern kaum zu bewältigen ist.

Schulliteraturgeschichten

Literaturgeschichten für den schulischen Gebrauch liegen in ein- oder mehrbändiger Form vor. Ihre Aufgabe besteht darin, historisches Literatur- und Kontextwissen in übersichtlicher Form für die Lektüre und Interpretation von kleineren Texten, Textauszügen und Ganzschriften bereitzustellen. Ausgewählte Primär- und Quellentexte werden begleitet von deutenden Kommentaren und Beschreibungen historischer, gesellschaftlicher, literarisch-ästhetischer und autobiographischer Zusammenhänge. Die meisten der für die Schule verfassten Literaturgeschichten folgen bis in die jüngere Gegenwart dem Verfahren der chronologisch erzählten Abfolge von Literaturgeschichte mit einem Einteilungsprinzip in Epochen vom Mittelalter oder Barock bis zur Gegenwart, ohne aus dem kritischen Diskurs über Literaturgeschichtsschreibung konzeptionelle und didaktische Konsequenzen gezogen zu haben. Sie gerieten daher wegen ihres anachronistischen Aufbaus, ihres enzyklopädischen Wissens, einer fehlenden Reflexion über Epochenbegriffe und ihrer Schematisierungen von Epochenwissen in Kritik. Vor diesem Hintergrund erfolgte ab Mitte der 1990er Jahre eine Umorientierung auf synchrone Schwerpunkte und Exemplarisches anstelle von Ganzheitsdarstellungen. Gegenüber einer Reduktion auf Erinnerungsarbeit, nämlich das Lernen und Erinnern von Fakten, wurde das Verständnis für literaturhistorische Erscheinungen betont. Ein alternatives Modell zum linearen narrativen Darstellungsverfahren bietet *Sichtweisen* (2002), während *Wissensspeicher Deutsch* (2004) in gut strukturierter Form ein literaturgeschichtliches Orientierungswissen zur Vorbereitung auf das Abitur bereitstellt, gegliedert nach der tradierten Epochenfolge vom Mittelalter bis zur Gegenwart.

Literaturgeschichten für die Schule

Chronologische Darstellungsverfahren

Synchrone Schwerpunkte

Literaturgeschichte in Lehrwerken

Die Kompetenz, Texte im historischen Kontext zu erschließen, ist in den Bildungsstandards für den Mittleren Schulabschluss (2004) verankert. In vielen Bundesländern gehört die Vermittlung von Epochenkenntnissen zum festen Bestand der Kerncurricula für die gymnasiale Oberstufe. Die Einheitlichen Prüfungsanforderungen für das Abitur (EPA 2002, S. 6) halten ausdrücklich an einem literaturgeschichtlichen Orientierungswissen fest und schlagen teils eine traditionelle Epochengliederung, teils zeitliche Großräume wie das 20. Jahrhundert ohne zeitliche Binnendifferenzierung vor. Die jüngere Generation der Oberstufenlehrwerke folgt diesen Vorgaben (*Duden. Das Oberstufenbuch* 2009; *Texte, Themen und Strukturen* 2009; *Kombi Kompakt* 2012). Sie

Literaturgeschichte in Oberstufenlehrwerken

vermitteln historisches Wissen in Form eines systematischen Aufbaus von Epochen vom Barock bis zur Gegenwart, oft mit revidierter zeitlicher Segmentierung, oder gehen exemplarisch vor und organisieren Literaturgeschichte um thematische, gattungsbezogene und motivgeschichtliche Aspekte. Zum etablierten Standard von Lehrwerken gehört inzwischen die Thematisierung von Epochenkonzepten und Epochenumbrüchen/-schwellen, Gegenwartsperspektiven auf die Vergangenheit, induktive Textarbeit und Öffnen individueller Zugänge zu Epochen über eine Vielzahl an literatur-/kulturgeschichtlich relevanten Texten, wie Briefe, Gelegenheitsgedichte oder Predigten.

Literaturgeschichtlicher Unterricht

Ziel-perspektive

Die Literaturgeschichte im Deutschunterricht bietet Ordnungsstrukturen für den Umgang mit Texten der Vergangenheit, fördert historisches Verstehen und schafft ein Bewusstsein dafür, dass Literatur selbst ein historisches Phänomen ist. Sie erzeugt eine zeitliche Tiefe innerhalb unseres Kulturraumes, gibt Einblick in Paradigmenwechsel (z. B. *Werther*) und literar-ästhetische Innovationen und zeigt den Wandel von Gattungen, Formen, Schreibweisen und Motiven auf. Schulliteraturgeschichten, einzelne Epochendarstellungen und Oberstufenbände bieten wichtige Quellen, Anregungen für die Arbeit, Textmaterial und einen breiten Überblick über Epochen und Übergänge oder exemplarische, vertiefende Zugriffe auf Epochen. Breiter Konsens besteht inzwischen darin, dass Epochenbegriffe und zeitliche Segmentierungen hinterfragt, eine diachrone Betrachtung um synchrone Aspekte, wie z. B. Gattungen, die Reaktion von Literatur auf bestimmte politische oder mediale Ereignisse (Französische Revolution, Wende von 1989, Entstehen von Rundfunk und Kino) oder Querschnitte zu zentralen Themen wie Liebe, Autonomie, Geschlechterbeziehungen, Kunst, ergänzt werden sollte (Nutz 2003) sowie darüber, dass Übergänge und Transformationen zum Gegenstand gehören und Aktualisierung und Historisierung von Literatur gleichermaßen zu ihrem Recht kommen sollten.

Der Literaturgeschichte im Deutschunterricht ist eine didaktische Perspektive eingeschrieben, indem sie literaturgeschichtliches Fachwissen in eine aneigbare und verständliche Form bringen muss und die Text-/Themenauswahl, Anordnung und Strukturierung von Epochenwissen im Hinblick auf Bildungsziele und Lernervoraussetzungen erfolgen. Zu den Bildungszielen gehören das Erkennen der Historizität des Verstehens, das Lernen, mit Alterität umzugehen, und Zugänge zum zeitlich Fremden/Fernen in ihrem Vorher, Nachher und Zugleich zu gewinnen und durch das Verfügen über literaturge-

Bildungs-ziele

schichtliche Kenntnisse und Fähigkeiten eine Mitgliedschaft innerhalb einer Kulturgemeinschaft zu erwerben (Enkulturation).

Literaturgeschichtliche Kompetenzen umfassen historisches Wissen und die Fähigkeit, Wissen mit der Interpretation historisch ferner Texte zu verknüpfen. Da es hierbei um zeitliche Makrostrukturen geht, muss dieses Wissen begrifflich strukturiert werden, um verfügbar zu sein. Geordnetes, strukturiertes Wissen erleichtert das Verstehen, Behalten und die Anwendbarkeit auf Texte anderer Zeiträume. Um die Gefahr einer Hypostasierung von historischem Wissen zu vermeiden, sollte es in seiner funktionalen Bedeutung für das Textverstehen einsichtig gemacht werden. Während in der Sekundarstufe I bereits historische Verstehenskompetenzen entwickelt werden können, gehört die systematische Behandlung von Epochen zum Gegenstand der gymnasialen Oberstufe. Im Hinblick auf das Ziel, historisches Verstehen zu ermöglichen, können dafür erforderliche literaturgeschichtliche Kompetenzen folgendermaßen aufgeschlüsselt werden:

Literaturgeschichtliche Kompetenzen

- Wissen über literarhistorische Zeiträume, Umbrüche und die jeweils geltenden historischen, medialen, kulturellen Ereignisse, Menschenbilder, philosophische Ideen und Normensysteme;
- Kenntnisse über Epochen und Epochenbezeichnungen;
- Reflexion über Epochenbegriffe und Kriterien der Zäsurenbildung;
- das Fruchtbarmachen historischen Wissens für das Verständnis von literarischen Texten und seine Integration in den Verstehensprozess;
- im Prozess des Lesens die Verknüpfung von textinternen Merkmalen mit textexternen Informationen;
- das In-Beziehung-Setzen literarischer Texte zu Texten/Medien aus Kunst, Philosophie, Wissenschaft und allgemeiner Geschichte;
- die epochenbezogene Interpretation von Texten;
- die Erschießung literarhistorischer Zusammenhänge durch Vergleich von Texten unter bestimmten Gesichtspunkten und unter Einbezug von Texten zu außerliterarischen Aspekten.

Methodische Zugänge

Literaturhistorisches Wissen kann über Einzelphänomene bzw. einzelne Zeitabschnitte angeeignet werden. Lern-/Verstehensprozesse sind so zu organisieren, dass Subjektivität und Gegenstandsorientierung sowie Wissen und Prozess in ein ausbalanciertes Verhältnis gebracht werden. Formen des selbständigen Lernens, in denen Schüler literarische Vergangenheit auch aus ihrer subjektiven Sicht rekonstruieren, ermöglichen eine produktive und reflektierte Erinnerungsarbeit (Nutz 2003). Im Wechsel von induktiven Verfahren der Erschließung von epochalen Grundzügen aus Primär- und Quellentexten und deduktiven Verfahren, bei denen von einem Epochenverständnis ausgehend eine Annäherung an Primärtexte erfolgt, kann Literaturgeschichte in einen Erfahrungshorizont eingerückt und begriffliche Distanz hergestellt werden. Analytische und interpretatorische Aufgabenstellungen lassen sich um gezielte Recherchearbeit in digitalen Lernumgebungen zu Einzelaspekten eines Zeitraumes ergänzen. Der Vergleich von Periodisierungen und Epochenbegriffen in verschiedenen Lehrwerken und Schulliteraturgeschichten gibt Einblick in die unterschiedliche Darstellbarkeit von Epochen, schafft ein Bewusstsein für den Konstruktcharakter und die Perspektivität von LG, während der Vergleich von Texten und die Gestaltung bestimmter Themen in unterschiedlichen Zeiträumen den Blick für Differenzen und Zäsuren zwischen Epochen schärfen kann.

Induktive/ deduktive Verfahren

Vergleichen

Empfohlene Literatur

Beste, Gisela / Bremerich-Vos, Albert / Kämper-van den Boogaart, Michael (Hrsg.): Wissensspeicher Deutsch. Berlin 2004.

Brüggemann, Jörn: Literarisches Lesen – Historisches Verstehen. Zur Explikation einer unterbewerteten Komponente literarischer Rezeptionskompetenz. In: Didaktik Deutsch 26 (2009) S. 12–30.

Nutz, Maximilian: Epochenbilder in Schülerköpfen? Zur Didaktik und Methodik der Literaturgeschichte zwischen kulturellem Gedächtnis und postmoderner Konstruktion. In: Mitteilungen des Deutschen Germanistenverbandes 50 (2003) H. 3. S. 330–346.

7. Medien im Literaturunterricht

Die Sozialisation von Kindern und Jugendlichen ist maßgeblich von Medien beeinflusst. In deren Verlauf erwerben sie Wissensschemata über Medien, die wiederum ihre Erwartungen, Vorlieben und Gratifikationen in Bezug auf Medienangebote bestimmen. Ihre Erfahrungen im Umgang mit verschiedenen Medienangeboten sind eng mit dem Aufbau von Selbstkonzepten und Identität verknüpft. Die Relevanz von Medien in der Gesellschaft und insbesondere in jugendlichen Lebenswelten, aber auch wechselseitige Beeinflussungen von Literatur und anderen Medien und Grenzverwischungen zwischen Genres und Medien, die einen auf schriftliche Texte fixierten Literaturbegriff fraglich werden lassen, haben zu einer Integration audiovisueller Medien in den Literaturunterricht geführt. Die Arbeitsfelder der Literaturdidaktik wurden um die Entwicklung von Konzepten für die Vermittlung von Medien und Interpretationsfähigkeiten im Hinblick auf mediale Angebote und Praktiken erweitert.

Medienintegration

Zu den Medien im Literaturunterricht, die sowohl Grundlage und Gegenstand von Bildungsprozessen darstellen als auch ihrer Strukturierung dienen, gehören Printmedien (Lesebücher, Klassikerausgaben), visuelle Druckmedien (Bilderbücher) und elektronische Medien (auditive und audiovisuelle Medien). Entsprechend der Schwerpunktsetzung dieses Einführungsbandes stehen die literaturnahen, fiktionalen Medien (Hörspiel, Hörbuch, Spielfilm) im Vordergrund. Bei dem hier zugrunde gelegten Medienbegriff werden folgende Dimensionen unterschieden: medienspezifische (ästhetische) Eigenschaften/Medialität (Sprache, Schrift, Ton, Bild), Strukturierung der Kommunikation über Medien (Kult, Erzähler, Theater) sowie Technik/Apparatur (Druck-/Filmtechnik), Gebrauch und Institutionalisierung von Medien (Rundfunk, Verlag, Schule). Sie »bilden den Zusammenhang, durch den Bedeutungen, Themen, Inhalte medienspezifisch aufbereitet und vermittelt werden« (Hickethier ²2010, S. 26).

Medien im Literaturunterricht

Medienbegriff

Medien und ihre Funktionen ändern sich im Laufe der Geschichte. Medien können verloren gehen (Stummfilm) oder wie das Hörbuch in anderen Medienkonstellationen wieder auftreten. Die Rezeption auditiver und audiovisueller Medien erfolgt über die Modalitäten des Lesens (Inserts beim Film, Paratexte), des Sehens (stehende, bewegte Bilder) und Hörens (gesprochene Sprache, Musik, Geräusche). Nicht nur Lesen, sondern auch Sehen und Hören sind konstruktive, kognitive Leistungen der Kohärenzbildung des Rezipienten. Es kommen hermeneutisch-interpretative Verfahren ins Spiel, um Geschichten und bewegte Bilder beim Film zu verstehen oder aus akustischen Zeichen des Hörspiels eine Vorstellungswelt aufzubauen.

Lesen, Sehen, Hören

Medien als Sinnressourcen

Medien als Mittel der Konstruktion von Wirklichkeit und der Artikulation von Inhalten, Gedanken und Erfahrungen von Welt sind als individuelle und kulturelle Sinnressourcen zu betrachten, die ein Interpretations- und Bildungspotenzial aufweisen. Deren Entfaltung ist eine Zielperspektive für die Literaturdidaktik, die über schriftsprachliche literarische Texte hinaus eine Erweiterung des Repertoires an Deutungen von Welt und Identitätsstiftung anstrebt. Für die Beschreibung und Analyse des Zusammenspiels von Sprache, Stimme, Bild, Ton, Dramaturgie und Erzählerischem bei audiovisuellen und auditiven Medien sind Kategorien bereitzustellen. Mit welchen Mitteln und Verfahren audiovisuelle Medien Wirklichkeit konstruieren, sinnliche Wahrnehmungsqualitäten erzeugen, das eigene Erleben und Involviertsein ermöglichen und Gratifikationen wie Unterhaltung, Spannung, Belehrung organisieren, sind leitende Fragestellungen der Literaturdidaktik.

7.1 Printmedien

7.1.1 Das Lesebuch

Das Schulbuch als Wissens-/Bildungsmedium

Schulbücher enthalten ein Wissen über die soziale Wirklichkeit, das über mehrere gesellschaftliche Instanzen gefiltert und für didaktische Zwecke verdichtet wurde. Es handelt sich um ein geronnenes, verfestigtes Bildungswissen, das gegenüber sozialen Realitäten eine bestimmte Perspektive einnimmt und dergestalt eine Version von Wirklichkeit neben möglichen anderen Versionen erzeugt. Das Wissen ist sozial kontrolliert und medial vorgeformt, indem über Medien Deutungsmuster und Weltbilder vermittelt oder auch bestimmte Ereignisse hervorgehoben werden und sie damit eine Relevanz erhalten gegenüber anderen nicht thematisierten Ereignissen. In seinem Bezug auf eine Wirklichkeit außerhalb von Unterricht und Schule steht das Schulbuch als ein Wissensmedium immer wieder auf dem Prüfstand, das selektierte Wissen legitimieren zu müssen und seine Konstruktion von sozialer Wirklichkeit in ihrer Angemessenheit, Zeitgemäßheit, ihrem Wahrheitsgehalt oder trügerischem Bild von der Welt hinterfragen zu lassen. Ausgelöst werden solche kritischen Debatten in der Regel durch gesellschaftliche Wandlungsprozesse wie z. B. Migrationsbewegungen, die ab den 1980er Jahren zur Aufnahme von Migrationsliteratur und Thematisierung von kultureller Fremdheit und interkulturellen Begegnungssituationen geführt haben und veränderte Aufgabenstellungen für den Deutschunterricht und neue Wissens- und Bildungskonzepte erfordern.

Als Wissens- und Bildungsmedium dient das Lesebuch im Literaturunterricht dem systematischen Aufbau von Wissen und Fähigkeiten, der Tradierung kulturellen Wissens, dem Einüben in Fertigkeiten und der Anleitung von Bildungsprozessen. Es ist didaktisch strukturiert und somit mehr als eine Anthologie und ein Lektüreangebot. Als Lehr-, Lern- und Arbeitsmittel ist es für den Unterricht verfasst, ordnet den Unterrichtsstoff eines Jahres systematisch an, liegt in Buchform vor, ergänzt durch Lehrerhandreichungen, Schülerarbeitshefte, Kassetten, Overheadfolien, multimediale Lernumgebungen, CD-ROMs und zunehmend Internet-Angebote. Inzwischen bieten Verlage jedoch auch digitale Schulbücher an. Als Lernmedium besteht seine primäre Aufgabe darin, Lehr- und Lernprozesse zu organisieren. Indikatoren auf dem Titelblatt oder im Vorwort, wie ›Lese- und Arbeitsbuch‹, markieren oft die Funktion des Lesebuchs als eines Unterrichtsmediums. Neben dem Lesebuch existieren Sprachbücher und Lehrwerke, die die Lernbereiche Sprache und Literatur integrieren. Schulbezogene Lesebücher unterliegen Zulassungsbeschränkungen von Schulbehörden.

Didaktische Struktur

Lesebücher werden in Abhängigkeit von Zielsetzung, didaktischen Aufgaben, Schulform, Adressaten und staatlichen Vorgaben konzipiert. Es gibt eine Reihe von Paratexten, die Auskunft über die literaturdidaktische Position, Unterrichtskonzeption, Zweckbestimmung des Lesebuchs und Begründung eines Lektürekanons geben, wie Titel, Vorwort, Inhaltsverzeichnis. Neben dem eigentlichen Textkorpus, das die Unterrichtsgegenstände repräsentiert, werden weitere Textelemente mit primär didaktisch-methodischer Funktion aufgenommen, z. B.: Hilfestellungen, Informationen, Merkkästen, Erklärungen, Begriffs-/Gattungsdefinitionen, Wissensbausteine, Bilder, Aufgaben, Sach-/Personenregister, Bibliographien, Bildnachweise, Wort-/Sacherklärungen und Autoren-/Textsortenverzeichnisse.

Paratexte

Das Lesebuch ist ein Medium der Kanonisierung von Autoren, Texten und Gattungen (s. Kap. 6.1.3). Seit dem 19. Jahrhundert hat sich in unserem Kulturraum über mehrere Phasen die Dreiheit von Goethe, Schiller und Lessing als kanonisierter Kern herausgebildet, der an den Rändern jedoch immer wieder aktualisiert wurde. Eine Umbruchsituation für den Lektürekanon im Lesebuch findet nach der restaurativen Zeit der 1950er Jahre statt, wo zunehmend moderne Autoren wie Bertolt Brecht, Franz Kafka, Max Frisch, Friedrich Dürrenmatt, Christa Wolf und Uwe Johnson berücksichtigt werden. Mit Texten aus dem Bereich der Migrationsliteratur (u. a. Rafik Schami, Emine S. Özdamar, Zafer Senoçak, Zehra Çirak) öffnete sich das Lesebuch in den 1980er Jahren einer interkulturellen Perspektive. Kompetenzvorgaben in Kerncurricula, Lehrplänen und den Bildungsstandards der Kultusministerkonferenz (KMK)

Lesebuch als Medium der Kanonisierung

beeinflussen die Textauswahl in den Lehrwerken der 2000er Jahre und das Gliederungsprinzip nach Großgattungen und Epochen (Barock, Klassik) und Umbrüchen (um 1800 oder 1900). Autoren des 18./19. Jahrhunderts (Goethe, Schiller, Theodor Fontane, Annette von Droste-Hülshoff, Wilhelm Raabe) und der klassischen Moderne (Alfred Döblin, Franz Kafka, Rainer Maria Rilke) sind aufgenommen. Andererseits passen sich Lesebücher literarischen Entwicklungen und veränderten Leserinteressen durch Berücksichtigung von Gegenwartsautoren an (Bernhard Schlink, Patrick Süskind, Daniel Kehlmann, Durs Grünbein, Ingo Schulz).

Gattungskanon

Auch ein Kanon an Gattungen hat sich im Laufe der Geschichte entwickelt, mit dem Märchen, der Sage, der Fabel in der 5./6. Jahrgangsstufe, der Ballade und Kurzgeschichte in der 7./8. Jahrgangsstufe, dem Drama, längeren Erzählungen, Romanen und Spielfilmen in höheren Jahrgangsstufen; die Lyrik zieht sich durch das ganze schulische Curriculum.

Lehrerhandreichungen

Lehrerhandreichungen zu Deutschlehrwerken bieten mit ihren Kommentaren zu einzelnen Texten Interpretationshilfen, liefern Hintergrundinformationen und Erläuterungen zur Gattung/Textsorte. Sie stellen die Konzeption vor und enthalten didaktisch-methodische Reflexionen, Lösungen und Bewertungskriterien. CD-ROMs oder Internet-Angebote bieten weitere literarische und poetologische Texte, Lösungen und Zusatzmaterial. Zu den Lehrerkommentaren zählen auch die vielen didaktischen Interpretationen, Textkommentare, Praxishilfen und Unterrichtsmaterialien.

Historische Entwicklung des Lesebuchs

Schreib-/Leseschulen 16./17. Jh.

Das Lesebuch war zunächst eine didaktische Hilfe für die im 16. und 17. Jahrhundert neu entstandenen Schreib- und Leseschulen, in denen Deutsch die Unterrichtssprache war. Mit der Einführung der allgemeinen Schulpflicht im 16. Jahrhundert konnten Schulbücher Teil einer neuen Unterrichtsarbeit werden. Die Umgestaltung des Schulwesens vom Einzelunterricht zur Unterweisung breiter Bevölkerungsschichten führte im 18. Jahrhundert zu einer Neustrukturierung der Lehrkultur und der textuellen Grundlage von Unterricht. Katechismus, Bibel und Gesangbuch, die bis ins 19. Jahrhundert hinein bestimmende Bücher für den Elementarbereich waren, wurden verdrängt durch Lesebücher mit weltlichen Stoffen. Friedrich Eberhard von Rochows *Der Kinderfreund* (1776/79) gilt als Muster eines Volksschullesebuches, das das gesamte Elementarwissen in einem Buch enthielt.

Neue Lehrkultur im 18. Jh.

Das Sachlesebuch

Das Bedürfnis nach Sachinformationen und die Aufnahme von Realienfächern in den Schulkanon führten zum Sachlesebuch, wie z. B. *Vorübungen zur*

Erweckung der Aufmerksamkeit und des Nachdenkens von Johann G. Sulzer (1768), ein erstes als Sachbuch zu bezeichnendes Lesebuch. Im Zuge der Aufklärung wurde die religiös fundierte Moral durch eine weltliche ersetzt, für deren Unterweisung der Typus des Morallehrbuchs geschaffen wurde. Aufgrund der Verdrängung des Lateinischen durch das Deutsche als Bildungssprache verlor der bisherige Kanon mustergültiger antiker Autoren und Gattungen seine Bedeutung. Zunehmend bildeten weltliche Texte die Basis für die Lesebücher, deren Behandlung jedoch noch in der Tradition des Lateinunterrichts stand. Es entstanden die ›Chrestomathien‹, in denen Texte als Muster für mündliche Sprach-, Stil- und Formübungen dienten, z. B. Christian F. R. Vetterleins *Chrestomathie deutscher Gedichte* (1796), die zur Imitation verschiedener lyrischer Formen anleitete (z. B. Oden, Hymnen, Lieder, Romanzen). In der Romantik bildete sich der Typ des Gesinnungslesebuchs heraus, der die Dichtung in den Mittelpunkt rückte und moralisierende Funktionen übernahm. Weltliche Beispielgeschichten wurden ersetzt durch Literatur, insbesondere durch die Fabel. Ein Repräsentant des Gesinnungslesebuches war Philipp Wackernagels *Deutsches Lesebuch* (1843) für die Realschulen. Mit den Lesewerken von Robert H. Hiecke, Philipp Wackernagel und der Gedichtsammlung von Theodor Echtermeyer entstand im 19. Jahrhundert das eigentliche literarische Lesebuch als ein neues Unterrichtsmittel für die höheren Schulen. Literatur galt nicht mehr nur als Muster für poetologische Übungen, sondern wurde selbst zum Gegenstand. Das Nationale und Vaterländische waren die bestimmenden Ordnungskategorien und Bildungsinhalte für die Lesebücher ab 1840, was zunehmend zu einer Ideologisierung des Deutschunterrichts führte.

Chrestomathien

Das Gesinnungslesebuch im 19. Jh.

Das literarische Lesebuch

Die Reformpädagogik (zwischen 1895 und 1933) lehnte das Lesebuch aufgrund der Ausschnitthaftigkeit seiner Texte ab und bevorzugte Ganzschriften. Für die Deutschkunde (1917–33) wurde das Lesebuch das Medium, um geschichtliche und kulturelle Prozesse aus dem sogenannten ›deutschen Wesen‹ herzuleiten. In der Zeit des Nationalsozialismus wurde das Schulbuch zum wichtigsten Unterrichtsmedium und Träger nationalsozialistischer Erziehungsmaßnahmen.

Kritik der Reformpädagogik

Der Deutschunterricht griff nach 1945 auf Lesebücher der Weimarer Zeit zurück (u. a. *Lebensgut*, 1925/55). Mitte der 1950er Jahre begann im Kontext von Bildungstheorie, Germanistik und Fachdidaktik eine kritische Auseinandersetzung mit dieser restaurativen Tradition des Gesinnungslesebuchs, seinen überholten Wirklichkeitsbildern und ideologischen Implikationen, die durch Hermann Helmers und Klaus Gerth zu einer grundlegenden Revision des Lesebuchs führte. Es entstand das literarische Arbeitsbuch (*Lesebuch* [1965], *Lesebuch 65* [1965]), für das der Bezug auf literarische Strukturen/For-

Lesebuchkritik der 1950er Jahre

Das literarische Arbeitsbuch

men und der Primat der Sprachwirklichkeit leitbildend waren. Die Aufgabe des Literaturunterrichts bestand in der systematischen Einführung in Strukturen der Dichtung, der Pflege von Tradition und Moderne, der Förderung von Urteilsfähigkeit und selbständiger Rezeptionsfähigkeit. In den neuen Lesebüchern vollzog sich ein Kanonumbruch durch Aufnahme von Gegenwartsautoren, wie z. B. Bertolt Brecht, Max Frisch, Friedrich Dürrenmatt, Ingeborg Bachmann, Paul Celan, Rolf Hochhuth. Doch auch diese neue Lesebuchgeneration mit ihrem ästhetisch-bildungsbürgerlichen Ansatz geriet in den 1970er Jahren unter politisch-ideologische Kritik insbesondere von Vertretern des Bremer Kollektivs (u. a. Heinz Ide), die als neue Lernziele kritische Kompetenz und Emanzipation sowie kommunikative Kompetenz definierten. In den 1970er Jahren entwickelte sich auch der Typ des integrierten Lehrwerks, das die Lernbereiche Sprache und Literatur verbindet (*Lesen, Darstellen, Begreifen* 1970).

Das integrierte Lehrwerk

In der weiteren Folge wurden zunehmend mediale Aspekte berücksichtigt (etwa Hörspiel, Werbung, Comic, Film, Fernsehen, Internet). Der methodische Anteil erhöhte sich, und handlungs-/produktionsorientierte Verfahren fanden Eingang in die Lesebücher, erkennbar an ›Werkstätten‹ und ›Magazinen‹.

Die neueren Lehrwerke der 2000er Jahre orientieren sich an den Bildungsstandards (u. a. *Kombi Kompakt* 2012). Ihre Neukonzeption spiegelt sich in der Angabe von Kompetenzzielen zu Beginn von Kapiteln, neuen Aufgabenformaten, der erhöhten Aufnahme von Sachtexten zur Förderung des informativen Lesens, der Schulung von Methodenkompetenzen und Selbstevaluationen. Typisch ist der Charakter des Lehrwerks als ein multimodales Medium mit der Integration von Hyperstrukturen und internettypischen Elementen. Die Verbindung mit neuen Medienformen (Internet, DVD, CD-ROM), ihren hohen Speicherkapazitäten und Verbreitungsmöglichkeiten ermöglichen eine größere Auswahl an Texten und Gattungen und eine Flexibilität in der Aufgabengestaltung und Durchführung.

Kompetenzbasierte Lehrwerke

Analyse von Lehrwerken

Empirische Studien zur Nutzung von Lehrwerken bei Lehrern stellen eine überwiegend selektive Nutzung von Texten und Aufgaben fest, die jedoch auch vom Lehrertypus abhängt (Killus 1997). Eine wichtige Kompetenz von Lehrkräften besteht darin, Lehrwerke im Hinblick auf ihre Konzeption und Geeignetheit für den eigenen Unterricht einschätzen zu können. Für die Analyse von Schulbüchern bieten sich folgende Kategorien an (Ehlers 2003a):

Analysekategorien

1. Konzeption: literatur-/bildungstheoretische und didaktische Positionen, leitende Prinzipien, Kompetenz- und Bildungsziele;
2. Aufbau: Gliederungsprinzip (z. B. nach Themen, Gattungen, Epochen), Kapitel, Sequenzierung von Themen, Texten, Lernbausteinen;
3. Themen: Auswahl, Anbindung an Erfahrungsbereiche und Interessen von Schülern, gesellschaftliche Relevanz, Verknüpfung von Themen;
4. Textkorpus: Auswahl von Texten, Gattungen und ihre thematische Einbindung, Verständlichkeit von Texten, Bezüge zur Erfahrungs-/Lebenswelt von Schülern;
5. Paratexte: Kapitelüberschriften, Zielangaben, Selbstevaluationen, Orientierungswissen, Zusammenfassungen, Erläuterungen, Zusatzinformationen;
6. Aufgabenkultur: Art und Variationsbreite von Aufgaben, Angabe operationaler Kriterien für die Durchführung einer Aufgabe, Förderung selbständigen Denkens und Lernens;
7. Methodik: Vermittlung von methodischem Wissen, Lernstrategien, Techniken;
8. Anhänge mit Begriffsdefinitionen, Glossar, Zusatzinformationen, Quellenangaben;
9. Design: Einband, Layout, Orientierungshilfen, Farben;
10. Bildmaterial: Fotos, Zeichnungen, Kunstbilder, Funktion, Text-Bild-Beziehungen;
11. Schülerarbeitshefte: Aufbau, angestrebte Ziele, Qualität der Aufgaben und Arbeitsblätter;
12. Lehrerhandreichung: Aufbau, Erläuterungen zur Konzeption, Interpretationen von Texten, Lösungen, weitergehendes Textangebot, zusätzliche Arbeitsanregungen, Hintergrundinformationen, Materialien als Kopiervorlagen.

7.1.2 Ganzschriften, Klassenlektüren

Als Ganzschriften bzw. Langtexte werden Einzelschriften (Romane, längere Erzählungen, Novellen, Lesedramen) bezeichnet, die in Buch- oder Heftform vorliegen und als Haus- und Klassenlektüre dienen. Die Forderung nach dem Lesen von Ganzschriften mit ihren Merkmalen von Abgerundetheit und Vollständigkeit in Abgrenzung von Lesestücken in den Lesebüchern wurde von dem Literaturpädagogen Heinrich Wolgast um 1900 erhoben. Verlage bieten preiswerte Klassikerausgaben für Schüler und Studenten (z. B. Reclam seit

Ganzschriften vs. Lesebuch

1867), Schulausgaben mit Kommentaren und Erläuterungen zum Text sowie Taschenbuchreihen speziell zur Kinder- und Jugendliteratur an.

Neue Impulse erhielt die Förderung des Buchlesens durch die Lesesozialisationsforschung (s. Kap. 4.3.7). Angestrebt wurden die Reflexion über das Buch als ein Kulturmedium und die Vermittlung von Kompetenzen für das Lesen von Ganzschriften. Zur Motivation und Leseerleichterung kann das Lesen von Ganzschriften kombiniert werden mit dem Hörbuch, indem simultan oder im Wechsel gelesen und gehört wird.

Empfohlene Literatur

Ehlers, Swantje: Der Umgang mit dem Lesebuch. Baltmannsweiler 2003.
– Lesebuch. In: Kinder- und Jugendliteratur. Ein Lexikon. Hrsg. von Kurt Franz / Günter Lange / Franz Josef Payrhuber. Meitingen 2011, S. 1–28.
Helmers, Hermann (Hrsg.): Die Diskussion um das deutsche Lesebuch. Darmstadt 1969.

7.2 Auditive Medien im Literaturunterricht

Kennzeichen auditiver Medien ist die analoge oder digitale Aufzeichnung von Schallwellen bzw. akustischen Signalen auf Trägermaterialien, wie Kassette, CD oder DVD, oder in Form von Podcasts oder MP3-Download-Portalen, und die Rezeption über das Gehör. Aus dem breiten Formenrepertoire auditiver Medien stehen im Hinblick auf den Literaturunterricht Worttonträger und insbesondere Literatur-Tonträger im Vordergrund, zu denen Lesungen von Romanen und Erzählungen, Rezitation von Gedichten und Hörspiele gehören. In der medien- und buchwissenschaftlichen Fachliteratur wird das Hörbuch als Oberbegriff angesehen, der Lesung, Rezitation und Hörspiel umfasst (Häusermann 2010). Dieser Klassifikation ist die Mediendidaktik gefolgt (etwa Frederking u. a. 2008/²2012; Müller 2012; Wermke 1998, 2013). Allerdings gibt es gute Gründe, Hörbuch und Hörspiel begrifflich voneinander abzugrenzen, da sie eine unterschiedliche historische Genese haben, sich im Einsatz radiophoner Gestaltungsmittel, in der Textvorlage und in mehreren konstitutiven Merkmalen voneinander unterscheiden. Hörbuch und Hörfunk gelten zudem als Medien, Hörspiel und Lesung als akustische Gattungen.

Literatur-tonträger

Hörbuch als Oberbegriff

7.2.1 Hörspiel und Lesung

Das Hörspiel, das 1924 als eine radiophone Gattung entstand, ist eine eigene literarische Gattung mit szenischen Elementen, gesprochenen Worten, Musik, Geräuschen und Klängen, während beim Hörbuch zumeist das gesprochene Wort dominiert. Konstitutiv für das Hörspiel ist die Inszenierung des Akustischen. Die Stimme trägt mit ihren Qualitäten von Tonhöhe, Klangfarbe und Klangfülle Inhalte, repräsentiert und gestaltet die Figur, artikuliert Stimmungen, Gefühle und Einstellungen. Geräusche dienen als Kulisse, gliedern das Hörspiel, zeigen Raumwechsel an (z. B. das Klingeln eines Telefons aus einem anderen Raum, zu dem das Geschehen dann wechselt) oder das Kommen und Gehen von Figuren (Knarren einer Tür). Musik kann leitmotivisch oder illustrativ eingesetzt werden und Brückenfunktion übernehmen. Bezeichnend sind knappe Dialoge und eine episodische Struktur mit kurzen Szenen. Zu den technischen Innovationen gehören Blende, Schnitt und Stereophonie, die Räumlichkeit und Eindrücke von Entfernung und Richtungen erzeugt. Hörspiel

Eine Lesung ist eine Form der literarischen Kommunikation, bei der ein schriftlicher literarischer Text durch einen Berufssprecher oder Autor vor einem Publikum gesprochen und in einen mündlichen Text transformiert wird. Der Sprecher ist ein Ausdrucksträger, der durch Ton, Tempo, Pausen, Melodie und Akzentuierung die Vorlage interpretiert. Lesung

7.2.2 Das Hörbuch

Das Hörbuch (*audiobook*) hat sich seit Mitte der 1990er Jahre zu einem äußerst populären Genre entwickelt, das oft in einem festen Medienverbund von Buch, Video und Film angeboten wird. Als Tondokument reicht es in seinem Entstehen in das 19. Jahrhundert zurück, bis sich 1954 die Bezeichnung »Hörbuch« als ein Medium für Sehbehinderte durchsetzte. Erst 1987 wurde »Hörbuch« zu einem Begriff für kommerzielle Literaturtonträger. Die mobile Rezeption (»Double your time«-Effekt) ist einer der Vorzüge des Hörbuchs für Nutzer. Hörbuch

Das Hörbuch ist ein eigenes Medium mit spezifisch ästhetischen Ausdrucksformen, das durch Laut, Tonfolge, Klangdifferenzierung, Tempo und individuellen Stimmausdruck des Sprechers Literatur zu einem Hör-Ereignis macht und es ermöglicht, Literatur nicht nur lesend, sondern auch hörend zu rezipieren. Das Gehörte ist ereignishaft, flüchtig, unterliegt einem anderen Zeitrhythmus als das Gelesene und fordert vom Hörer erhöhte Gedächtnis- Hör-Ereignis leistungen. Als Medium ist es Teil einer öffentlichen Kommunikation, dessen Inhalte auf einem Trägermedium gespeichert sind. Aufgezeichnet und kommuniziert wird ein gesprochener Text (Hörtext), bestehend aus einer Reihe von akustisch realisierten Zeichen, die der Hörer dekodieren muss. Die Transformation eines literarischen Textes von einem Medium in ein anderes (Medienwechsel), von einem gedruckten, schriftlich fixierten Text in einen gesprochenen, verändert den Text und erzeugt neue Qualitäten. Tendenziell liegen Mischformen von erzählenden und szenischen Darstellungen vor.

Medienwechsel

Romane werden in der Regel so gekürzt, dass die erzählte Geschichte erkennbar bleibt, während der erzählerische Diskurs abgewandelt wird, z. B. durch die Veränderung der Abfolge erzählter Begebenheiten oder die Umwandlung beschreibender Passagen in einen Dialog. Die Zahl der Figuren wird oftmals reduziert. Erzähler- und Figurenrede werden jeweils durch Tonwechsel, die erlebte Rede wiederum durch einen Wechsel in Intonation, Rhythmus und dialektaler Färbung der Stimme markiert. Der Sprecher kann durch Ton, Tempo, Rhythmus, Melodie und Akzentuierung Mehrdeutiges eines Romans auflösen, das Zwischen-den-Zeilen-Stehende hervorholen und Wichtiges betonen. Durch die Stimme erhält der Erzähler eine körperliche Präsenz und bietet dem Hörer eine gute Orientierung. Räumliche Informationen, die sprachlich explizit in der Vorlage gegeben sind, können im Hörbuch über Geräusche wiedergegeben werden.

In den 1990er Jahren wurde in den Kulturwissenschaften eine Renaissance einer Kultur des Hörens und mündlichen Erzählens konstatiert, an der auch das Hörbuch seinen Anteil hatte. Der Hörfunk und das gesprochene Wort wurden aufgrund ihrer technischen Vermitteltheit und Prägung durch die Schriftlichkeit der sekundären Oralität im Unterschied zu einer primären Mündlichkeit oraler Kulturen zugeordnet (Ong 1982/1987). Die Literatur- und Mediendidaktik hat Impulse aus diesem *acoustic turn* aufgegriffen und das Hörbuch in die orale Kultur der Literaturvermittlung eingeordnet. Jedoch bedarf diese Sicht einer Differenzierung, da die Mündlichkeit des Hörbuchs eine akustisch-mediale ist im Unterschied zu einer früheren Form von Mündlichkeit und moderne Formen der mündlichen Literaturvermittlung eine andere Funktion haben als traditionelle. Das Hörbuch ist nicht in ein Gespräch mit einem körperlich anwesenden Vorleser eingebettet im Unterschied zur mündlichen Tradition des Vorlesens/Vortragens. In der Lesung bleibt die öffentliche Kommunikation allerdings gewahrt. Hörbücher tragen wesentlich mit dazu bei, dass kaum mehr gelesene Werke verlebendigt und einer breiteren Zuhörerschaft zugänglich gemacht werden, wie Dantes *Göttliche Komödie*, die 1957 als Hörbuch produziert wurde und sehr erfolgreich war (Ueding 2004).

Mündlichkeit des Hörbuchs

7.2.3 Didaktik auditiver literarischer Medien

Die frühe Didaktik des Hörspiels der 1950er/60er Jahre behandelte das Hörspiel als Wortkunst und als dramatische Textform, weniger als ein Hörereignis. Die folgende Generation akzentuierte medienspezifische Elemente und den Rezeptionsmodus des Hörens. Nachdem das Interesse am Hörspiel in den 1980er Jahren zurückgegangen war, erfolgte Ende der 1990er Jahre eine Neubelebung der Hörspieldidaktik und eine Erweiterung des Gegenstandsbereiches um Hörbücher, auditive Wahrnehmung und ästhetische Qualitäten von Hörmedien (Wermke 1998, 2013). Den Anschluss an die Kompetenzdebatte stellt K. Müller (2012) mit ihrer Arbeit über Hörtexte und auditive Kompetenzen her. Die Bildungsstandards im Fach Deutsch für den Mittleren Bildungsabschluss (2003) thematisieren akustische Medien und Gattungen nicht explizit und ordnen das Zuhören der Sprech- und Gesprächskultur zu.

Entwicklung der Didaktik auditiver Medien

Die Beschäftigung mit literarischen Hörmedien ist Teil einer literarischen Sozialisation, in die Kinder/Jugendliche bereits früh mit Hörspielen und Hörbüchern eingeübt werden und, anknüpfend an ihre Hörinteressen, das Hören zum Erlebnis gemacht und aufgrund emotionaler und erlebnisbezogener Gratifikationen die Motivation gesteigert werden kann. Die Auseinandersetzung mit Literatur in medial anderer Form ist zugleich Arbeit am auditiven Gedächtnis einer Kultur, indem auditive Medien Formen mündlichen Erzählens und Hörens verlebendigen.

Kompetenzziele

Zu den Bildungs- und Kompetenzzielen des Literaturunterrichts gehört es, an auditive Formen der Vermittlung von Literatur heranzuführen, Schüler zum auditiven Verstehen und zum Erfassen der ästhetischen Qualitäten, die mit Stimme, Klang, Musik und ihrer Inszenierung zu einem Ganzen verknüpft sind, zu befähigen. In Auseinandersetzung mit Hörmedien können sich Schüler eine Welt aneignen, die durch das Medium strukturiert und transportiert wird und zu der sie sich in selbstreflexiver Einstellung in ein Verhältnis bringen können. Der Erwerb von Erschließungs- und Deutungskompetenzen auditiver Medien ermöglicht auch eine Teilhabe am literarischen Leben.

Zielperspektive

Für die Verarbeitung von Hörerlebnissen und das Verstehen akustisch inszenierter Literatur sind vor allem Hörspiele und Hörbücher geeignet, die eine Geschichte erzählen. Das Narrative erscheint in anderer medialer Präsentationsform als in schriftsprachlicher Form und kann somit Lerner zu einem wechselseitigen Transfer narrativer Kenntnisse und Fähigkeiten anregen, ergänzt um das dem Hörspiel eigene Moment der Inszenierung mit akustischen Mitteln. Wie erzählerische und dramatisch-szenische Elemente ins Spiel kommen und mit medieneigenen Mitteln realisiert werden und was jeweils konstitutiv für das Hörspiel und Hörbuch ist, ist Gegenstand von Unterricht.

Kompetenzen

Kompetenzen in Bezug auf Hörmedien und -texte bestehen in Folgendem: Erfassen der Inhalte (Geschehnisse, Figuren, Beziehungen, Konflikte) und des Aufbaus; Verfügen über einen Fachwortschatz; Identifizieren medienspezifischer Mittel, wie Stimme, Tempo, Pausen; Bestimmen ihrer Funktion innerhalb einer Szene und ihrer Wirkung auf den Hörer; Erkennen und Beschreiben narrativer und dramaturgischer Mittel, wie Musik, Geräusche, Dialoge, Monologe sowie Erfassen der auditiven Kommunikationssituation von Hörtexten.

Hörverstehen

Auf der kognitiven Ebene umfasst das Hörverstehen die Fähigkeit der Selektion und der Verknüpfung von Informationen, des Rückschlusses von prosodischen Merkmalen der Stimme, Musik oder Geräuschen auf bestimmte Inhalte (Figuren, Emotionen), Atmosphärisches oder den Raum; der Gliederung in Sinn-/Texteinheiten; der Bildung übergeordneter Einheiten (Kohärenzbildung); der Nutzung von kulturell geformtem Wissen z. B. über die Zuordnung von Geräusch/Ton zu bestimmten Vorkommnissen in der Umwelt oder Natur. Weitere Teilkompetenzen bestehen im Erfassen der auditiven Kommunikationssituation und Rezeption von Hörtexten sowie im Erwerben von Kenntnissen der Geschichte des Hörspiels, des Rundfunks und des Hörbuchs.

Auswahlkriterien für Texte beziehen sich auf Inhalte, die den Interessen der Zielgruppe entsprechen sollten, und unterschiedliche mediale und akustische Gestaltungsmittel und ihre Funktionen. Geeignet sind Jugendhörbücher, Romanklassiker als Hörbücher und literarische Hörspiele.

Analysekategorien

Zur Untersuchung von Hörmedien und -texten und Schulung der oben genannten Teilkompetenzen sind die folgenden Kategorien und funktionalen Aspekte, die wiederum nach Hörspiel und Hörbuch zu differenzieren sind, geeignet:

Analysekategorien

Mediale, akustische Mittel	Funktionen
Blende	Erzeugen von Raumvorstellung/Raumerlebnis
Stimme (Klangfarbe, Klangfülle, Tempo, Tonhöhe)	Hervorhebung von Wichtigem, Ausdruck von Gefühlen, Einstellungen, Erzeugen von Spannung, ästhetischen Qualitäten
Sprechen (Ausdruck, Zäsuren, Pausen)	Markieren der Informationsstruktur durch Betonung, Gliederung von Sinneinheiten, Vermittlung von Emotionen, Gefühlszuständen, Erzeugen von Stimmungen, Aufbau von Spannung
Geräusche	Schaffen akustischer Räume, Kulisse, Markieren von Ortswechsel, Stimmungsträger
Musik	Leitmotiv, Begleitmusik, Ausdruck von Geschehen, Steigerung, Stimmungen, Gliederung
	Narrative Funktionen speziell beim Hörbuch
Erzähler/Sprecher	Ansager, einführender Sprecher, Berichterstatter, Verknüpfen von Phasen, verdeutlichen von Figurenauftritten, Episodengliederung
ein Sprecher	mehrere Stimmen von Figuren
Sprecher	Eigenschaften: Herkunft, Kultur, Geschlecht, Alter einer Figur, Distanz/Identifikation mit Erzähler und Figuren
Stimme, akustische Informationen	Gestaltung von Figuren und ihren Eigenschaften, Absichten, Emotionen, Raum-Vorstellung, Szenen, Episodenstruktur
Tempo, Rhythmus, Pausen	Gliederung der Zeit
Sprache – Musik	Gleichzeitigkeit, Nach- und Vorzeitigkeit
	Dramaturgische Funktionen speziell beim Hörspiel
Sprecher	Einleitung
Dialog, Monolog	Szenen-/Figurengestaltung, Spannungsaufbau, szenische Gestaltung ohne Vermittlung einer Erzählerstimme
Musik, Klang	dramaturgischer Aufbau, Gliederungssignal, Spannung
Sprechpause	Signalisiert stattfindende Handlung, dient der Spannungserzeugung oder Bewusstmachung eines Sachverhalts

Abb. 10: Analysekategorien für auditive Medien

Methodische Zugänge

Auditive Medien in Verbindung mit lyrischen und dramatischen Texten

Für die Arbeit mit lyrischen Texten empfiehlt sich eine integrative Behandlung von Hörmedien mit akustischer Poesie, Rezitation von Gedichten und Balladen. Hörspiele sind fester Teil einer Dramendidaktik. Geeignet sind Drameninszenierungen, die im Audioformat gespeichert sind, dramatische Inszenierungen im Hörbuch und intermediale Bearbeitungen, wie Max Frischs *Biedermann und die Brandstifter*, das sowohl als Hörspiel (1953), Theaterstück (1958) und Hörbuch (2009) vorliegt.

Lesungen können für die Erschließung literarischer Texte als Einstieg, zur Veranschaulichung und Motivation, aber auch zur Erleichterung des Verstehens der Vorlage fruchtbar gemacht werden. Dabei sollten auch die der Lesung eigenen semantischen Qualitäten herausgearbeitet werden. Hörbücher lassen sich in Verbindung mit der Romanlektüre einsetzen, um Romaninhalte verständlicher zu machen und unterschiedliche Effekte in den beiden Medien und Rezeptionsformen zu verdeutlichen. Hörbücher sind Teil einer oralen literarischen Vermittlung, indem Schriftlich-Fixiertes und Zu-Lesendes rückgeführt werden in das Mündlich-Gesprochene und Zu-Hörende. Das Narrative ist das verbindende Element in beiden medialen Präsentationsformen und bietet Vergleichspunkte, wie z. B. die Geschichte, Figuren und Redeformen. Die Kombination von Hörbuch und Roman der Kinder- und Jugendliteratur eignet sich für den unteren Sekundarbereich.

Vergleich von Hörbuch und literarischer Vorlage

Intermedialer Vergleich

Bei intermedialen Vergleichen sind Aspekte der Überführung von Thema, Handlung, Konflikten, Räumen und Zeiten vom literarischen Medium in auditive Medien herauszuarbeiten, nämlich von Buch zu Hörspiel oder Hörbuch. Eine mediale Mehrbearbeitung liegt z. B. von Alfred Döblins *Berlin Alexanderplatz* vor, entstanden 1929 als Roman, der später als Hörspiel 1930 und 2007, als Film 1931, als Fernsehfilmserie 1979/80 und als Hörbuch 2003 bearbeitet wurde.

Außer Verfahren der Analyse und intermedialer Vergleiche sind hörnahe und den auditiven Verstehensprozess abstützende Vorgehensweisen, wie Zusammenfassung von Gehörtem, Wiedergabe der Geschichte, Figurencharakteristik, Hörprotokolle, die Rückbindung eigener Raumvorstellungen an die akustischen und technischen Mittel, die diese hervorrufen, einzusetzen. Das Erstellen eines Hörspiels, szenisches Nachspielen, das Entwerfen von Standbildern sowie das Umschreiben oder Fortsetzen der Geschichte sind Möglichkeiten eines handelnden Umgangs mit Hörmedien.

Empfohlene Literatur

Frederking, Volker / Krommer, Axel / Maiwald, Klaus: Mediendidaktik Deutsch. Eine Einführung. Baltmannsweiler 2008/²2012.

Häusermann, Jürg / Janz-Peschke, Korinna / Rühr, Sandra: Das Hörbuch. Medium – Geschichte – Formen. Konstanz 2010.

Müller, Karla: Hörtexte im Deutschunterricht. Poetische Texte hören und sprechen. Stuttgart 2012.

7.3 Audiovisuelle Medien im Literaturunterricht

Die Geschichte des Films ist beeinflusst durch technische, ästhetische, ökonomische und soziopolitische Veränderungen, aber auch durch die enge Verbindung von Film und Literatur, die ein Reservoir für Stoffe und Geschichten darstellt. Mit der Herausbildung von Montagetechniken ab 1910 entstand das erzählende Kino, das Formen des linearen, kontinuierlichen Erzählens und der parallelen Handlungsführung mit Perspektivenwechsel aus der epischen Literatur des 19. Jahrhunderts adaptierte (David W. Griffith). Die Möglichkeiten der erzählenden Literatur, über Raum und Zeit zu verfügen, versuchte der Film mit kinematographischen Mitteln, wie der Montage, zu realisieren. Moderne Schreibweisen in der Literatur der 1920er Jahre (James Joyce, Alfred Döblin, John Dos Passos) weisen strukturelle Ähnlichkeiten zu filmischen Techniken der Montage auf. Der Film wurde bereits früh aufgrund seiner Anknüpfung an die populäre Kultur des 19. Jahrhunderts und seines Publikums der ›kleinen Leute‹ als Schund diskreditiert. Um das bürgerliche Publikum für das Kino zu gewinnen, wurden Filme auf dessen kulturelle Bedürfnisse und ästhetische Bildungsnormen durch Literaturverfilmungen abgestimmt.

Erzählkino

Im (Spiel-)Film wie in der schriftlichen Erzählliteratur wird erzählt. Doch während Literatur sprachbasiert erzählt, erzählt der Film mittels visueller, auditiver und sprachlicher Zeichen. Bei der visuellen Darbietung wird Welt durch Bilder gezeigt, ohne nur Abbild einer Wirklichkeit zu sein. Der Darstellungsmodus ist mimetisch im Unterschied zum narrativen Darstellungsmodus, bei dem mittels Sprache eine diegetische Welt erzählt wird und auch das, was nicht ausführlich gezeigt wird, mitgeteilt wird. Wie der Film erzählt, welche audiovisuellen und sprachlichen Mittel eingesetzt werden, um erzählte Welten zu erzeugen und Wahrnehmungsweisen zu organisieren, und wie die Analyse filmischen Erzählens film- und erzähltheoretisch begründet werden kann, sind Fragen, die zu einer filmdidaktischen Modellierung führen.

Mimetisch/narrativ

7.3.1 Die Ästhetik des bewegten Bildes

Bild-Ton-Beziehungen

Der Film ist ein audiovisuelles Medium, das aus einer Kombination von Bild und Ton (Sprache, Musik, Geräusch) besteht. Was die Kamera als Bild von der Welt aufnimmt, wird durch Schnitt und Montage in eine eigene Abfolge gebracht. Für den Betrachter fügen sich die Sequenzen von Bildern zu einem kohärenten Geschehen zusammen. Zu den kinematographischen (durch Technik bedingten) Darstellungsmitteln gehören die Kamera, Schnitt, Montage und der Projektor, der das Bild auf die Leinwand projiziert. Filmische Mittel umfassen Sprache, Musik, Stimme, Geräusche, Bewegung, Kostüme und Architektur. Während kinematographische Mittel filmspezifisch sind, können filmische Mittel auch in anderen Medien vorkommen, wie z. B. in Theaterinszenierungen. Filmwissenschaftliche Arbeiten zur Filmanalyse (Hickethier 1994/[4]2007), die auch zur Fundierung der Filmdidaktik beigetragen haben, zielen darauf, die Ästhetik bewegter Bilder beschreibbar zu machen und filmspezifische Darstellungsmittel zu untersuchen. Zu ihrem Begriffs- und Analyseinventar gehören: die Einstellung, Einstellungsgröße (Totale, Normal, Groß), Kameraperspektive und -bewegung, Lichtführung, Montage (Verbindung zwischen Einstellungen) und die Mise-en-Scène (frz. ›in Szene setzen‹), die den Raum vor der Kamera strukturiert.

Filmspezifische Mittel

7.3.2 Filmisches Erzählen

Filmnarratologie

Innerhalb der Filmtheorie gibt es eine kontroverse Debatte um grundlegende narratologische Fragen nach der Existenz eines Erzählers, der filmischen Umsetzung von Subjektivität und der Perspektive. Angestoßen wurde diese Debatte durch die amerikanischen Filmtheoretiker David Bordwell (1985) und Edward R. Branigan (1984), die die Existenz eines Erzählers ablehnen. Eine Gegenposition dazu nehmen filmnarratologische Ansätze ein, die unter Berücksichtigung medialer Besonderheiten auf der Begriffswelt der Narratologie von Genette aufbauen und von einer übergeordneten Erzählinstanz ausgehen (Jost 1987; Kuhn 2013). Gegenüber der schriftlichen Erzählliteratur gibt es im Film jedoch nicht nur sprachliche, sondern auch visuelle und auditive Erzählinstanzen. Da es sich beim Film um tatsächliche Sehvorgänge und im Bild Gezeigtes handelt, wird von einer Zweiteilung von Sehen (optische Wahrnehmungsvorgänge) und Zeigen (visuelles Erzählen) ausgegangen und die Fragen von Genette »Wer spricht?« und »Wer sieht?« (s. Kap. 5.1.2) erweitert um die Frage »Wer zeigt?«. Um eine Verständlichkeit und Anwendbarkeit filmnarra-

Praxistauglichkeit von Kategorien

tologischer Begriffe für den didaktischen Bereich zu gewährleisten, wird im Folgenden eine Vereinfachung der in sich komplexen Filmnarratologie vorgenommen. Akzentuiert werden Erzählphänomene, die einen Vergleich zwischen Film und Literatur ermöglichen und zugleich das Medienspezifische verdeutlichen. Die Unterscheidung der Ebenen der erzählten Geschichte und des Diskurses (s. Kap. 5.1) gilt auch für eine filmische Erzähltheorie, ebenso die Trennung der beiden Kommunikationsebenen in extra- und intradiegetisch.

Die Vermittlungsebene: Sehen und Zeigen

Sprachliche Erzählinstanz

Wer spricht? Zu den sprachlichen Erzählinstanzen (EI) gehören die übergeordnete Erzählerstimme (Voice-over-Erzähler), Figuren und schriftliche Texte als Zwischentitel und Inserts (Texteinblendung). Bei einem Voice-over-Erzähler, der die Funktion hat, Geschehnisse zu kommentieren oder verborgene Motive einer Figur aufzudecken, kommt die Stimme von außerhalb des Bildes, wie z. B. im Film der *Zauberberg* (1981, R: Hans Wilhelm Geißendörfer), der mit einem Romanzitat eröffnet wird. Voice-over und Schrifttexte gehören zur extradiegetischen Ebene und entsprechen dem auktorialen Er-Erzählen in der Literatur.

Gehört die Stimme aus dem Kamera-Off einer Handlungsfigur, die nicht gezeigt wird, wird eine externe Ich-Erzählinstanz etabliert, die aber Teil der erzählten Welt ist. Durch die Ich-Stimme werden Kommentare, Reflexionen, Gedanken und innere Monologe einer Figur mitgeteilt. Handlungsfiguren, die eine Geschichte erzählen, befinden sich auf der intradiegetischen Ebene wie beim Ich-Erzählen in der erzählenden Literatur.

Visuelle Erzählinstanz

Wer zeigt? Visuelles Erzählen erfolgt durch verschiedene Einstellungen und deren Verknüpfung in der Montage. Die Kamera ist die zentrale Erzählinstanz: Sie wählt einen Realitätsausschnitt mit Figuren, Ereignissen und Geschehnissen aus, setzt Schwerpunkte und kann durch Bewegung bestimmte Ereignisse hervorheben. Die Montage etabliert durch Untergliederung und Abfolge von Handlungseinheiten, zeitliche Ordnung oder Vorgriffe auf künftiges Geschehen eine übergeordnete Erzählinstanz.

Zeigen vs. Erzählen

Während die visuelle Erzählinstanz die diegetische (erzählte) Welt zeigt, erzählt die sprachliche Erzählinstanz die Welt. Beide stehen in einer unterschiedlichen Beziehung zueinander. Eine Wechselbeziehung von Schrift, Ton und Bild setzt Rainer Werner Fassbinder in *Effi Briest* (1968) ein. Romanzitate werden sowohl aus dem Off gesprochen als auch durch Inserts einmontiert, die die Bildfolge unterbrechen.

Handlungs- vs. Bildebene

Wer sieht? In Bezug auf die Perspektive wird von einer Zweiteilung von Handlungsebene (Fokalisierung) und Bildebene (optische Perspektive) ausgegangen. Informationen zum Handlungsgeschehen werden visuell und sprachlich gegeben und betreffen das Wissen einer Erzählinstanz im Verhältnis zur Figur: Es kann größer, gleich oder kleiner als das der Figur sein. Die optische Perspektive betrifft die eigentlichen Wahrnehmungsvorgänge (Kuhn 2013, S. 122). Wer was wie sieht, wird durch das Auge der Kamera, die Veränderung der Kameraposition und Kamerabewegung sowie die Montage bestimmt.

Wissen/ Handlungsebene

a) *Fokalisierung (Wissen)*

Nullfokalisierung

- Bei einer Nullfokalisierung weiß die Erzählinstanz mehr als die Figuren; das gleicht dem auktorialen/heterodiegetischem Erzähler in der Literatur. Sie entsteht durch eine übergeordnete Erzählerstimme aus dem Off, Zeitraffung, Rückblende, Vorausdeutung, Panoramaeinstellung oder eine Parallelmontage, bei der ein Überblick über mehrere Handlungsstränge gegeben wird.

Interne Fokalisierung

- Bei einer internen Fokalisierung wird auf eine Figur (Reflektorfigur) fokussiert. Interne Fokalisierung ist eine subjektive Erzählweise (gleicht dem figuralen Erzählen in der Literatur), bei dem ins Innere einer Figur geblickt wird und die Informationsvermittlung der subjektiven Sicht einer Figur folgt. Der Film verfügt über mehrere Mittel, um Einblick in Innenwelten einer Figur – ihr Wissen, Sehen, Denken und Fühlen – zu geben, ohne dass die Figur sprachlich über sich Auskunft gibt. Erinnerungen, Träume oder imaginierte Geschehnisse sind Ausdruck von inneren Welten und werden im Film als solche durch Farbe, Licht und Bildbearbeitung markiert.

Externe Fokalisierung

- Eine externe Fokalisierung liegt vor, wenn die Figur etwas weiß, was nicht gezeigt wird; z. B. liest sie einen Brief oder telefoniert, ohne dass der Zuschauer den Inhalt von Brief/Telefonat erfährt. Die externe Fokalisierung gibt keinen Einblick in das Wissen, Erleben und die Motivlage einer Figur.

Wie das Mehrwissen einer Erzählinstanz und interne Fokalisierung zusammenspielen, zeigt *Tonio Kröger* (1964, R: Rolf Thiele). In einer Einstellung ist Tonio zu sehen, der das Plakat zur Oper »Don Carlos« liest. Das löst eine Rückblende auf seine Jugendzeit aus, die vom Erzähler angekündigt wird, nämlich als »sehnsüchtige Erinnerung an seine Kindheit«. Die folgende Überblendung kennzeichnet den Übergang von der Gegenwart in die Vergangenheit. Bei der Rückblende wird intern fokalisiert.

b) *Optische Perspektive (Bildebene)*
Für die Beschreibung von Sehvorgängen bleibt zu prüfen, ob das Sehen an eine Figur gebunden ist oder nicht.

Optische Perspektive / Bildebene

- Eine figurenunabhängige Perspektive wird durch den Panoramablick oder Einzelnes, das eine Figur nicht wahrnimmt, eingenommen. Alle Figuren werden von außen gesehen; der Blickwinkel ist keiner Figur zuzuordnen (*nobody's shot*).
- Bei der figuralen Sichtweise ist das Gezeigte das, was die Figur gerade wahrnimmt. Es ist der Blick von innen nach außen, den die Kamera einnimmt (subjektive Kamera). Die Kamera nimmt den Standort einer Figur ein und zeigt das Wahrgenommene aus ihrer Blickrichtung. Die figurale Sichtweise, die die Kamera einnimmt, gibt subjektivierte Bilder der Außenwelt wieder; sie ist z. B. am Spiegelblick, am Schatten einer Figur oder Zigarettenrauch erkennbar.

Figurenunabhängige Perspektive

Figurale Perspektive

Die Geschichte

Die Geschichtenkategorien (s. Kap. 5.1.1) gelten prinzipiell auch für den Film. Die Dramatisierung des Handlungsgeschehens, Inszenierungstechniken, Performativität und Gleichzeitigkeit von Aufführung und Rezeption rücken den Film in die Nähe des Theaters. Informationen zum Handlungsgeschehen werden u. a. durch Panoramaeinstellungen, Rückblenden oder eine Erzählerstimme aus dem Off gegeben.

Dramatisierung

Den Figuren kommt durch ihre optische körperliche Präsenz für die Filmerzählung und die Beziehung zum Zuschauer eine eigene Bedeutung zu. Die sinnliche Wahrnehmung, emotionales Erleben, Identifikation und das Verstehen des Handlungsgeschehens sind wesentlich an die Figur gebunden. Die Inszenierung einer Figur erfolgt durch die Mise-en-Scène mit dem Effekt des Performativen durch die visuelle Erscheinung und Körperlichkeit. Die Großaufnahme eines Gesichts gibt Hinweise auf das Innere der Figur; das Licht kann eine Figur hervorheben und von anderen absetzen. Die räumliche Gestaltung ist ein Mittel, um Emotionen, Befindlichkeiten, wie Eingesperrtsein, Gefahr oder Bedrohung, auszudrücken.

Figuren

Die Zeit

Dargestellte Zeit / Darstellungszeit

Handlungen und Geschehnisse sind Abläufe in der Zeit, die der Film immer nur bruchstückhaft mit vielen Zeitsprüngen darstellen kann. Die Montage ist das zentrale Mittel der Zeitgestaltung im Film. Die dargestellte Zeit im Film ist die Zeit, in der sich Ereignisse in der erzählten Welt abspielen, sie können chronologisch oder achronologisch vermittelt werden und in Dauer und Häufigkeit variieren. Die Darstellungszeit ist die messbare Sehzeit bzw. Rezeptionszeit. Sie beträgt z. B. in *Pulp Fiction* (1994; R: Quentin Tarantino) 154 Minuten, die dargestellte Zeit demgegenüber vier Tage. Besonders häufig kommt im Film das zeitraffende Erzählen mit Ellipsen (Zeitsprüngen) oder Zusammenfassungen eines Erzählers vor. Ellipsen können durch Schrifttafeln, Inserts, die die Handlungsdauer/Zeitspanne angeben, und Voice-over markiert sein.

Rückblende/Vorausschau

Das Verhältnis von Film und Zeit zeigt sich an der Strukturierung von Vergangenheit, Gegenwart und Zukunft. Eine Rückblende kann an eine Figur gebunden sein, die sich an Vergangenes erinnert, oder an eine extradiegetische Erzählinstanz, die Hintergrundinformationen zu einer Geschichte liefert. Die Blende kann den Wechsel von Zeitebenen markieren. Das Erzählen von Zukünftigem erfolgt durch eine Schrifteinblendung. Eine Gleichzeitigkeit von Handlungen ermöglicht die Parallelmontage.

Der Raum

Filmischer Raum

Der filmische Raum entspricht dem in einer Einstellung abgebildeten Raum und ist vom diegetischen bzw. narrativen Raum zu trennen. Die Begrenzung des filmischen Bildes (Kadrierung) weist über das zu Sehende innerhalb des Bildraumes (*on screen space*) hinaus auf einen Raum außerhalb des Bildraumes (*off screen space*). Die Mise-en-Scène ist das Mittel, um räumliche Phänomene durch Platzierung und Größenverhältnisse von Objekten, Licht und Farbgestaltung zu strukturieren.

Diegetischer Raum

Der diegetische Raum wird wesentlich durch die Montage erzeugt. Einstellungen, die jeweils einzelne Raumsegmente zeigen, schließen in der Abfolge des Films zu einem räumlichen Kontinuum aneinander. Deiktische Elemente auf der visuellen Ebene verknüpfen einzelne Einstellungen, indem z. B. der Blick einer Figur aus dem Raum herausführt oder Bewegungsabläufe in der nächsten Einstellung fortgesetzt werden.

7.3.3 Der implizite Zuschauer

Filme organisieren die Wahrnehmung des Zuschauers, legen ihm eine Perspektive nahe und fordern ihn zu einer aktiven Mitarbeit auf, Hypothesen zu bilden und fortlaufend Auslassungen mittels Inferenzen zu schließen und damit kohärente Sinnzusammenhänge und Vorstellungen zu bilden. Das Sehen selbst hat eine hermeneutische Funktion, da auch im Wahrnehmungsakt kohärente Beziehungen gestiftet werden, Erwartungen entstehen, Erkenntnisse im Bild zugänglich werden und Sinnhaftigkeit hergestellt wird. Der »implizite Zuschauer« ist nicht mit dem realen Zuschauer gleichzusetzen, sondern ein Konstrukt, das die Verstehens- und Wahrnehmungsprozesse beschreibt, die in der Wechselbeziehung zu filmischen Strukturen vollzogen werden müssen, um zu einem Filmverständnis zu gelangen. Zu den kognitiven Leistungen gehören das Rekonstruieren der Geschehniszusammenhänge, Ergänzen fehlender Verbindungsstücke in Raum-/Zeitverhältnissen, Konstituieren des diegetischen Raumes durch Zusammenfügen von Raumsegmenten, Integrieren von Informationen der verschiedenen Erzählinstanzen und Funktionsbestimmung filmischer Mittel. Auf der Wahrnehmungs-/Erlebnisebene gilt es, die Perspektivierung des Zuschauers durch die Kamera, Subjektivierungstechniken, die den Zuschauer emotional in das Geschehen hineinziehen, nahegelegte Identifikationen mit einer Figur, gestützt durch Großaufnahmen sowie Erzeugung von Gefühlen durch Dynamisierung von Bewegungsabläufen durch die Kamera, erzeugte Nähe oder Ferne zu Figuren durch Einstellungsgröße zu erfassen und zu reflektieren. Die Beschreibung der Verstehenstätigkeiten, Positionierung und Perspektivierung des »impliziten Zuschauers« innerhalb eines Sinngefüges bietet eine Grundlage für die Konkretisierung von anzustrebenden Kompetenzen im Unterricht.

Kompetenzen des Zuschauers

7.3.4 Aspekte einer Filmdidaktik

Vor dem Hintergrund der Hochwertschätzung einer schriftbasierten Literatur und Buchkultur und ihren ästhetischen Normen war die Auseinandersetzung mit dem Spielfilm im Deutschunterricht lange Zeit durch Abwertung geprägt, gestützt von kulturpessimistischen und medienkritischen Stimmen aus dem US-amerikanischen Raum, aber auch durch rezeptionsästhetische Annahmen der Konstanzer Schule, insbesondere von Wolfgang Iser, die der Filmrezeption im Unterschied zur Literatur die Imaginationsleistung und aktive Sinnkonstruktion absprach. Diese Annahmen sind, wie soeben gezeigt, inzwi-

Entwicklung der Filmdidaktik

schen widerlegt. Die Nachrangigkeit des Films gegenüber der Literatur hat jedoch seit den 1950er/60er Jahre mit zu einer Marginalisierung des Films im Deutschunterricht beigetragen, der primär lediglich zu illustrativen und motivationalen Zwecken eingesetzt wurde. Vorbehalte gegenüber dem Massenmedium Film, der Suggestivität bewegter Bilder und ihrer ideologischen Implikationen prägten auch die medienkritisch ausgerichtete Filmdidaktik der 1970er Jahre. Eine Revision medialer Bewertungen und Betonung der Eigenständigkeit des Mediums Film erfolgte erst in den 1980er/90er Jahren, in denen Fragen nach den zu vermittelnden Grundkategorien der Filmanalyse (Hickethier 1981; Gast 1996) und Aspekte einer medialen Literalität in den Vordergrund rückten.

Filmkanon

Angesichts der Bedeutung des Films in der Lebenswelt und kulturellen Praxis Jugendlicher hat die Bundesanstalt für politische Bildung Initiativen zur Förderung der schulischen Filmbildung (2003) ergriffen und einen Filmkanon vorgeschlagen. Eine Freiburger Forschergruppe hat ein integratives Filmcurriculum (2008) vorgelegt, in dem kumulativ filmbezogene Fähigkeiten entwickelt werden. Während die Bildungsstandards (BS) für den Mittleren Bildungsabschluss (2003) zum Film nur unverbindliche Hinweise geben, spezifizieren die BS für die Allgemeine Hochschulreife (2012) filmische Kompetenzen, und zwar: Filmanalyse, szenische Umsetzung, Auseinandersetzung mit Rezeption/ Produktion von Filmen, Beurteilung ästhetischer Qualitäten, Kenntnis von Filmkritik und -theorien.

Filmnarratologische Ansätze in der Didaktik

Neue Impulse in der Filmdidaktik haben den Bildungswert des Films, Wissen über Filmgeschichte und filmische Kompetenzen als Aufgaben des Deutschunterrichts akzentuiert. Das Narrative wurde vorrangig in Verbindung mit der Literaturverfilmung behandelt (Paech 1988). Eine dezidiert narratologische Perspektive auf den Film hat sich in der Didaktik erst in den letzten Jahren entwickelt. Martin Leubner / Anja Saupe (2006/[3]2012) bauen auf der amerikanischen Filmtheorie auf, aus der sie das Zurückweisen eines Narrators zugunsten kognitiver Rezeptionsprozesse übernehmen. Wie zuvor beschrieben, konstituiert sich auch im Film eine übergeordnete Erzählinstanz, die den Informationsfluss und die figuralen Erlebnisse und Wahrnehmungen steuert und die in einer narratologisch begründeten Filmdidaktik berücksichtigt werden sollte. Michael Staiger (2010) adaptiert Konzepte von Genette für den Film, ebenso das Oberstufenlehrwerk *Duden* (2009).

Literaturverfilmung

Die Literaturverfilmung ist inzwischen im Deutschunterricht etabliert (Staiger 2010; Maiwald 2015). Auch wenn der Begriff ›Literaturverfilmung‹ aufgrund seiner negativen Konnotation gegenüber dem Film wiederholt kritisiert wurde, wird er aus praktischen Gründen beibehalten. Unter Literaturverfilmung wird die Transformation eines schriftlich fixierten literarischen Textes in das Medium Film unter den Bedingungen seiner medialen Eigenheiten verstanden. Die Beziehung zwischen Film und Literatur variiert in Umfang und Qualität; sie kann nah am literarischen Werk bleiben, deutliche Interpretationsverschiebungen vornehmen, eine eigene Interpretation darstellen oder lediglich eine Transfiguration sein, bei der der Bezug zur Literatur nur in Anspielungen auf Figuren und Motive besteht.

Beziehung Film und Literatur

Die Literaturverfilmung lässt sich unter dem Aspekt des Medienwechsels, der Beziehung zwischen Film und Literatur, der medienspezifischen Generierung von Bedeutungen und kulturellen, ästhetischen Normen behandeln. Das Narrative in seiner medienübergreifenden und -spezifischen Ausprägung gibt Einblick in unterschiedliche Konstruktionen von Erzählwelten und Sinnentwürfen und fördert den Transfer narrativer Kompetenzen. Transmediale Aspekte lassen sich über Stoffe/Motive, die in verschiedenen Medien (Buch, Film, CD-ROM) gestaltet sind, vermitteln. Die Literaturverfilmung als eigene Interpretation der literarischen Vorlage kann zur Reflexion über alternative Deutungen anregen. Das leistet auch der Vergleich mehrerer Verfilmungen eines Romans / einer Novelle, wie z. B. im Fall von *Der Schimmelreiter* (1933; 1978; die DDR-Verfilmung von 1984). Dabei sind die unterschiedlichen produktionstechnischen, filmästhetischen und ideologischen Kontexte mit einzubeziehen.

Medienübergreifende/medienspezifische Aspekte

Die Filmauswahl richtet sich nach Schülerinteressen und -voraussetzungen, curricularen Themen/Inhalten, der ästhetischen Qualität, filmtechnischen Innovationen, dem Aufzeigen neuer Sichtweisen auf die Wirklichkeit, der Repräsentanz für Filmgeschichte und Filmgenres sowie dem Klassikerstatus. Für den unteren Sekundarbereich eignen sich Jugendfilmklassiker wie *Emil und die Detektive* (1929; 2001); für die höhere Sekundarstufe I z. B. *Crazy* (2000) oder *Sonnenallee* (1999) und im Oberstufenbereich Verfilmungen von Romanen, die zum Schulkanon gehören, wie *Effi Briest* (1974; 2009), *Der Vorleser* (2008) oder *Das Parfum* (2006). Eine Differenzierung nach Schularten sollte insbesondere die Hauptschule stärker in den Blick nehmen, um deren Schülerschaft über den Film auch einen Zugang zu Stoffen, Motiven, Themen und Heldenfiguren literarischer Werke zu eröffnen, die sonst kaum gelesen würden.

Auswahlkriterien

Kompetenzziele

Das literarische Geschichtenerzählen hat bestimmte Bedürfnisse nach Unterhaltung, Transzendieren des eigenen Selbst, Begegnung mit fremden Welten, Identifikationen sowie Durchleben von Emotionen, Spannung und Sinnlichkeit erfüllt. Diese Funktionen haben sich im Kontext einer neuen visuellen Kultur teilweise auf den erzählenden Film verschoben. Über diese vorhandenen Medienerfahrungen hinaus kann der Literaturunterricht zu einem vertieften Verständnis und Sehen von (Spiel-)Filmen beitragen. Die Aneignung kinematographischer und filmnarrativer Kategorien soll Schülern einen Einblick in audiovisuelles Erzählen, die Konstruktion diegetischer Welten, die Ästhetik des bewegten Bildes und die Perspektivierung des Betrachters ermöglichen. Die Befähigung zur reflexiven Auseinandersetzung mit dem Medium Film soll eine Teilhabe an einem Filmdiskurs und einer kommunikativen Verständigung über Filmerfahrungen einräumen. Eine Bildungs- und Kompetenzperspektive auf die Behandlung des Spielfilms im Unterricht umfasst folgende Parameter:

Bildungsziele

- ästhetische Aspekte durch Transparentmachen der Machart und Konstruiertheit von Filmen;
- kognitive Aspekte durch Vermittlung von filmanalytischen Begriffen;
- narrative Aspekte durch Erfassen filmspezifischer narrativer Darstellungsverfahren;
- Erwerb von Erschließungs- und Deutungskompetenzen in Bezug auf filmisches Erzählen unter Anwendung film- und narrationsspezifischer Kategorien;
- Erwerb von Kompetenzen zur Wahrnehmung und Beschreibung der Ästhetik des bewegten Bildes;
- reflexive Aspekte durch Distanzierungen;
- sinnlich-emotionale Aspekte durch intuitives Verstehen.

Analysekategorien

Eine Didaktik filmischen Erzählens zielt darauf, Verstehens- und Wahrnehmungskompetenzen auszubilden, kinematographische und filmnarrative Kategorien und Darstellungsverfahren zu vermitteln und dadurch Einblick in audiovisuelles Erzählen, die medienspezifische Erzeugung diegetischer Welten und die Perspektivierung des Betrachters zu geben. Die praktische Arbeit mit einem Spielfilm bezieht sich auf die drei Ebenen: Was wird erzählt? Wie wird erzählt? Welche filmspezifischen Darstellungsmittel werden wofür eingesetzt? Wie wird die Beziehung zum Zuschauer (seine Wahrnehmung, sein Erleben, seine Identifikation) strukturiert? Für eine Didaktik filmischen Erzählens werden folgende Analysekategorien vorgeschlagen:

Analyse-kategorien

Filmnarratologische Kategorien	**Inhalte, Funktionen**
Erzählinstanzen	
Sprachliche EI: Wer spricht?	Voice-over-Erzähler, Figuren, schriftliche Texte
Visuelle EI: Wer zeigt?	Kamera: Bildausschnitt, Bildinhalte, Perspektive Mise-en-Scène: Anordnung von Elementen im Bildraum Montage: Verknüpfung von Einstellungen/Bildern
Perspektive: Wer sieht?	
a) Fokalisierung	
– Null-/auktoriale	Mehrwissen des Erzählers in Bezug auf die Handlung (Parallelmontage etc.)
– interne	Einblick ins Innere von Figuren, subjektiviertes Erzählen, subjektive Kamera
– externe	Außensicht auf Figuren, keine Introspektion, die Figur weiß etwas, das nicht gezeigt wird
b) Optische Perspektive	
– figurenunabhängig	Außensicht auf Figuren, Blickwinkel ist keiner Figur zuzuordnen (*nobody's shot*)
– figurengebunden	Sicht der Figur auf Außenwelt; Kamera zeigt, was die Figur sieht
Geschichte	Inhalte: Was wird erzählt? Handlungsfolgen, Konflikte, Figuren/-konstellationen
Zeit	Vor-/Rückblende, Zeitsprünge, Dauer der Handlung in der erzählten Welt
Raum	erzählter/diegetischer Raum vs. filmischer Raum
filmspezifische Mittel	
Kamera	Perspektive: Normal-, Auf-, Untersicht (kann eine Figur überhöhen oder herabsetzen)
Einstellungsgröße	Totale, Normal, Groß; Nähe/Ferne zum Zuschauer

Mise-en-Scène	Objekte, Figuren und ihre Anordnung im Raum vor der Kamera, Farben, Licht
Licht	Fülllicht, Helligkeit, Schatten, Halbdunkel
Montage	Verknüpfung von Einstellungen; Kontinuitätsprinzip: homogener Raum, flüssige Bewegungsabläufe, Kontrastprinzip: keine kohärenten Einheiten, harte Schnitte

Abb. 11: Filmspezifische Kategorien der Narration

Das Filmverstehen ist ein aktiver Prozess des Zuschauers, der immer wieder gefordert ist, vor dem Hintergrund seines Wissens in Bezug auf Handlungen, Lebenswelten, Bildkonventionen und filmische Darstellungsverfahren kohärente Sinnzusammenhänge herzustellen und auf die eigene Positionierung als Zuschauer zu reflektieren. Eine curriculare Abstufung der Grundlagen filmischen Erzählens könnte folgendermaßen aussehen:

Curriculum filmischer Grundbegriffe

1. in der Sekundarstufe (5. bis 7. Klasse): Handlungseinheiten des Films, Darstellungsinhalte, der Voice-over-Erzähler und sein größeres Handlungswissen, Außensicht, Einstellungsgröße, Kamerabewegung, Kontinuitätsmontage und Musik;
2. in den Jahrgangsstufen 8 bis 10: Figurenstimme aus dem Off, Kameraperspektive, Innensicht, Sicht der Figur auf Außenwelt, Rückblende, Zeitsprünge, Kontrastmontage, Licht, Genres;
3. in der Oberstufe: experimentelle Montageformen, Vorausdeutungen, Filmgeschichte und Filmgenres.

Methodische Zugänge

Filmanalyse

Zur Methodik gehören analytische Verfahren der Identifikation von Handlungselementen und Schlüsselszenen sowie der Rekonstruktion der Geschichte, die Untersuchung von Einzelszenen (Standfotos) unter Anwendung der oben genannten Beschreibungskategorien. Analysiert wird der Bildinhalt, d.h. das Gezeigte (z.B. Welche Informationen gibt das Bild?, Was wird gezeigt?) und dann auch die Art, wie diese Bildinhalte gezeigt werden (Kamera, Schnitte, Montage, Farben, Licht, Kamerablick und Zuschauerblick). Im dritten Schritt ist nach der Funktion von Bildelementen in Bezug auf den Zuschauer zu fragen: Nähe vs. Distanz, emotionale Effekte, Irritationen. Interpretationsaufgaben gehen dahin, einzelne Bewegungen, Gesten, Situationen

Filminterpretation

einer Figur im Bild zu einer kohärenten Bedeutung zusammenzusetzen, Montagetechniken in ihrer Funktion zu bestimmen, die Perspektive einer Figur und ihr Erleben von Welt zu beschreiben und das Zusammenspiel von sprachlichen und visuellen Erzählinstanzen in der Konstruktion einer diegetischen Welt zu erfassen. Im Filmgespräch lassen sich Wahrnehmungs- und Erlebnisweisen von Schülern und Verstehensprozesse entfalten und vertiefen.

Handlungs-/produktionsorientierte Verfahren

Für einen handlungsbezogenen und filmproduktiven Umgang eignen sich u. a. das Schreiben einer Szene oder eines inneren Monologs einer Figur, Vorstellungen über einen Film auf der Basis eines Trailers beschreiben, das Zeichnen eines Storyboards, Verfassen einer Filmkritik, Erstellen eines Filmprotokolls und kleiner Filmproduktionen, um kinematographische Kategorien, wie Kamera, Einstellung, zu erarbeiten.

Der Vergleich von Literaturverfilmung und schriftlichem Erzähltext kann unter folgenden Aspekten durchgeführt werden:

Vergleiche

- Auf der Ebene des Erzählten sind Auslassungen, Übereinstimmungen, Verkürzungen, Hinzufügungen von Handlungselementen und größeren Geschichteneinheiten oder andere Gewichtungen, z. B. von Figuren und Handlungselementen, zu untersuchen.
- Auf der Ebene der narrativen Vermittlung sind Raum-/Zeitgestaltung, Perspektive und Erzählinstanzen die Vergleichspunkte.
- Auf der Ebene der Kommunikation mit dem Zuschauer sind nahegelegte Perspektive, Identifikation, Erlebnis-/Spannungs- und Immersionseffekte zu untersuchen.
- Einzelne Szenen/Sequenzen im schriftlichen Erzähltext und im Spielfilm können miteinander verglichen werden.
- Mehrere Verfilmungen eines literarischen Werkes lassen sich miteinander vergleichen, wobei auch die historischen Kontexte der Filmproduktion mit zu berücksichtigen sind.

Empfohlene Literatur

Grundkurs Film 2. Filmkanon, Filmklassiker, Filmgeschichte. Hrsg. von Joachim Pfeiffer / Michael Staiger. Braunschweig 2010.

Hickethier, Knut: Film- und Fernsehanalyse. Stuttgart 1994/^{4}2007.

Maiwald, Klaus: Vom Film zur Literatur. Moderne Klassiker der Literaturverfilmung im Medienvergleich. Stuttgart 2015.

Staiger, Michael: Literaturverfilmungen im Deutschunterricht. München 2010.

8. Methoden im Literaturunterricht

Im Zeichen von Standardisierung und Kompetenzorientierung hat sich die Literaturdidaktik verstärkt methodischen Fragen der Vermittlung von Wissen und Fähigkeiten zugewandt. Methoden betreffen Prozesse von Unterricht im Unterschied zu den Gegenständen des Lernens. In einer technisch-formalen Sicht bestehen Methoden aus einer zielgerichteten, zeitlich gegliederten Abfolge von Handlungsschritten. In einer erweiterten Definition sind Methoden Verfahren der Aneignung der »natürlichen und gesellschaftlichen Wirklichkeit« (Meyer 1987, I, S. 45) und der Befähigung zum selbständigen Handeln, Denken und zum Interpretieren von Texten unter institutionellen Bedingungen. Sie öffnen einen Zugang zur Welt und zu sich selbst in der Welt. Methodisches Handeln im Unterricht ist eingebettet in einen sozialen Zusammenhang von Interaktion, sprachlicher Verständigung und Kooperation der Teilnehmer. Die Wahl der Methoden, Ziele und Inhalte sind aufeinander bezogen.

Methodenbegriff

Zu den methodischen Verfahren im Literaturunterricht gehören Analyse- und Interpretationsverfahren, die an literaturwissenschaftlichen Methoden, Ordnungen und Begriffen orientiert sind, Projektunterricht, der Problemlösefähigkeiten, metakognitive und soziale Kompetenzen fördern möchte, und produktions- und handlungsorientierte Verfahren, die auf ein ganzheitliches und andere Sinnesbereiche einbeziehendes Lernen gerichtet sind. Auf einer untergeordneten Ebene besteht der unterrichtliche Umgang mit Texten aus einer Vielzahl von einzelnen Handlungen, die mündlich oder schriftlich vollzogen werden und sich den übergeordneten Verfahren zuordnen lassen, wie z. B. gliedern, vorhersagen, gestalten, zusammenfassen, charakterisieren und beschreiben.

8.1 Analyse-/Interpretationsverfahren

Die Literaturwissenschaft unterscheidet zwischen Textanalyse und Textinterpretation als zwei verschiedenen Verfahrensweisen im Umgang mit literarischen Texten (wobei die Übergänge gerade in der praktischen Durchführung oft fließend sind). Sie sind ein wesentlicher Teil der schulischen Interpretationspraxis.

8.1.1 Textanalyse

Die Textanalyse ist ein Verfahren, das sprach- und textnah orientiert ist und sprachliche, stilistische und formale Elemente eines Textes voneinander unterscheidet und kategorisiert, aber auch auf das Herausarbeiten globalerer Strukturen eines Textes zielt, wie z. B. dessen Aufbau. Die Textanalyse ist dem Anspruch nach deskriptiv, beobachtend und hält sich an das objektiv Gegebene und Überprüfbare in einem Text; die subjektiven Anteile sind dagegen eher gering. Dieser Objektivitätsanspruch ist jedoch zu relativieren, da auch die Analyse bereits vom Blickpunkt des Betrachters abhängig ist, zu unterschiedlichen Bewertungen von Einzelphänomenen führt und diese oft nicht ohne Interpretation der Textumgebung kategorisiert und beschrieben werden können. Textanalytische Verfahren differenzieren sich nach Gattungen und müssen in den entsprechenden Theorien erzählender, dramatischer und lyrischer Texte fundiert werden (s. Kap. 5). Bei erzählenden Texten stützt sich die Textanalyse auf Erzähltheorien und wendet die dort entwickelten Kategorien zur Bestimmung und Beschreibung narrativer Elemente und Strukturen an. Konkrete Handlungsschritte und Aufgaben sind auf im Text identifizierbare Geschichten- und Diskurselemente bezogen, wie z. B. die Beschreibung raumzeitlicher Verhältnisse, des Handlungsverlaufs oder der Erzählinstanz. Für die Gedichtanalyse bilden Theorien zur Metrik, Versifikation und zu Klangstrukturen die Grundlage, um die metrische Ordnung oder Reimbindungen herauszuarbeiten. Dasselbe gilt für das Drama, dessen Analyse in einer Theorie des Dramas und des Theatralischen begründet sein muss und u. a. den Dramenaufbau, Szenenwechsel und Auftritte betreffen. Textanalyse

Textanalytische Verfahren streben ein elementares Textverständnis an und gelten auch für auditive, visuelle und audiovisuelle Medien (z. B. Erkennen visueller und sprachlicher Erzählinstanzen im Film oder der Stimmen in einem Hörspiel). Sie sind in der Literaturdidaktik aufgrund ihrer eher kognitiven Ausrichtung und der Vernachlässigung motivationaler und emotionaler Aspekte immer wieder unter Kritik geraten. Allerdings hat die Orientierung des Bildungsdiskurses auf Kompetenzen zu einer Aufwertung der Textanalyse geführt, weil Teilkompetenzen gut operationalisierbar und ihre Ergebnisse annähernd objektiv überprüfbar sind. Textverständnis

Die Textanalyse ist eingebettet in eine übergreifende Zielsetzung der Befähigung von Schülern, sich eigenständig mit Texten auseinanderzusetzen, sie für sich zu erschließen und zu einem Verstehen/Teilverstehen eines Textes zu gelangen. Damit die Analyse nicht zu einer Akkumulation von Einzelbeobachtungen und einer sinnentleerten Tätigkeit wird, müssen Elemente und Funktionen

Strukturen, die von Bedeutung für den konkreten Text sind, ausgewählt und gewichtet werden. Eine solche Relevanzbewertung ist bereits eine Interpretationsentscheidung, so dass auch an diesem Punkt der textuellen Auseinandersetzung Interpretationsannahmen in die Textanalyse einfließen.

Analytische Aufgaben sind inhalts-, sprach- und formbezogen. Typische Aufgabenstellungen zur Analyse eines Gedichts lauten beispielsweise: Untersuche das Reimschema des Gedichts; Identifiziere Alliterationen und Assonanzen; Wie viele Strophen und Verse hat das Gedicht?, oder: Bestimme das Reimschema des Gedichts.

8.1.2 Texterschließung

Texterschließung

Die Literaturdidaktik benutzt häufig den Begriff der Texterschließung, der stärker die Bindung an das Subjekt und seine Tätigkeit sowie den Prozess des schrittweisen Erarbeitens eines Textes betont. Bei einem erzählenden Text besteht die Inhaltserschließung in Deutschlehrwerken typischerweise in der Abfolge von Aufgaben, die sich auf die Figur (wer?), Handlung (was?), den Schauplatz (wo?), die Zeit (wann?) und die Gliederung in thematische Einheiten beziehen. Die Texterschließung akzentuiert die Operationalisierbarkeit von Lern- und Aneignungsprozessen und umfasst Instrumente, die dem Lerner an die Hand gegeben werden, um ihn zu befähigen, Texte zu lesen, zu deuten und zu verstehen. Dazu gehören Erschließungs- und Lesestrategien, wie Gliedern, Zusammenfassen, Entwerfen von Handlungsschemata oder das Ableiten des Themas. Die Texterschließung strebt danach, den Hauptgedanken eines Textes zu erfassen, das Verständnis zu modifizieren, Nicht-Gesehenes zu entdecken und neue Bezüge herzustellen.

8.1.3 Textinterpretation

Textinterpretation

Die Interpretation, die dem Wortsinn nach »Deutung«, »Übersetzung«, »Erklärung« (lat. *interpretatio*) bedeutet, strebt ein vertieftes Textverstehen an (s. Kap. 4.1.4). In der Literaturwissenschaft bezeichnet der Terminus ein Verfahren der Auslegung eines Textes, das beansprucht, methodisch kontrolliert, überprüfbar, in sich stimmig und nachvollziehbar zu sein. Während sich die Textanalyse auf innertextuelle Strukturen und Beziehungen konzentriert, überschreitet die Interpretation in der Regel den Text und bezieht übergreifende historische, gesellschaftliche und literaturgeschichtliche Kontexte mit ein. Die Interpretation zielt darauf, Einzelelemente verständlich zu machen, ihre Funktion im Textzusammenhang zu bestimmen, semantische Mehrdeutigkeiten aufzulösen, das

Warum und Wozu von Geschehnissen, verborgene Motive und inneres Erleben von Figuren zu ergründen, übergeordnete erzählerische Intentionen und intertextuelle Bezüge zu rekonstruieren, um Textsinn zu konstituieren.

Das Interpretieren setzt vielfach textanalytische Schritte der Bestimmung von Elementen und Strukturen eines Textes voraus, um deren funktionale Bewertung und Einbettung in Sinnzusammenhänge vornehmen zu können. Die Übergänge zwischen Analyse und Interpretation sind daher fließend. Auch die Abfolge muss nicht unbedingt den Schritt von der Analyse zur Interpretation gehen, sondern ein Deutungs-/Verstehensproblem in einem Text kann Anlass sein, eine Textstelle genauer zu untersuchen, um daraus eine Deutungshypothese zu gewinnen und diese in der weiteren Interpretationsarbeit zu überprüfen. Textbezogene Handlungen des Analysierens und Interpretierens sind im Unterricht in schriftliche oder mündliche Aufgabenstellungen und/oder in ein Gespräch eingebettet.

Die Kombination von Interpretieren als einer konstruktiven, sinnbildenden Tätigkeit und analytischen Vorgehensweisen ist grundlegend für den Literaturunterricht und die Zielsetzung, Schüler mit Kompetenzen auszustatten, die ein Verstehen literarischer Texte sowie ästhetische Erfahrungen ermöglichen. Die schulische Interpretation hat eine doppelte Funktion: Sie wird zum Lerngegenstand, wenn Schüler Fähigkeiten des Interpretierens erwerben sollen, und sie wird zum Lernmedium, wenn sie zu einem besseren Textverständnis und vertiefter ästhetischer Erfahrung beitragen soll. Zum Lerngegenstand gehört auch die explizite Vermittlung, was es heißt, einen Text zu interpretieren, indem Schülern z. B. gesagt wird, dass die Interpretation die Bedeutung von Merkmalen im Textzusammenhang angibt und oft zusätzliches Wissen über historische Zusammenhänge der dargestellten Ereignisse einbezogen werden muss.

Interpretieren als Lerngegenstand/Lernmedium

Außer textbezogenen Interpretationsaufgaben, die nach der Bedeutung von formalen Elementen, Strukturen, Inhalten, Bildern, Sprach- und Stilmitteln und Kontextbezügen fragen, gibt es leserbezogene Aufgaben. Sie richten das Augenmerk auf Wirkungen und jene ästhetischen Eigenschaften von Texten, die diese hervorrufen, z. B.

> »Überlegt anschließend gemeinsam, was mit den einzelnen Stilmitteln beim Leser der Ballade bewirkt werden soll.«
>
> (*Kombi Kompakt* 2013, S. 125)

Typische Interpretationsaufgaben zu einem Gedicht, die zur Herstellung einer Form-Inhalt-Beziehung anregen, lauten:

Interpretationsaufgaben

»Untersucht das Metrum und den Rhythmus. Erklärt, inwiefern Metrum und Rhythmus die inhaltliche Aussage des Gedichts unterstützen.«

(*Deutschbuch NA9*, 2008, S. 255)

»Überlege noch einmal, welchen Sinn diese gestalterischen und sprachlichen Mittel für den Inhalt des jeweiligen Gedichts haben.«

(*Deutsch plus* 9, 2004, S. 23)

Das Vortragen und laute Lesen von Gedichten oder die Inszenierung eines Dramenausschnittes sind ebenfalls Formen der Interpretation. Die Rekonstruktion historischer Kontexte ist vor allem für den Umgang mit zeithistorisch und kulturell fernen Texten oder Texten der Gegenwart, die auf historische und zeitgeschichtliche Kontexte Bezug nehmen, erforderlich, um zu einem angemessenen Textverständnis zu gelangen. Kontextualisierung wird angeregt durch Aufgaben folgenden Typs:

»Ordnen Sie Brentanos Gedicht begründet in die Epoche der Romantik [...] ein.«

(*Kombi Kompakt* 2013, S. 142)

Anwendung von Wissen

Die Anwendung von Wissen über Gattungen und Literaturgeschichte (Prozeduralisierung) stellt eine eigene Kompetenz des Deutens und Verstehens von Texten dar, in deren Praktiken Lerner eingeübt werden müssen. Zur bewährten Interpretationspraxis der Schule gehört das Vergleichen von Texten unter einem gemeinsamen Gesichtspunkt:

Vergleichen

1. Formales: Aufbau, Erzählformen/-verhalten, Perspektive bei Erzähltexten, Metrum, Reim, Strophenaufbau bei der Lyrik; Eingangsszenen, Gliederung, Haupt-/Nebentexte beim Drama;
2. Inhalte: Themen, Motive, Handlungsverlauf, Konfliktlagen, Konstruktion eines Heldentypus oder epochenspezifische Ausprägung von Themen wie Liebe, Freundschaft, Natur;
3. Gattungsmerkmale: Bei audiovisuellen und auditiven Medien (Film, Hörbuch) kommen zu inhaltlichen Aspekten audiovisuelle, filmische Mittel beim Film sowie die Stimme und der Klangraum beim Hörbuch hinzu. Beispielsweise lassen sich unterschiedliche Montagetechniken beim Film an Einzelszenen vergleichend herausarbeiten. Filmische Erzählmittel im Vergleich zum Erzählen im Alltag und in der Literatur sind ein weiterer Ansatz

für vergleichende Untersuchungen, z. B. Erzählinstanzen und Perspektiven in verschiedenen Erzählmedien.

Vergleiche können synchron durchgeführt werden, indem unterschiedliche Fassungen eines literarischen Textes oder mehrere Texte einer Epoche einander gegenübergestellt werden, oder diachron, indem Texte und Gattungen verschiedener Epochen verglichen werden. Vergleiche regen im steten Blickpunktwechsel zwischen Texten und Medien dazu an, Gemeinsames und Differentes zu erkennen.

Intertextuelle Bezüge

Das Herausarbeiten intertextueller Bezüge in einem Text ist ein weiterer Interpretationsgegenstand, durch den ein Text in Sinn- und Tradierungszusammenhänge eingeordnet wird. Ein Beispiel dafür ist das Davos-Kapitel in Max Frischs *Stiller* (1954), für das Thomas Manns *Der Zauberberg* (1924) das Modell lieferte, oder die Struktur des Kriminalromans in Umberto Ecos *Der Name der Rose* (1980) und die direkte Anspielung auf Sherlock Holmes *Der Hund von Baskerville* (1939).

Lernen

Da Interpretationen stets an den Blickpunkt des Interpreten und das, was er an lebensweltlichen Schemata, Erfahrungen und Interessen an einen Text heranträgt, gebunden sind, besteht die Gefahr der Projektion, der Verzerrung und der Subsumption des Fremden unter die eigenen Kategorien. Damit ein Lernen stattfindet und der Leser zu neuen Erkenntnissen und einer Erweiterung seines Verstehenshorizontes gelangt, müssen die mitgebrachten Wissens- und Deutungsstrukturen im Hinblick auf den Text und seine Gegebenheiten erweitert oder neue aufgebaut werden. Jean Piaget (1947) hat diese Prozesse des Austauschs zwischen Individuum und Welt als Assimilation und Akkommodation beschrieben. Auf Lese- und Verstehensprozesse übertragen, bedeutet dies: Literarische Texte werden dann bildend wirksam, wenn sich der Leser einen Text aneignet. Erst in der Aneignung verändert sich das Individuum, indem es seine Wissens-/Deutungsschemata modifiziert, um zu einem Verstehen dessen zu gelangen, was außerhalb seines Horizontes liegt und ihm in dem Sinne als das Andere/Fremde entgegentritt.

Fremdverstehen

Neue Deutungsschemata

Wie derartige Prozesse der Aneignung des Fremden, also dessen, worüber ein Leser nicht verfügt, im Unterricht angeregt werden können, ist eine Frage der Methodik: Eine Möglichkeit besteht in der Formulierung einer Gegenhypothese oder kritischen Rückfrage durch Lehrende oder andere Schüler und durch Hinlenken auf Textelemente, die nicht in ein Deutungsschema passen und damit eine Differenz zwischen Text und Leser sichtbar machen. In Verständigungshandlungen können Lesarten aneinander abgeglichen und auf das Verstehen selbst reflektiert werden. Kriterien für die Angemessenheit des Verstehens, die sich ebenfalls im Gespräch entwickeln lassen, sind die Berücksichtigung von Kontexten, Wissensvoraussetzungen, Sprachregeln und Gattungskonventionen, argumentative Plausibilität und theoretische Fundierung von Interpretationsannahmen und Bewertungen.

Kritik am schulischen Interpretieren

Die Sinnhaftigkeit schulischen Interpretierens wurde in der Vergangenheit immer wieder in Frage gestellt, weil sie in der Verengung auf Eindeutigkeiten und der Reduktion von Bedeutungsvielfalt und Lektüreerfahrungen deformiert wurde. Aber das Interpretieren ist ein notwendiger Teil des Umgehens mit literarischen Texten und eine Kompetenz, die weit über die Schule hinausreicht. Fortlaufend interpretieren wir im Alltag, indem wir nach dem »Warum« und »Wozu«, dem »Woher« und »Wohin« fragen, nach dem, was jemand meint, wenn er sagt, was er sagt, oder nach der Bedeutung des Gezeigten bei laufenden Bildern. Wir machen uns auf diese Weise die Welt intelligibel, d. h. verstehbar und sinnhaft. Interpretieren ist eine Kulturtechnik und bezieht sich auf verschiedene Gegenstände der Kultur (Texte, Gattungen, Medien, kulturelle Praxen wie Theater und Kritik). Das Einüben von Individuen in diese Kulturtechnik im Laufe der Sozialisation trägt mit zur Enkulturation, zum Hineinwachsen in die eigene Kultur, bei. Nicht zuletzt hat das Interpretieren auch Spielcharakter und kann subjektive Gewinne mit sich bringen, wie z. B. Neues entdecken, Probleme lösen, andere Sichtweisen auf die eigene Wirklichkeit kennenlernen, fremde Welten für sich aufschließen und etwas als sinnhaft erleben.

Dekonstruktive Verfahren

Dekonstruktive Verfahren. Streben die zuvor vorgestellten hermeneutischen Verfahren eine konsistente Sinnbildung an, wurden im Deutschunterricht unter dem Einfluss poststrukturalistischer Theorien (Derrida 1967/1974, 1972/1988; Foucault 1966/1973) auch alternative Lektürestrategien erprobt. Statt Texte auf Sinn hin zu lesen, wenden sich dekonstruktive Verfahren dem zu, was sich Sinnzuweisungen versperrt (s. Kap. 2.2.6). Ausgewählt werden Elemente, die in ihren vielfältigen Verweisen, Konnotationen, intertextuellen Bezügen vermeintlich eindeutige Bedeutungszuschreibungen unterlaufen und Inkongruenzen, Widersprüche und Paradoxien sichtbar machen. Irritationspunkte im Text, wie z. B. mehrdeutige Wörter oder eine uneindeutige Syntax, werden als Anstoß für eine zweite Lektüre genommen, die eine erste naive Lektüre unterläuft (Förster 2000, S. 221). Eine Anwendung der dekonstruktiven Methode demonstriert Wolfgang Fehr (2000) an Goethes *Werther* (1714) mit dem Ziel, Schülern Einblick in die Bedeutungskonstitution eines Textes zu vermitteln. An Fontanes *Effi Briest* (1894) zeigen Detlef Kremer und Nicolaus Wegmann (1995), wie eine thematische Lesart eines Romans des

Realismus, die auf Gesellschaftszwänge, Ehebruch, Scheitern der Figuren, überholte Ehrbegriffe ausgerichtet ist, durch eine wiederholte Lektüre die Konstruiertheit der fiktiven Wirklichkeit transparent machen kann und damit auf das spezifisch Literarische an Literatur hinzulenken vermag.

Oft wird eine dekonstruktive Lektüre kombiniert mit einem durch Michel Foucault (1973) inspirierten diskursanalytischen Verfahren, das die Beziehung von Text und Diskurs untersucht. Ein Diskurs umfasst alle Aussagen auf einem Gebiet innerhalb eines bestimmten Zeitraumes und ist Teil von Machtpraktiken, die den Zugang zu ihm kontrollieren. Clemens Kammler (1995) arbeitet an Ruth Klügers Autobiographie *weiter leben. Eine Jugend* (1992) heraus, wie ein öffentlicher Diskurs in Form von Rezensionen eine Lesart privilegiert, die am Anliegen des Textes und der Autorin, eine andere Art der Auseinandersetzung mit dem Thema Holocaust und der Erinnerungsarbeit anzuregen, vorbeigeht.

Jedoch gehören die Prämissen und Ziele dekonstruktiver Ansätze, nämlich von der Unabschließbarkeit von Sinnbildungsprozessen auszugehen, über eine erste oberflächliche Lektüre eine vertiefende oder gegenläufige anzuregen, Textauslegungen kritisch zu hinterfragen und Texte durch Bezugnahme auf außertextuelle Zusammenhänge zu kontextualisieren, durchaus zur tradierten Interpretationspraxis. Konsens besteht darin, dass das alte Interpretationsparadigma der Herstellung von Sinn und Kohärenz und der kleinschrittigen Textanalyse für die schulische Interpretationspraxis unverzichtbar ist.

8.1.4 Das literarische Unterrichtsgespräch

Kommunikationsformen

Um literarische Lehr-/Lernprozesse im Unterricht zu organisieren, bieten sich verschiedene Interaktions-/Kommunikationsformen der Verständigung über Texte, Deutungen, Inhalte und Erfahrungen, der gemeinsamen Sinnsuche, des Aushandelns von Bedeutungen und des Festhaltens von Ergebnissen an. Prominent und in einer langen Tradition stehend ist das Unterrichtsgespräch. Es ermöglicht Verständigungshandlungen über verschiedene Lesarten, Zugangsweisen zu Texten und Wirkungen, um nicht zuletzt zu einer intersubjektiven Verständigung zu gelangen.

Das literarische Gespräch setzt Lern- und Verstehensprozesse für den Erwerb von Wissen und Interpretationskompetenzen, des Ausdrückens eigener Lektüreerfahrungen, der Verteidigung von Deutungshypothesen und Modifikation von Blickpunkten in Gang. Es dient dem Textverstehen und der Ausbildung kooperativer Formen der Verständigung über das Verstehen; dazu gehören das Zuhören und Aufnehmen der Beiträge anderer und das Aneinander-Abgleichen von Sinnkonstruktionen. Im Rahmen von Institutionen wie Universität und Schule wird das Interpretieren öffentlich gemacht und hat folgende Funktionen (Zabka 2003):

- eine subjektiv-expressive Funktion, bei der der Leser/Interpret seiner subjektiven Sichtweise und Meinung Ausdruck gibt;
- eine hermeneutische Funktion, bei der ein erstes intuitives Textverständnis modifiziert und differenziert wird;
- eine argumentative, behauptende Funktion, bei der der Leser Aussagen über einen Text und Teilaspekte eines Textes trifft, die wiederum bei Infragestellung durch andere zu begründen und zu verteidigen sind;
- eine erklärende Funktion, die jemand bei Nicht-Verstehen, Missverstehen oder Verstehensproblemen des anderen übernimmt (das kann der Lehrer oder der Mitschüler sein);
- eine erörternde Funktion, bei der der Leser verschiedene Möglichkeiten der Interpretation eines Gegenstandes reflektiert und abwägt;
- eine kommunikativ-kooperative Funktion, bei der Teilnehmer sich wechselseitig zuhören, auf den anderen eingehen, ihre Lesarten aneinander abgleichen und die eigene Lesart relativieren.

Der institutionelle Rahmen von Schule bestimmt das Gespräch und seine Struktur als Lernsituation: Eröffnung und Beendigung eines Gesprächs, Rollen von Lehrern und Schülern, Formen des Austauschs, Textauswahl, Zeitplanung, thematische Bindung und Zielgerichtetheit. Das Maß der Lehrerlenkung kennzeichnet verschiedene Formen von Unterrichtsgesprächen: Das gelenkte Unterrichtsgespräch hat eine lange Tradition, wird jedoch aufgrund seiner hohen Steuerung und Vorgabe von Inhalten und Zielen, die kein dauerhaftes Lernen gewährleisten, weitgehend abgelehnt. Das fragend-entwickelnde Gespräch, dessen historischer Vorläufer der Sokratische Dialog ist, steht ebenfalls in der Kritik, weil die Gesprächsführung auf ein vorgegebenes Interpretations-/Unterrichtsziel hinläuft und dem Schüler kaum Raum für Eigenständigkeit lässt, eigene Ideen abschneidet und Miss- oder Unverständnisse nicht produktiv nutzt. Das freie Unterrichtsgespräch ist durch eine geringe Steuerung gekennzeichnet; Impulse des Lehrers aktivieren eigene Gedanken, Assoziationen von Schülern und bringen die Teilnehmer untereinander in ein Gespräch.

Gelenktes, fragend-entwickeltes und freies Gespräch

Gesprächsdidaktik

Erste Ansätze zu einer Gesprächsdidaktik und zu gesprächsanalytischen Untersuchungen zeichneten sich mit der Wiederentdeckung des Schülers als

Leser-/Lernsubjekt Ende der 1970er Jahre ab. Sie wurden jedoch in den 1980er Jahren durch die Dominanz handlungs- und produktionsorientierter Verfahren zurückgedrängt, bis in den 1990er Jahren eine moderne Didaktik der Lektüre das literarische Gespräch wieder zum Thema machte und auf der Basis von empirischen Gesprächsanalysen eine neue Gesprächskultur für den Unterricht umrissen wurde, beispielsweise durch Arbeiten von Hannelore Christ u. a. (1995), Valentin Merkelbach (1995) und Gerhard Härle / Marcus Steinbrenner (2003, 2004). Theoretisch begründet wurde das literarische Gespräch unter Bezugnahme auf die Dialoghermeneutik, die das Verstehen als einen dialogischen Prozess ansieht, und literaturtheoretische Annahmen über die semantische Offenheit und Deutungsvielfalt literarischer Texte.

Lehrerlenkung

Ein Disput hat die Frage der Lehrerlenkung ausgelöst. Konsens besteht inzwischen darin, dass auf eine »leitende« Funktion des Lehrers nicht verzichtet werden kann, wenn Schüler nicht rat- und orientierungslos bleiben sollen und das Gespräch nicht in ein beziehungsloses Nebeneinander oder in »Plauderei« abgleiten soll, sondern Schüler ermächtigt werden sollen, die Grenzen ihrer Verstehensmöglichkeiten zu überschreiten. Eingriffe der Lehrperson können konstruktiv sein, wenn sie Prozesse initiieren, die die Differenz zwischen den Textanforderungen und vorhandenen Potenzialen von Schülern verringern, Ideen und Vorstellungen von Schülern aktivieren und die Kommunikation untereinander anregen. Kompetenzen des Lehrers bestehen darin, die Schüleräußerungen im Hinblick auf das Textverstehen und Verstehenskompetenzen einzuordnen, den literarischen Kenntnisstand einzuschätzen, Verstehensschwierigkeiten zu identifizieren, Inhalte zusammenzufassen, Beiträge von Schülern wieder aufzugreifen und mit einer Fragestellung zu verbinden, die neue Impulse für die Texterschließung anregt.

8.1.5 Schriftliche Formen der Interpretation

Das Interpretieren kann mündlich oder schriftlich erfolgen. Während im Mündlichen eher der Prozess des Interpretierens entwickelt wird, hält die schriftliche Form dessen Ergebnis fest. Jedoch wird auch im Schreiben das Verstehen sukzessive entfaltet und können neue Aspekte entdeckt werden, so dass das Schreiben eine epistemische Funktion gewinnt. In der Schule hat das schriftliche Verfassen einer Interpretation vor allem die Funktion der Leistungskontrolle, bei der sowohl das Textverständnis überprüft wird als auch die Fähigkeit, im Medium des Schreibens eine Interpretation zu verfassen. Problematisch ist die Bewertung von Aufsätzen, weil sich in ihnen Interpretations- und Schreibkompetenzen vermengen. Im Sekundarbereich werden schriftliche Formen des Nacherzählens, des Zusammenfassens und der Inhaltsangabe praktiziert, die unterschiedliche Funktionen haben: Sie ermöglichen die Artikulation eines ersten Verständnisses, dienen der Verständnissicherung gerade bei leseschwachen Schülern und bieten eine Basis für das Unterrichtsgespräch. Sie bereiten im Gymnasium auf den Interpretationsaufsatz vor, der zu den Anforderungen des Abiturs gehört und sich auf einen ganzen Text oder auf Teilaspekte (Romananfänge, Einzelszenen, Figuren, Themen) bezieht. Der Interpretationsaufsatz integriert analytische, interpretative und argumentative Fähigkeiten des Formulierens, Belegens und Begründens von Deutungshypothesen. Zu den Bewertungskriterien gehören argumentative Plausibilität, Relevanz ausgewählter Aspekte, integrative Leistungen, Inhalte, Aufbau/Gliederung, Ausdruck und Sprachrichtigkeit. Von Nachteil ist, dass individuelle Lesarten und die persönliche Perspektive eines Schülers zugunsten überprüfbarer und vergleichbarer Leistungen in den Hintergrund treten.

Interpretationsaufsatz

EPA

In den Einheitlichen Prüfungsanforderungen in der Abiturprüfung Deutsch (EPA 2002, S. 16–21) wird ausdrücklich die gestaltende Erschließung eines Textes verlangt, bei der auf der Grundlage eines überprüfbaren Textverständnisses Texte unter Anwendung produktiver Verfahren verfasst werden, wie z. B. das Auffüllen von Leerstellen, das Schreiben eines Briefes oder das Führen eines fiktiven Gesprächs mit einer Figur. Die literarische Erörterung gehört ebenfalls zu den schriftlichen Interpretationsformen. Sie zielt darauf, verschiedene Verstehensmöglichkeiten und Einzelaspekte, wie Schuldfragen oder Ursachen von Konflikten, abwägend zu behandeln. Das untersuchende Erschließen ist ein drittes Aufgabenformat, bei dem wesentliche Strukturen und Elemente erfasst werden sollen, eine Interpretationshypothese formuliert und eine Kontextualisierung geleistet werden sollen.

Kompetenzbasierte Lehrwerke enthalten Vorschläge, in welchen Arbeitsschritten Schüler zu einer schriftlichen Interpretation hingeführt werden können. Sie tragen damit zur Schulung von Methodenkompetenzen bei. Diese Schritte variieren mit den Aufsatzformaten, die in den EPA gefordert sind. Typisch ist als erster Schritt das genaue Erfassen der Aufgabenstellung und ihrer Anforderungen. Darauf folgt eine gründlichere Textbetrachtung mit Klärung des Inhaltes und der Gesamtstruktur eines Textes sowie einer detaillierten Analyse von inhaltlichen, formalen und kompositorischen Eigenschaften eines Textes und dem Herstellen von Form-Inhalt-Beziehungen. Auf dieser Basis soll eine Interpretationshypothese formuliert werden und der Text im Hin-

Arbeitsschritte

blick auf relevante Kontextbezüge (z. B. literaturgeschichtliche, gesellschaftliche, poetologische, gattungsgeschichtliche) untersucht werden. Diese Vorbereitungen führen zur Planung des Interpretationsaufsatzes mit den Schritten: 1) Gliederung, 2) Aufstellen einer Deutungshypothese, 3) Formulierung und 4) Überarbeitung.

Ein Interpretationsaufsatz umfasst folgenden Aufbau, der je nach Gattung, konkretem Text, Aufgabenstellung, Altersstufe der Lernenden und Schulform variiert:

Aufbau eines Interpretationsaufsatzes

- Einleitung: Angaben zum Autor und Entstehungskontext.
- Inhaltsangabe: Wiedergabe/Zusammenfassen der Kerninhalte oder des chronologischen Handlungsablaufs; Erläuterung von Figuren und ihren Beziehungen.
- Interpretationshypothese: Sie soll das eigene Textverständnis erklären und das Ziel der Interpretation angeben.
- Formale Analyse: Texte werden unter formalen, sprachlich-stilistischen und kompositionellen Aspekten untersucht.
- Interpretation: Der Text wird unter Einbeziehen außertextueller Zusammenhänge untersucht, textinterne Merkmale werden funktional bewertet und in Zusammenhänge eingeordnet; Form und Inhalt werden aufeinander bezogen. Die Ausgangshypothese wird überprüft, argumentativ entwickelt und am Text belegt.
- Schluss: zusammenfassende Bewertung der eigenen Hypothese und Untersuchungsergebnisse.

Figurencharakteristik

Die literarische Figurencharakteristik hat eine lange Tradition im Literaturunterricht und ist eine typische Aufgabe in Klausuren. Sie dient dazu, eine Figur in ihrer Individualität zu erfassen. Sie ist jedoch nicht auf alle Texte und Genres anwendbar, z. B. nicht auf Texte mit flachen, stereotypisierten Figuren. Die Figurencharakteristik umfasst die Beschreibung innerer und äußerer Merkmale und Techniken der Figurencharakterisierung im Text durch Selbst- und Fremdkommentare (s. Kap. 5.1). Sie erfordert von einem Leser kognitive Leistungen, wie die Auswahl relevanter Merkmale, ihre Integration in ein Figurenkonzept oder die Ableitung von Merkmalen aus dem Handeln und Verhalten von Figuren. Bei Überbetonung der Figurencharakteristik im Literaturunterricht besteht jedoch die Gefahr, dass Figuren aus Handlungs-/Geschehniszusammenhängen, in denen sie agieren, in Beziehung zur Welt und zu anderen Figuren treten und von dort her ihre semantischen Qualitäten gewinnen, herausgelöst werden und damit kontextuelle und übergeordnete Bedeutungsstrukturen verloren gehen. Auch geht das Potenzial literarischer Texte, emotionale, imaginative und identifikatorische Prozesse der Figurenwahrnehmung beim Leser auszulösen, in der Regel nicht in die Aufgabenstellung zur Figurencharakteristik ein.

8.2 Handlungs- und produktionsorientierte Verfahren

Handlungs- und produktionsorientierte Verfahren

In Abgrenzung zu kognitiv-textanalytischen Vorgehensweisen hat die Literaturdidaktik alternative methodische Verfahren für den Umgang mit Texten entwickelt, die vor allem motivationale, emotionale und schüleraktivierende Aspekte hervorheben. Dazu gehören handlungs- und produktionsorientierte Verfahren (HPV), die seit den 1970er/80er Jahren einen festen Platz im Literaturunterricht, in Lehrplänen und in der Aufgabenkultur für verschiedene Schulformen einnehmen. Prägend waren vor allem die Arbeiten von Gerhard Haas (1984, 1997) und Günter Waldmann (1984, [7]2011).

Geschichte der HPV

Historisch reicht das Konzept der Handlungsorientierung zurück in die Tradition der Rhetorik mit ihrer Verbindung von Lesen, Schreiben, Aufführen und zu pädagogischen Konzepten des 18. Jahrhunderts, die ein ganzheitliches, alle Sinne umfassendes und kindbetontes Lernen anstrebten und mit Namen wie Rousseau und Pestalozzi verbunden sind, aber auch auf spieltheoretisch fundierte Lernkonzepte von Schleiermacher. Ein direkter Vorläufer von HPV im Deutschunterricht ist die Reformpädagogik zu Beginn des 20. Jahrhunderts mit ihrer Kritik am Frontalunterricht und an der Buchschule, die statt selbsttätiges Arbeiten das Stillsitzen und rezeptive Hören fördere. Vor allem Haas ordnet sich mit seinen Arbeiten in diese Traditionslinie ein und hat den Leser und das Lesevergnügen mit seiner nachhaltigen Wirkung für ein stabiles Leseverhalten in den Vordergrund gerückt.

Handlungsbegriff

Mit dem Begriff des Handelns sind in diesem Zusammenhang Tätigkeiten gemeint, die auf die Erstellung eines Produktes zielen. Diese Handlungsprodukte liegen in unterschiedlichen Formen vor: als Schreibprodukte (Texte), Zeitungen, Collagen oder Inszenierungen, die durch gemeinsames Handeln zustande kommen, einen körperlichen Einsatz fordern und ästhetische Zugänge zu Texten und zur Wirklichkeit öffnen, wie z. B. Rollenspiele, Theateraufführungen, Musik und Bilder. »Produktiv« verweist auf die enge Verbindung von Literatur, Verstehen und Schreiben. Durch schreibende Veränderung, Umformung, Ergänzung oder Weiterführung eines Textes soll der Leser Einsichten in ästhetische Eigenschaften und Strukturen eines literarischen Textes gewinnen und zu Teilverständnissen gelangen.

Produktionsbegriff

Handlungsorientierte Ansätze akzentuieren den aktiven Leser und öffnen einen Verstehenszugang zu Texten über das Handeln. In Teilen lassen sich HPV mit einer kognitionspsychologischen Konzeption des Lesens verbinden, indem bestimmte Aktivitäten, wie einen inneren Monolog oder einen Tagebucheintrag einer Figur verfassen, Inferenzen anregen, die für die Kohärenzbildung und das Verständnis wichtig sind. Das gilt auch, wenn ein Leser eine Figur charakterisieren soll (verbal, bildlich, darstellend) und dafür vom äußeren Verhalten Rückschlüsse auf das Innere ziehen muss.

Der aktive Leser

Die Vielzahl handlungs-/produktionsorientierter Verfahren mit ihren unterschiedlichen Funktionen und Anforderungen an Lerner lässt sich systematisieren in Verfahren, die:

Funktionen

1) sich der philologischen Praxis der Textauslegung zuordnen lassen und daraufhin zu prüfen sind, wieweit sie zum Textverstehen, zur Sensibilisierung für die Form und Wahrnehmung ästhetischer Mittel beitragen. In Bezug auf

- erzählende Texte: Weiterschreiben einer Geschichte, wodurch zugleich geprüft wird, ob sie in ihrem Kern erfasst wurde; einen inneren Monolog verfassen, um zu sehen, ob die Innensicht einer Figur abgeleitet werden konnte;
- dramatische Texte: eine verdeckte Handlung beschreiben, wobei das Verständnis von Hintergrundzusammenhängen ersichtlich wird;
- lyrische Texte: Zeilenpuzzle, um auf die Strophenform und ihre Besonderheit hinzulenken, Veränderung von Reimbindungen, um die Effekte des Reims, des Gleichklangs hervorzuheben.

2) auf Lektüreerfahrungen, innere Beteiligung, emotionale Verstrickung und Aktivieren der Phantasie und Vorstellungskraft von Schülern gerichtet sind. In Bezug auf:

- erzählende Texte: Bilder, Phantasiereise, narrative Ausdrucks-/Aneignungsformen, einen Brief einer Figur verfassen zur Schulung/Prüfung von Empathiefähigkeit;
- dramatische Texte: alle Formen der szenischen Umsetzung von Dramenauszügen und Standbilder als Möglichkeiten des Verstehens und als Indikatoren, ob dramatische Szenen und theatrale Elemente verstanden wurden;
- lyrische Texte: Bilder/Collagen anfertigen, bei digitaler Poesie eigene lyrische und interaktive Formen gestalten oder ein vorhandenes Gedicht und seine poetischen Mittel abwandeln. Sie erfüllen die doppelte Funktion der eigenen Kreativität und des Bewusstmachens von lyrischen Elementen und ihrer semantischen Funktion.

3) Textinhalte in Szene setzen, ästhetische Zugangsweisen zu Texten ermöglichen und als Teil einer kulturellen Praxis über die Grenzen des Klassenraumes hinaus eine breitere Öffentlichkeit herstellen, wie Theateraufführungen, Rollenspiele, Rezensionen, Illustrationen zu Texten, Literatur schreiben und veröffentlichen, Präsentation von Kommentaren zu Büchern und mediale Umwandlungen.

Kritik

Es gibt eine anhaltend kritische Auseinandersetzung mit dem handlungs-/produktionsorientierten Ansatz. Ihm wird Verselbständigung der Methodik und ein Theoriedefizit vorgeworfen. Scharfsinnige Einwände kamen u. a. von Hans Kügler (zuletzt 1996), der HPV Beliebigkeit im Deuten, inhaltsleeren Aktivismus, Marginalisierung des Textes und mangelnde Differenzierung des Textverstehens vorwirft. Trotz dieser Vorbehalte hat sich dieses methodische Paradigma nicht-diskursiver Verfahren als ein Reservoir für unterschiedliche Formen der subjektiven Textaneignung durchgesetzt. Da HPV nicht dazu geeignet sind, systematisch Verstehensprozesse anzuleiten und erforderliches historisches und kulturelles Wissen zu erwerben, kann auf analytische und interpretatorische Formen des Umgangs mit Texten nicht verzichtet werden.

8.3 Projektmethode

Projektunterricht

Der Projektmethode liegt eine eigene Struktur der Organisation von Lehr-/Lernprozessen zugrunde. Sie zielt ebenfalls auf den Erwerb von Kompetenzen, schafft jedoch eine andere Lernkultur und Lernumgebung als der normale Unterricht. Die didaktische Fachliteratur bezieht sich historisch auf die Arbeiten von John Dewey und sein Konzept des erfahrungsbezogenen Lernens und dessen Schüler William H. Kilpatrick (1918), von dem der Ausdruck »Projektmethode« stammt. Karl Frey (1982/[12]2012) knüpft an diese Tradition an. Eine Konjunktur erlebte die Projektmethode im Bildungswesen in den 1970er Jahren als Alternative zum Frontalunterricht, einer kopflastigen Stoff-/Wissensvermittlung und Lebensferne.

Merkmale

Zu den Merkmalen der Projektmethode gehören Handlungs- und Produktorientierung, eine arbeitsteilige Bearbeitung einer Problemstellung, Selbstorganisation des Prozesses, Selbsttätigkeit des Schülers, kooperatives Lernen und fächerübergreifendes Arbeiten. Zu den Phasen eines Projekts gehören:

Phasen

1. Phase: Einstieg, erster Impuls
2. Phase: Festlegung des Projektvorhabens/-themas
3. Phase: Planung, wer was wann wo mit wem macht und wie die Aufgabe bearbeitet werden soll: Recherche, Fotografieren, Interview, Schreiben.
4. Phase: Durchführung des Projekts mit Materialbeschaffung, Recherche; Auswerten von Informationsmaterial, Informationen anderen verfügbar machen (schriftlich, mündlich, visuell), Integration mit anderen Teilergebnissen, Reflexion auf das bisherige Tun, Überprüfen des Erreichten am gesetzten Ziel.
5. Phase: Produkterstellung
6. Phase: Öffentlich-Machen/Präsentation des Produkts
7. Phase: Evaluation des Gesamtprojekts

Kompetenzen

Projektarbeit fördert Problemlösekompetenzen, metakognitive Fähigkeiten des Planens, Überwachens und Kontrollierens, fachbezogene Fähigkeiten wie Lesen, Schreiben, Interpretieren, sprachliche Verständigung sowie soziale Kompetenzen der Arbeitsteilung, Koordination und des kooperativen Verhaltens.

Durch Projekte können kulturelle Praktiken im Umgang mit Literatur realisiert werden. Das Produkt kann ein Buch, eine Zeitung, eine Theateraufführung, ein Videofilm, ein Hypertext zu einer literarischen Epoche, ein Hörspiel, eine Literaturausstellung, ein literarischer Abend für die Schule und Eltern oder ein Reisejournal sein.

8.4 Unterrichtsplanung/Unterrichtsphasen

Unterrichtsplanung

Zur Unterrichtsplanung gehören alle Maßnahmen des Lehrers, Unterrichtseinheiten zu strukturieren, damit die Auseinandersetzung mit Inhalten, ihre Vermittlung und Aneignung gelingen kann. Planungsschritte beziehen sich auf Lehr-/Lernziele, Wahl von Methoden, Lernaktivitäten von Schülern, Sozialformen (Einzel-, Partner-, Gruppenarbeit), Lehr-/Lernmedien und Material/Textgrundlage, an denen Lernaktivitäten ausgeführt werden sollen. Durch Einsatz von Medien als Lehr- und Lernmittel entstehen Lernarrangements, die Formen des Informierens, der Wissenserkundung, des Übens oder Anwendens in die Hand der Schüler geben. Neben Printmedien, auditiven, visuellen und audiovisuellen Medien bieten sich vor allem CD-ROMs und das Internet als Informationsquellen und Anwendungsangebote und der Computer für verschiedene Präsentationsmodi im Unterricht an. Sie ermöglichen die Ergänzung und Umformung von Texten durch das Schreiben, Darstellen von Sachverhalten, Transfer von Gelerntem und Experimentieren, z. B. mit lyrischen Formen und Gestalten.

Unterrichtsphasen

Eine Literaturstunde oder größere Unterrichtseinheiten werden in Phasen untergliedert, die jeweils bestimmte Funktionen für Lern- und Verstehensprozesse haben. Einzelne Handlungsschritte innerhalb von Phasen vermitteln zwischen der Subjektivität des Schülers und den Anforderungen der jeweiligen Aufgabe. Ein Phasenmodell ist kein starres Schema, sondern ein offener Plan, der in Lernsituationen flexibel zu handhaben ist und Lehrern eine Orientierungshilfe bietet.

Phasenmodelle

Einflussreich war das Vier-Phasen-Modell von Jürgen Kreft (1977/²1982, S. 379), das theoretisch in der Entwicklungs- und Kognitionspsychologie begründet ist. Es beginnt mit einer textimmanenten, subjektiven Phase, gefolgt von einer Phase der Objektivierung, Aneignung und Applikation: Aneignung ist die eigentliche Lernphase, in der fremde Strukturen die mitgebrachten Schemata verändern und zu neuen Erkenntnissen führen. Unter Applikation subsumiert Kreft die Bezugnahme auf Lebenswelten, aber auch historisches Verstehen und Gesellschaftsanalyse, die eigentlich der Interpretation zuzurechnen sind. Joachim Fritzsche (1994) greift das Modell von Kreft auf und vereinfacht es auf die vier Fragen: 1. Phase: Was löst der Text in mir aus? 2. Phase: Was steht da? 3. Phase: Was folgt aus dem verstandenen Text für mich? und 4. Phase: Was folgt aus dem verstandenen Text für uns? (1994, S. 215). Unter Applikation versteht er den Doppelbezug von Bedeutung eines Textes für das Individuum und die Gesellschaft.

Waldmann (1998) richtet seine Phasen am Konzept des handelnden, aktiven Lesers aus und verknüpft es mit produktiven Aufgaben. Auf eine spielerische Einstimmung folgen die vier Phasen: 1) Lesen/Aufnehmen, 2) subjektive Aneignung, 3) Erarbeitung eines Textes und 4) textüberschreitende Auseinandersetzung / Herstellung eines Gesamtverständnisses. Sein Phasenmodell leitet sich literaturtheoretisch aus der Rezeptions- und Produktionsästhetik und dem russischen Formalismus ab. Harro Müller-Michaels (2009, S. 129) legt in Anlehnung an Hans Robert Jauß (1977) (s. Kap. 4.1) einen hermeneutischen Ansatz zugrunde und untergliedert das Verstehen in die drei Phasen: 1) Wahrnehmung / Herstellen eines Vorverständnisses, 2) Auslegung und 3) Anwendung, bei der nach dem Erkenntniswert von Textinhalten für das eigene Leben gefragt wird. Unter Bezugnahme auf den bildungstheoretischen Kontext von Kompetenzstandards schlagen Martin Leubner / Anja Saupe (2008) folgende Phasierung vor: Hinführung zur Texterschließung, Textanalyse, Interpretation, Herstellen eines Wirklichkeitsbezugs und Kontextualisieren (damit ist das Einbeziehen spezifischer Kontexte in höheren Jahrgangsstufen gemeint).

Die Phasenmodelle der Fachdidaktik betonen trotz unterschiedlicher theoretischer Herleitung übereinstimmend die hermeneutische Grundbewegung, die von einer ersten Textbegegnung und einem ersten Verständnis über eine genauere Interpretation zu einer vertieften Lektüre führt. Bezeichnenderweise arbeiten vier dieser Modelle mit dem Begriff der Applikation, unter dem jedoch Unterschiedliches verstanden wird. Dieser aus der hermeneutischen Tradition stammende und von Hans-Georg Gadamer (1960) in den Mittelpunkt der Hermeneutik gerückte Begriff bezeichnet die Anwendung eines Textinhaltes bzw. fernen Textsinns auf die individuelle Lebenspraxis, so dass Sinn immer wieder neu erzeugt wird. Applikationssituationen sind komplex und durch mehrfache Relationen gekennzeichnet: der Text und seine Situation, die Lebenswirklichkeit des Lesers, seine Weltdeutung und das, was er an Wissensschemata, Perspektiven, Emotionen und Wertungen an Texte heranträgt. Wenn in der Schuldidaktik Texte, Leser und ihre Lebenswirklichkeit in ein Verhältnis gebracht werden, dann gilt es, immer auch die Diskontinuität der jeweiligen Sinnhorizonte und die Differenz der Erfahrungen zur Geltung zu bringen. Textuelle Mittel, die eine solche Differenz verdeutlichen, sind literarisch-ästhetische Eigenschaften, wie Polyvalenz, Autonomie oder Fiktionalität, und die Historisierung von Texten. Applikation ist eine besondere Vermittlungsleistung des Verstehens, für deren Kompetenzbeschreibung genauer anzugeben ist, worauf etwas angewendet werden soll: Erkenntnisse, Weltsichten, Lebensentwürfe, Konzepte von Menschsein und Individuum, Gesellschaftsmodelle, Handlungsanweisungen oder moralische Werte. Aufgabenstellungen zur Anwendung kommen in Lehrwerken eher selten vor, aber ein Beispiel dazu bietet *Kombi-Buch Deutsch* zur *Ballade von dem Briefträger William L. Moore aus Baltimore*:

Applikation

Differenz Text – Leser

> »Die Handlung spielt 1963 in den USA, ist also lange her und weit weg. Tauscht euch darüber aus, ob die Ballade hier und heute noch aktuell ist.«
>
> (*Kombi-Buch Deutsch* 7, 2010, S. 176)

Bezeichnend für Phasenmodelle ist nicht nur ihre unterschiedliche theoretische Begründung, sondern auch, wovon sie sich abgrenzen. Immer wieder bilden die Distanzierung von Lehrerdominanz, das Stellen von Leitfragen, fragend-entwickelndes Gespräch, kognitive Ausrichtung, Primat des Textes gegenüber dem Leser, Prämissen einer »richtigen« Interpretation und einer zu rekonstruierenden Autorenintention den Ausgangspunkt für didaktische Reflexionen und alternative Methoden und Phasenmodelle seit den 1970er/80er

Abgrenzungsdiskurs

Jahren. Dieser Diskurs geht in den gegenwärtigen Erkenntnis- und Reflexionsstand der Literaturdidaktik ein. Aber zur didaktischen und methodischen Profilierung des Literaturunterrichts kommen gegenwärtig die bildungspolitische Ausrichtung auf Kompetenzstandards, veränderte Medienumwelten und kognitionspsychologische Lesekonzepte (s. Kap. 4) hinzu, die erst nach der PISA-Studie breit rezipiert wurden.

Vorschlag für ein Phasenmodell

Vorschlag für eine Phasierung von Unterricht. Im Folgenden wird eine Phasierung vorgeschlagen, die vom Verstehens- und Interpretationsprozess ausgeht, der in einer entsprechenden Aufgaben- und Gesprächskultur zu entfalten und gattungsspezifisch zu konkretisieren ist und teilweise lesespezifische Kompetenzen einbezieht. Bei der Organisation von Lern- und Verstehensprozessen geht es nicht nur um erlernbares Handwerkszeug, sondern um Möglichkeiten des Verstehens von Welt, die dem Einzelnen in Form von fiktionalen Weltentwürfen und Menschenbildern in der Literatur und im Spielfilm begegnen. Vorgeschlagen werden die Phasen:

1. Phase: Textbegegnung

I. Textbegegnung mit folgenden variablen Teilschritten:

1. Motivation und Aufmerksamkeitsgewinnung; geeignete Mittel sind: Bilder, Filmausschnitte, eine Fragestellung, der Titel eines Textes oder die Vertonung eines Gedichts / einer Ballade. Bei der Lyrik kann der Einstieg auch über ein Zeilenpuzzle oder ein fragmentarisches Gedicht erfolgen.
2. Lektüreformen: stilles Lesen, Vortragen, Vorlesen, Hören eines Textes über auditive Medien (z. B. im Fall von Ballade, Gedicht) oder Hauslektüre.
3. Artikulation subjektiver Lektüreerfahrungen und eines ersten Gesamtverständnisses, aus dem sich mögliche Deutungshypothesen ergeben. Sind Texte völlig unzugänglich, bedarf es einer Hilfestellung, die Interesse weckt, der Problemfindung dient und Wege zum Text aufzeigt.
4. Gesprächsführung: Da Schüler der Sekundarstufe bereits eine literarische Sozialisation durchlaufen haben, tragen sie an die Lektüre alltagsweltliche Schemata, außerschulische Lektüreerfahrungen, literarisch geformtes Wissen und Deutungskonventionen heran. Diese Vorprägung kann/sollte im weiteren Verlauf der Textbehandlung und des Gesprächs modifiziert und erweitert werden.
5. Inhalte: Für Schüler mit Leseverständnisproblemen kann eine genaue Sprach-/Lesearbeit und Vergewisserung, worum es in einem Text geht, hilfreich sein. Eine Zusammenfassung oder Wiedergabe des Inhaltes eines Textes stellt zudem eine gemeinsame Grundlage für die unterrichtliche Kommunikation her.

2. Phase: Texterarbeitung

II. Texterarbeitung:
Die Texterarbeitung besteht aus dem Zweierschritt von Analyse und Interpretation, der jedoch nicht immer einem zeitlichen Nacheinander folgen muss.

Analyse

1. *Textanalyse* mit den Teiloperationen: Erarbeiten und Anwenden lyrischer, dramatischer und erzähltheoretischer Kategorien, Identifizieren und Beschreiben relevanter Einzelelemente und Herstellen von Beziehungen zwischen ihnen. Für die Analyse lassen sich auch handlungs-/produktionsorientierte Aufgaben nutzbar machen. Die Textanalyse ist funktional auf das Erfassen von Strukturen und Inhalten von Texten bezogen. Die Auswahl der zu untersuchenden Einzelphänomene richtet sich nach ihrer Relevanz für den jeweiligen Text und dessen Verständnis. Vor allem bei erzählenden Texten sind Lesekompetenzen des Abstrahierens und Bildens übergeordneter narrativer und thematischer Einheiten einzubringen.

Interpretation

2. *Interpretation* zielt auf ein vertieftes, reflektiertes Textverstehen und eine Erweiterung ästhetischer Lektüreerfahrungen. Sie nutzt Ergebnisse der Textanalyse für die Bildung von Interpretationshypothesen, die am Text nach dem Verfahren des hermeneutischen Zirkels, wonach das Verstehen des Ganzen auf dem der Teile beruht und umgekehrt das Verstehen der Teile dasjenige des Ganzen voraussetzt, überprüft, revidiert und modifiziert werden. Dadurch verändert sich die interne Verstehensstruktur des Lesers und führt tendenziell zu einem Erkenntnisgewinn, einer Erweiterung der Wahrnehmung und Intensivierung einer emotionalen Beteiligung. Lesespezifische Aktivitäten des Selegierens, Antizipierens, Abstrahierens und Inferierens gehen in die jeweiligen Interpretationshandlungen ein, um lokale und globale Kohärenzen herzustellen und sich ein Bild von Figuren und zugrunde liegenden Situationen machen zu können.

Da sich die Interpretationsgegenstände und Blickpunkte des Lesers im Verlauf einer Unterrichtsstunde ändern, sind Methodenschritte der Gesprächsführung und Aufgabenstellungen flexibel einzusetzen. Produktive gestalterische Aufgaben, wie Standbilder, Pantomime, Texte verfassen, Leerstellen ergänzen, können ebenfalls eine sinnerschließende Funktion haben und Ausdruck eines Verständnisses sein.

Je nach Text ist eine Integration von Wissen über Handeln, Sprache/Stil, Gattung, Epoche, Poetologie oder Geschichte erforderlich, um fehlende Verbindungsstücke in einem Text zu erschließen und inter- sowie außertextuelle Bezüge herzustellen. Wann welches Wissen, wie und durch wen in den Prozess integriert wird, ist eine Frage, die schülerbezogen und gegenstandsspezifisch gelöst werden kann. Bei literaturgeschichtlichen Zusammenhängen können Selbsterkundungen von Schülern variieren mit bereitgestelltem Epochenwissen in Form von Erläuterungen durch Lehrende oder über zusätzliches Quellenmaterial, das übers Internet, Bibliotheken, CD-ROMs und Lehrwerke zugänglich ist. Gattungswissen kann über Sekundärtexte und/oder Definitionen vermittelt werden, wobei einzelne Gattungsmerkmale für die Interpretation eines Textes fruchtbar gemacht werden sollten. Bei narrativen und dramatischen Texten lassen sich Wissensvoraussetzungen bis zu einem gewissen Grad aus Texten erschließen, z. B. das Ableiten eines Norm-/Wertesystems aus den Konflikten und Handlungen von Figuren.

Transfer

Transferleistungen sind Teil der Texterarbeitung, wenn zuvor erworbene Kategorien, Techniken oder ein neues Wissen auf den vorliegenden Text angewendet werden sollen. Teilhandlungen wie Schreiben, Spielen, Verfremden oder Umgestalten von Texten sind in einzelne Phasen integriert.

3. Phase: Anwendung

III. Anwendung:
Indem der Sinn eines Textes, bestimmte Erfahrungsinhalte und Erkenntnisse, die aus einem Text gewonnen werden, auf die Gegenwart und individuelle Lebenssituationen bezogen werden, entstehen vielschichtige Applikationssituationen, durch die Texte eine kulturelle, gesellschaftliche und persönliche Relevanz erhalten. Die ästhetische Distanz zwischen Text und Leser und die Differenz von Erfahrungen sollten zugleich vergegenwärtigt werden. Bei historisch fernen Texten bedeutet das eine Aktualisierung eines Textes ohne Verlust der Historisierung.

Bei der Anwendung geht es um die Bedeutung dessen, was es an einem Text zu verstehen gilt, für den Leser. Oft beruht sie auf dem Wiedererkennen von Erfahrungen wie Generationen-/Identitätskonflikte in einem Roman, soziale Isolierung des Einzelnen durch monologisierende Rede in einem Drama und Umweltzerstörung im modernen Naturgedicht. Die Entdeckung, dass der Text mich/uns etwas angeht, veranlasst auch zur Reflexion auf Veränderungen in einem selbst. Operationalisieren lässt sich Applikation durch die Fragen: »Was hat der Text zu sagen?« und »Was bedeutet er für mich/uns?«. In Ergänzung kann aber auch gefragt werden: »Was sage ich zum Text?« und »Was halte ich vom Text?«, um das Moment der Kritik und möglichen Abweisung eines Textes hervorzuheben, wenn dessen Wertestruktur und Ideologie nicht mit den eigenen Werten verträglich sind, oder der Text einem nichts zu sagen hat. Nicht jeder Text ist für Anwendungen geeignet. Bei Wiedererkennen von persönlichen Erfahrungsinhalten ist zu respektieren, dass Schüler diese nicht unbedingt öffentlich machen möchten.

Eine Untergliederung von Unterrichtssequenzen, die sich auf Ganzschriften/Romane, Epochen/-übergänge oder Paradigmen wie die Erlebnislyrik beziehen, folgen im Prinzip der oben vorgestellten Phasierung, wobei motivierende Einstiege entsprechend dem Themenschwerpunkt der einzelnen Stunde zu variieren sind. Die zweite und dritte Phase expandieren, und es müssen oft mehr Zusatztexte zum Autor, zur Poetologie oder zur Gesellschaft einbezogen werden. Bei einem Roman kommt aufgrund seiner Länge die Untergliederung der Lektüre in mehrere Zeitabschnitte und ihre Aufteilung in Klassen- und Hauslektüre hinzu. Die Interpretation fokussiert in der Regel auf thematisch und erzählerisch relevante Stellen eines Romans. Auch sind lesedidaktische Schritte einzubeziehen, die das Erfassen des Kerngedankens sichern.

Unterrichtssequenzen

8.5 Aufgaben im Literaturunterricht

Eine Folge der Standardisierung von Leistungen im Deutschunterricht sind eine erhöhte Aufmerksamkeit gegenüber der Konstruktion und Analyse von Aufgaben und ein Wandel der Aufgabenkultur. Im Fokus stehen dabei Fragen nach den Merkmalen und Funktionen von Aufgaben für das Textverstehen, die Förderung von Kompetenzen, der Aufbau von Wissen und die Sicherung von Lernergebnissen. Aufgaben setzen Lernende in eine Beziehung zum Gegenstand und machen die Differenz zwischen einem gegebenen und angestrebten Wissens- und Könnensstand deutlich. Das Ziel besteht darin, in der Bearbeitung einer Aufgabe diese Differenz zu überwinden und den Gegenständen neue Aspekte, Kategorien und Erkenntnisse abzugewinnen und zu neuen Haltungen zu gelangen. Darin liegt die bildende Funktion von Aufgaben.

8.5.1 Definition und Funktionen von Aufgaben

Definition von ›Aufgabe‹

Aufgaben sind Elemente zur Steuerung von Unterricht, die zur methodischen Gliederung von Unterricht beitragen und Lernsituationen strukturieren. Sie aktivieren kognitive, emotionale und motivationale Prozesse sowie soziale Interaktionen. Sie dienen nicht nur der Förderung und Sicherung von Kompetenzen und dem Transfer durch Übung und Anwendung, sondern auch ihrer Überprüfung. Entsprechend ihren Funktionen treten Aufgaben in unterschiedlichen Situationen auf, die die Lernforschung nach Lern- und Leistungssituation trennt (Weinert 1997). In einer Lernsituation wird Neues erlernt oder

Lern-/Leistungssituation

erprobt; in einer Leistungssituation wird in Klausuren, Klassenarbeiten oder im Abituraufsatz das Erlernte überprüft. Im Unterricht sind der zu erlernende Umgang mit Texten und die dafür erforderlichen Potenziale in einen sozial-kommunikativen Kontext eingebettet mit vielen Teilaufgaben und möglichen Stützen durch die Lehrkraft. In der Prüfungssituation hingegen ist der Lerner auf sich gestellt. Die Leistungen sind schriftlich nachzuweisen, die Zahl der Aufgaben ist reduziert, und oft sind sie kompakter formuliert. Auch lassen sich die Lektüre begleitende Prozesse einer inneren emotionalen, imaginativen Beteiligung des Lesers, die in der Lernsituation auf vielfältige Weise angeregt werden, nicht bewerten. Ergebnisse von handlungs-/produktionsorientierten Aufgaben entziehen sich vielfach der Leistungsbewertung; prüfungsrelevante Dimensionen sind hierbei die schriftlichen Leistungen und die Plausibilität in der Bezugnahme auf den Text. Dagegen eignen sich analytische Aufgaben besonders gut für Prüfungssituationen, weil sie kleinschrittig untergliedert und in ihren Zielen klar definiert werden können.

Für Prüfungsarbeiten gelten wie für standardisierte Tests Gütekriterien. Objektivität bezieht sich auf die Bewertung von Lösungen, die nach gleichbleibenden Kriterien erfolgen sollte. Reliabilität (Zuverlässigkeit) beschreibt, wie präzise die Messungen sind. Validität (Gültigkeit) meint, ob genau die Kompetenz gemessen wird, die gemessen werden soll.

Aufgabenkultur

Zur Aufgabenkultur gehört nicht nur die Konstruktion von Aufgaben, sondern auch Entscheidungen darüber, wann sie wie eingesetzt und in ein Curriculum zum Aufbau fachlicher Kompetenzen eingebaut werden können. Teil einer Aufgabenkultur ist die Reflexion über die Funktion, Qualität und Art von Aufgaben, ihre Relevanz für Schüler und ihre inhaltlich und strukturell passende Einbettung in den Lernprozess (Eikenbusch 2001, S. 206). Aufgaben müssen auf sinnvolle Weise aufeinander folgen, indem ihre Voraussetzungsverhältnisse beachtet werden, und sie sollten sich in ihren Anforderungen den Potenzialen von Lernenden, Aufgaben erfolgreich bearbeiten zu können, anpassen. Eine Kombination von text- und leserbezogenen Aufgaben ermöglicht es, vielfältige Tätigkeiten anzuregen und Wissen, Erfahrungen und Einstellungen zu mobilisieren.

Aufgaben zur Förderung literarischer Kompetenzen sind den Phasen der Textbegegnung, Texterarbeitung und Anwendung zuzuordnen und sowohl lernerabhängig als auch gegenstandsbezogen zu spezifizieren. Für die Textbegegnung werden häufig Aufgaben des Zusammenfassens und Wiedergebens von Inhalten und des Beschreibens von Einzelelementen gegeben. Operatoren, wie z. B. »untersuche«, »finde heraus«, »geben Sie an«, sind bezeichnend für die Textanalyse, während Operatoren der interpretativen Erarbeitung ei-

Operatoren

nes Textes lauten: »interpretiere«, »erläutere«, »ordnen Sie ein«, »vergleichen Sie«, »beurteilen Sie«, »begründen Sie«. Die Klärung, welche Kompetenzen durch eine Aufgabe gefördert werden können und wie sich Kompetenzen nach Anforderungsniveaus abstufen lassen, setzt eine genauere Beschreibung von Aufgabenmerkmalen voraus.

8.5.2 Merkmale von Aufgaben

Aufgaben lassen sich nach externen Merkmalen, die die Einbettung von Aufgaben in die Lernumgebung betreffen, und internen Merkmalen, die aufgabenspezifisch sind, beschreiben (Ehlers 2003a, S. 64 ff.; Leubner/Saupe 2008, S. 78 ff.).

Externe Merkmale

Als externe Merkmale von Aufgaben gelten Arbeits-/Sozialformen und Zeit-/Planungsparameter. Eine Aufgabe kann in wenigen Minuten innerhalb des Unterrichts, in mehreren Zeitsequenzen und an einem oder unterschiedlichen Orten durchgeführt werden. Die Positionierung innerhalb einer Lernphase bestimmt die Funktion einer Aufgabe. Vor einer Lernphase bzw. Textlektüre kann sie Vorwissen aktivieren, einen Verständnis- oder Problemhorizont öffnen und Interesse wecken. Begleitend zur Lektüre haben Aufgaben die Funktion der Inhaltssicherung, der sukzessiven Texterschließung, aber auch der Raumgebung für subjektive Erfahrungen und der erneuten Motivierung. Nach der Lektüre kann eine Aufgabe der Verständniskontrolle dienen oder ein Problem ansprechen, das zur weiteren Reflexion anregt. Eingebettete Aufgaben haben vielfältige Funktionen. Sie schaffen Lernvoraussetzungen für den nächsten Schritt, stimulieren weitere Analysen, Interpretationen und Gedankengänge oder stellen Sichtweisen in Frage.

Zu den internen Merkmalen gehören insbesondere:

Interne Merkmale

Ziel und Inhalt. Der Inhalt einer Aufgabe ist bestimmt durch die durchzuführende Handlung, wie z. B. Schreiben, Lesen, Gliedern oder Ordnen. Gute Aufgaben zeichnen sich durch Zielbezogenheit, Auslösen von Aktivitäten der Problemlösung, Anregen zu aktiver Auseinandersetzung mit einem Text, zu konzeptuellem Wechsel und zur Neuorganisation von vorhandenem Wissen aus.

Reichweite. Dieses Kriterium meint den Textumfang, der für die Lösung einer Aufgabe berücksichtigt werden muss, oder die Bearbeitung eines Zusatztextes.

Lernform. Eine Aufgabe ist daraufhin zu prüfen, ob sie eine Lernform bzw. Methode neu einführt. Eine neue Lernform sollte möglichst an einem vertrauten Stoff und nicht an einem neuen eingeführt werden. Aufgaben dieses Typs zielen auf Methoden- und Analysekompetenzen.

Komplexität. Sie bemisst sich am kognitiven Aufwand und der Zahl der erforderlichen Operationen für die Lösung einer Aufgabe. Der Grad der Komplexität einer Aufgabe variiert mit der inneren Struktur und dem Umfang des Textes (s. Kap. 5.1.1, hier S. 72).

Offene, halboffene und geschlossene Aufgabenformate

Aufgabenformat. Aufgaben liegen in Form von Texten (Fragen, Aufforderungen) oder Tabellen und Strukturschemata vor. Sie können offen, halboffen oder geschlossen sein. Bei einem offenen Aufgabenformat ist der Lösungsweg nicht vorgezeichnet; die zu erbringende Eigenleistung ist hoch und in der Regel muss ein eigener Text verfasst werden. Eine offene Aufgabe wie »Interpretiere das Gedicht« kann jedoch nur bearbeitet werden, wenn Lerner wissen, was es heißt, einen literarischen Text zu interpretieren. Wird die Aufgabe spezifiziert, z. B. »Deuten Sie das Gedicht unter Berücksichtigung der Epoche«, muss der Lerner in Praktiken der Anwendung von literaturgeschichtlichem Wissen (Prozeduralisierung) eingeübt worden sein. Bei Prüfungen stellt sich das Problem, wie das zum Ausdruck gebrachte Textverständnis bewertet werden soll angesichts alternativer Deutungen.

Typisch für die halboffene Form sind das Ergänzen von Lückentexten und die Bearbeitung eines Textteils nach einer Mustervorgabe. Geschlossene Aufgaben sind die Beurteilung von vorgegebenen Aussagen als richtig oder falsch und *Multiple Choice*-Verfahren (MC), bei denen aus mehreren Alternativantworten (Distraktoren) eine Antwort gewählt werden muss. Qualität und Anspruchsniveau von MC-Tests hängen wesentlich davon ab, ob Distraktoren trennscharf sind, überzeugende Alternativen darstellen oder abwegige Antworten anbieten, die mit der Sache nichts zu tun haben und daher vom Lerner leicht ausgeschlossen werden können. MC-Aufgaben sind schwierig zu konstruieren, dafür erleichtern sie die Beurteilung.

Steuerungsgrad. Aufgabenformate und Grad der Steuerung hängen miteinander zusammen. Bei geschlossenen Aufgaben liegt ein hoher Steuerungsgrad vor. Das kann für Schüler hilfreich sein, die erst schrittweise zu einer größeren Eigenständigkeit hingeführt werden müssen. Lenkungen erfolgen durch Vorgaben der Art:

- Schüler sollen eine eingeführte Analysekategorie auf einen Text anwenden in der Art: »Untersucht die Erzählform in dem Text. Notiert die sprachlichen Bilder in dem Gedicht.«
- Es werden Aspekte/Kategorien genannt, unter denen ein Text zu untersuchen ist, etwa: »Legt eine Mind Map zu der Figur an und sammelt dabei Informationen zu: Aussehen, Lebensumständen, Eigenschaften, Verhalten.«
- Es werden Hinweise auf Textstellen gegeben, die für die Analyse zu berücksichtigen sind, etwa: »Bestimmen Sie die Mittel der erzählerischen Gestaltung ab Zeile 35.«
- Dem Schüler wird eine Deutungshypothese gegeben, die in einer Lernsituation das Ergebnis einer vorhergehenden Analyse oder Interpretation sein kann und am Text überprüft werden soll.

Eine geringe Steuerung und große Offenheit enthalten produktive, gestalterische Aufgaben, die dem Einfallsreichtum und der Phantasie des Lerners Spielraum lassen, eingegrenzt allein durch die Textbasis. Eine geringe Lenkung, hohe Selbständigkeit und Eigenaktivität sind typisch für offene Interpretationsfragen wie etwa:

> »Formulieren Sie Hypothesen darüber, wie Max Frisch das biblische Bildnisverbot in seinem Text ›Stiller‹ auslegt.«
>
> (*Duden. Das Oberstufenbuch* 2009, S. 471)

Schwierigkeitsgrad

Schwierigkeitsgrad. Der Schwierigkeitsgrad einer Aufgabe kann nur relativ zum Text und zum Leser bestimmt werden. Zu den Lesermerkmalen gehören das verfügbare text-, sprach-, gattungs- und weltbezogene Wissen, vorhandene Kompetenzen, Interessen und Leseerfahrungen. Die im Folgenden genannten Textmerkmale von erzählenden Texten, nach denen sich Schwierigkeiten und erforderliche Lese-/Deutungskompetenzen abstufen lassen, haben daher nur relative Geltung und bedürfen der empirischen Überprüfung. Sie dienen hier der Hilfestellung für die Konstruktion und Beurteilung von Aufgaben in Lern-/Leistungssituationen und Lehrwerken:

Textmerkmale

- *Monovalenz vs. Polyvalenz:* Literarische Texte variieren im Grad der Vieldeutigkeit. So neigt die didaktische Literatur tendenziell zur Vereindeutigung, indem sie die Intention auf eine Moral oder Lehre festlegt. Dagegen enthalten Texte der klassischen Moderne durch ihre Erzählkonstruktion ein hohes Maß an Polyvalenz, die von einem Leser erhöhte Rekonstruktions- und Syntheseleistungen fordert.

- *Mono- vs. Multiperspektivität:* Ein Leser kann einem Erzähltext leichter folgen, wenn die Perspektive bei einer Erzählinstanz bleibt. Dagegen erschwert das Verfahren multiperspektivischen Erzählens die Verständlichkeit, weil die wechselnden Sichtweisen miteinander koordiniert werden und die zugrunde liegenden Geschehnisse gegebenenfalls aus ihnen erst ermittelt werden müssen.
- *Explizitheit vs. Implizitheit:* Explizit Gegebenes ist direkt am Text ablesbar, während Implizites, wie z. B. Motive einer Figur, erschlossen werden muss, was je nach Text mehr kognitive Leistungen von einem Leser fordert, wie z. B. die Rekonstruktion von inner-/außertextuellen Zusammenhängen.
- *Linearität vs. verzweigte Handlungsführung:* Einem linearen Handlungsverlauf kann ein Leser leichter folgen als einem verzweigten, der sich zudem auf verschiedenen Zeitebenen abspielt. Der Leser muss hier diese Handlungsstränge und Zeitebenen koordinieren.
- *Chronologie vs. Achronie:* Einem Erzählen, das die Ereignisse chronologisch darstellt, ist leichter zu folgen, als wenn die ursprüngliche Reihenfolge der Ereignisse abgeändert wird und diese erst aus dem Erzählten rekonstruiert werden muss.
- *Konkretheit vs. Abstraktheit:* Konkretes und Gegenständliches sind zugänglicher als abstrakte Konzepte und Zusammenhänge, die der Leser oft über mehrere Schritte und unter Berücksichtigung eines größeren Textumfangs aus dem Mitgeteilten abstrahieren/ableiten muss.
- *Transparenz vs. Hermetik/Dichte:* Hermetische Texte, die ihre Inhalte verschlüsseln und die fiktive Welt in ihren inneren Gesetzen, Abläufen und Spielregeln undurchsichtig machen, widersetzen sich dem automatisierten, bruchlosen Verstehen im Unterschied zu Texten, die ihre Inhalte und Welten sprachlich, narrativ und kompositionell transparent vermitteln.
- *Ein- vs. Mehrdimensionalität:* Das betrifft vor allem die Figurenkonzeption. Eindimensionale, statische Figuren sind leichter verständlich und fordern weniger kognitive Lese-/Deutungsarbeit als mehrdimensionale und dynamische; *flat characters* ebenso wie *deep characters* (nach E. M. Forster 1927).
- *Hohe vs. niedrige Kontexteinbettung:* Je mehr Bezüge auf außertextuelle und intertextuelle Kontexte gegeben sind, desto mehr Wissen wird auf Seiten des Lesers vorausgesetzt, so dass erhöhte Kompetenzen vom Leser gefordert sind, um sich dieses Wissen anzueignen und auf Texte anzuwenden.

Medialität

Für die Beurteilung von Aufgaben spielt der Aspekt der Medialität (Print, multimedial, schriftlich/mündlich) eine Rolle. Lehrwerke unterliegen in der Konstruktion von Aufgaben den räumlichen Beschränkungen des Printmediums und müssen daher die Zahl der Aufgaben begrenzen und ihre Sequenzierung festlegen. Digitale Lehrwerke öffnen hier einen breiteren Spielraum auch für interaktive Aufgabenformate, die Lösungen zur Selbstkontrolle bereitstellen. Die Gestaltung des Layouts mit wechselnder Schrifttype, farbiger Unterlegung und räumlicher Abtrennung zum Textbereich sind bei Schulbüchern und am Bildschirm Mittel der Markierung von Aufgaben und eine Orientierungshilfe. Trägermaterial, Farbe, Schriftart und -größe sind Faktoren, die zur Lesbarkeit beitragen.

Beispielanalyse

Zur Analyse und Beurteilung einer Abfolge von Aufgaben, die Text und Leser auf verschiedene Weise in ein Verhältnis zueinander bringt und mehrere methodische Verfahren einsetzt, mag die Aufgabensequenz zur Ballade *Der Knabe im Moor* in dem gymnasialen Lehrwerk *Deutsch Plus 7* (2002, S. 243–244) dienen:

»A Klärt Wörter und Textstellen, die ihr nach dem ersten Lesen nicht verstanden habt.
B Schreibt arbeitsteilig zu den einzelnen Strophen Nebentexte [...]. D. h., drückt in der Ich-Form aus, was der Junge in der Situation denkt, fühlt und unternimmt.
C Balladen sind auch Gedichte. Zeige insbesondere an dieser Ballade auf, woran das deutlich wird. Nenne dabei Merkmale von Gedichten, die du schon kennst.«

Hier erfolgt ein Einschub, der drei poetische Stilmittel erklärt: Vergleich, Alliteration und Interjektion. Daran schließt sich der folgende Aufgabenblock an:

»A Suche in der Ballade nach weiteren Beispielen und ordne sie in eine Tabelle wie folgt ein.
B Überlegt anschließend gemeinsam, was mit den einzelnen Stilmitteln beim Leser der Ballade bewirkt werden soll.

Textstelle	**Stilmittel**	**Wirkung/Funktion**
O schaurig ... (Zeile 1)		*Von Beginn an wird Spannung erzeugt.*
Sich wie Phantome ... (Zeile 3)		

C Wie erklärst du dir das Erscheinen der verschiedenen Gestalten, die den Jungen derart erschrecken? Denke dabei auch an die *Erlkönig*-Balladen.

D Bereite die Ballade so vor, dass du in einem Vortrag die zunehmende Angst des Jungen und seine Erleichterung am Schluss hörbar machst.

E Viele Balladen, auch die von Herder, Goethe und Droste-Hülshoff, erscheinen in Sammlungen. Stell dir vor, sie sollten in einer Sammlung mit dem Titel *Unheimliche Natur-Balladen* erscheinen. Zeichnet dafür eine passende Illustration.«

Kommentar: Nach einer verständnissichernden Aufgabe (A) folgt in der ersten Aufgabensequenz eine handlungsbezogene Aufgabe (B), die Vorstellungen beim Leser aktiviert und seine Empathiefähigkeit anregt, aber zugleich der Verständniskontrolle dient und ein genaues Lesen erfordert. In C wird literarisches Vorwissen aktiviert und soll ein Transfer geleistet werden. Dann werden neue lyrische Kategorien eingeführt und definiert, die in der zweiten Aufgabensequenz (A, B), der ein halboffenes Format zugrunde liegt, an der Ballade untersucht werden sollen. Es handelt sich um eine analytische Aufgabe, die in der funktionalen Bewertung von Stilmitteln jedoch in die Interpretation übergeht. Auf diese Weise wird bereits auf die Erscheinungen im Moor hingeführt, die in C erklärt werden sollen. Hier liegt ein offenes Aufgabenformat vor. Unklar ist jedoch die Zielrichtung: Sollen die sinnlichen Wahrnehmungen auf Naturphänomene im Moor zurückgeführt und damit rational erklärt werden oder geht es um die Ängste des Jungen als Ursache für die wahrgenommenen Gestalten im Moor? Der Hinweis auf den *Erlkönig*, der zuvor in der Version von Herder und Goethe behandelt wurde, hilft nicht viel weiter bzw. führt auf eine falsche Spur, weil dort auf die Elfen als Naturgeister, die nach dem Volksglauben das Leben der Menschen beeinflussen, verwiesen wird. Bei Droste-Hülshoff geht es jedoch darum, dass die Gestalten im Moor auf natürliche Ursachen zurückzuführen sind und Wahrnehmung und Naturphänomene/Wirklichkeit divergieren. Der Aufgabenblock schließt mit der Aufforderung, die Ballade vorzutragen, was auch eine Form der Interpretation ist.

8.5.3 Aufgabentypen

Unterscheidung nach Form, Inhalt und Funktion

Typen von Aufgaben werden nach Form, Inhalt und Funktion unterschieden. Bevorzugte Aufgabentypen sind Aufforderungen und Fragen. Sie sind ergebnis- oder prozessorientiert. Aufforderungen veranlassen zu unterschiedlichen Lernhandlungen, wie Suchen, Auswählen, Vergleichen, Zusammenfassen, Nacherzählen oder Beschreiben. Faktenfragen der Art »Was hat er getan?« sind in der Regel einfacher zu beantworten, da sie sich auf Konkretes und direkt Benanntes beziehen und die Antworten daher am Text ablesbar sind, während Interpretationsfragen häufig mehrere Such-/Reflexionsverfahren, Schlussfolgerungen und Einbringen von Kontextwissen fordern. Im Unterricht kommen bevorzugt *display questions* zum Einsatz, d. h. Fragen, deren Antwort die Lehrkraft kennt oder implizit vorgibt. Davon zu trennen sind offene Fragen, die Schüler entsprechend ihrem Wissen und ihrer Bewertung beantworten (*referential questions*). Handlungs-/produktionsorientierte Aufgaben bilden einen eigenen Aufgabentyp; sie regen zu vielfältigen Aktivitäten der Auseinandersetzung mit einem Text an und können texterschließende und motivierende Funktion haben. Eine weitere Klasse von Aufgaben zielt auf das Üben, Wiederholen, Anwenden und den Transfer von Gelerntem, wie z. B. im obigen Beispiel die Aufgaben A und B. Aufgaben, die Lernende zur Reflexion über Aufgaben veranlassen, liegen auf einer Meta-Ebene und fördern methodische Kompetenzen, indem Schüler lernen, sinnvolle Fragen zu stellen und Probleme selbst zu formulieren.

Empfohlene Literatur

Eikenbusch, Gerhard: Qualität im Deutschunterricht der Sekundarstufe I und II. Berlin 2001.

Köster, Juliane: Die Profilierung einer Differenz. Aufgaben zum Textverstehen in Lern- und Leistungssituationen. In: Der Deutschunterricht (2003) H. 5. S. 19–25.

Leubner, Martin / Saupe, Anja: Textverstehen im Literaturunterricht und Aufgaben. Baltmannsweiler 2008.

Literaturverzeichnis

Lehrpläne, Bildungsstandards, PISA-Studien, EPA

Baumert, Jürgen [u. a.] (Deutsches PISA-Konsortium) (Hrsg.): PISA 2000. Basiskompetenzen von Schülern und Schülerinnen im internationalen Vergleich. Opladen 2001.

Bildungsstandards im Fach Deutsch für den Mittleren Schulabschluss. Beschluss der Kultusministerkonferenz vom 4.12.2003. Hrsg. vom Sekretariat der Ständigen Konferenz der Kultusminister der Länder in der Bundesrepublik Deutschland. München 2005.

Bildungsstandards im Fach Deutsch für die Allgemeine Hochschulreife. Beschluss der Kultusministerkonferenz vom 18.10.2012. Hrsg. vom Sekretariat der Ständigen Konferenz der Kultusminister der Länder in der Bundesrepublik Deutschland. www.kmk.org/bildung-schule/qualitaetssicherung-in-schule/bildungsstandards/dokumente.html/

Deutsches PISA-Konsortium (Hrsg.): Pisa 2000. Basiskompetenzen von Schülerinnen und Schülern im internationalen Vergleich. Opladen 2001.

Einheitliche Prüfungsanforderungen in der Abiturprüfung Deutsch (EPA). Beschluss der Kultusministerkonferenz vom 1.12.1989 in der Fassung vom 24.5.2002.

Kerncurriculum für die gymnasiale Oberstufe Niedersachsen. Hrsg. vom Niedersächsischen Kultusministerium 2009.

Klieme, Eckhard [u. a.] (Hrsg.): PISA 2009. Bilanz nach einem Jahrzehnt. Münster 2010.

Lehrpläne und Prüfungsordnungen für die höheren Schulen (1892). In: Centralblatt für die gesammte Unterrichts-Verwaltung in Preußen. Hrsg. in dem Ministerium der geistlichen, Unterrichts- und Medizinal-Angelegenheiten. Berlin: 1892. S. 199–366.

Rahmenlehrplan für die gymnasiale Oberstufe. Gymnasien, Gesamtschulen mit gymnasialer Oberstufe, Berufliche Gymnasien, Kollegs, Abendgymnasien. Deutsch. Senatsverwaltung für Bildung, Jugend und Sport. Berlin 2006.

Lesebücher

Auswahl deutscher Gedichte für die untern und mittlern Classen gelehrter Schulen. Hrsg. von Dr. Theodor Echtermeyer. Halle 1836.

Chrestomathie deutscher Gedichte. Hrsg. von Christian F. R. Vetterlein. Köthen 1796.

Der Kinderfreund. Ein Lesebuch zum Gebrauch in Landschulen. Hrsg. von Friedrich E. von Rochow. Leipzig. Tl. 1: 1776. Tl. 2: 1779.

Deutschbuch. Neue Grundausgabe 7. Hrsg. von Bernd Schurf / Andrea Wagener. Berlin 2008.

Deutsches Lesebuch. Hrsg. von Karl E. P. Wackernagel. 3 Tle. Tl. 4: Für Lehrer. Der Unterricht in der Muttersprache. Stuttgart 1843. [4. Aufl. Gütersloh 1889.]

Deutsch plus Klasse 7 Gymnasium. Hrsg. von Carsten Gansel / Frank Jürgens / Kurt Rose. Berlin 2002.

Duden. Das Oberstufenbuch. Hrsg. von Michael Kämper-van den Boogaart. Berlin/Mannheim 2009.

Grundkurs Film 1: Kino, Fernsehen, Videokunst. Hrsg. von Michael Klant / Raphael Spielmann. Braunschweig 2008.

Grundkurs Film 2. Filmkanon, Filmklassiker, Filmgeschichte. Hrsg. von Joachim Pfeiffer / Michael Staiger. Braunschweig 2010.
Kombi-Buch Deutsch. Lese- und Sprachbuch für Gymnasien 7. Neue Ausgabe Bayern. Hrsg. von Karla Müller / Gottlieb Gaiser. Bamberg 2010.
Kombi Kompakt. Ausgabe N. Hrsg. von Elke Langendorf / Thorsten Zimmer. Bamberg 2012.
Lebensgut. Ein deutsches Lesebuch für höhere Schulen. Hrsg. von Hans H. Schmidt-Voigt / Max Preitz / Oskar Winneberger. 2. Aufl. Frankfurt a. M. 1925.
Lebensgut. Ein deutsches Lesebuch für höhere Schulen. Hrsg. von Erich Kitsch / Paul Rohbeck / Andreas Bergmann. Frankfurt a. M. 1955.
Lesebuch. Hrsg. von Hermann Helmers [u. a.]. Hannover 1965.
Lesebuch 65. Hrsg. von Klaus Gerth [u. a.]. Hannover 1965.
Seitenwechsel. Bd. 5. Erarb. von Winfried Bauer [u. a.]. Hannover 1997.
Texte, Themen und Strukturen. Deutschbuch für die Oberstufe. Hrsg. von Bernd Schurf / Andrea Wagener. Berlin 2009.
Treffpunkte. Bd. 9. Hrsg. von Wolfgang Menzel. Hannover 2002. [Erw. Ausgabe.]
Vorübungen zur Erweckung der Aufmerksamkeit und des Nachdenkens: zum Gebrauch einiger Klassen des Königlichen Joachimthalischen Gymnasiums. Hrsg. von Johann G. Sulzer. Berlin 1768.

Literaturgeschichten

Georg Gottfried Gervinus: Handbuch der Geschichte der poetischen National-Litteratur der Deutschen. Leipzig. 5 Bde. 1835–42.
Karl August Koberstein: Grundriß der Geschichte der deutschen Nationalliteratur. Leipzig 1827.
Dieter Mayer: Sichtweisen. Epochen. München 2002.
Wissensspeicher Deutsch. Hrsg. von Gisela Beste / Albert Bremerich-Vos / Michael Kämper-van den Boogaart. Berlin 2004.

Primärtexte

Clemens Brentano: Werke. Bd. 1. Hrsg. von Wolfgang Frühwald / Bernhard Gajek / Friedhelm Kemp. München ²1978.
Hans Magnus Enzensberger: Rebus. Gedichte. Frankfurt a. M. 2009.
Theodor Fontane: Irrungen, Wirrungen. Stuttgart 2010.
Dashiell Hammett: Der Malteser Falke. Zürich 1974.
Franz Kafka: Die Verwandlung. Stuttgart 2002.
Thomas Mann: Der Zauberberg. Frankfurt 1967.
Rainer Maria Rilke: Werke in 3 Bänden. Bd. 1. Frankfurt a. M. 1966.
Hannelore Valencak: Das Fenster zum Sommer. München 1980.
Stefan Zweig: Meisternovellen. Frankfurt a. M. 2001.

Sekundärliteratur

Abraham (1998) Abraham, Ulf: Übergänge, Literatur, Sozialisation und Literarisches Lernen. Opladen 1998.

Abraham (2000) Abraham, Ulf: Das a/Andere W/wahrnehmen. Über den Beitrag von Literaturgebrauch und literarisches Lernen zur ästhetischen Bildung (nicht nur) im Deutschunterricht. In: Mitteilungen des deutschen Germanistenverbandes 1 (2000) S. 10–22.

Abraham (2009) Abraham, Ulf: Filme im Deutschunterricht. Seelze 2009.

Abraham/Kepser (2009) Abraham, Ulf / Kepser, Matthis: Literaturdidaktik Deutsch. Eine Einführung. Berlin ³2009.

Anders (2013) Anders, Petra: Lyrische Texte im Deutschunterricht. Grundlagen, Methoden, multimediale Praxisvorschläge. Stuttgart 2013.

Aristoteles (1994) Aristoteles: Poetik. Griechisch/Deutsch. Übers. und hrsg. von Manfred Fuhrmann. Stuttgart 1994.

Austermühl (1982) Austermühl, Elke: Lyrik in der Sekundarstufe I. Hannover 1982.

Ast (1808) Ast, Friedrich: Grundlinien der Grammatik, Hermeneutik und Kritik. Landshut 1808.

Bal (1985) Bal, Mike: Narratology. Introduction to the Theory of Narrative. Toronto 1985.

Bark/Förster (2000) Bark, Joachim / Förster, Jürgen (Hrsg.): Schlüsseltexte zur neuen Lesepraxis. Stuttgart 2000.

Baumert (2002) Baumert, Jürgen: Deutschland im internationalen Bildungsvergleich. In: Nelson Killius / Jürgen Kluge / Linda Reisch (Hrsg.): Die Zukunft der Bildung. Frankfurt a. M. 2002. S. 100–150.

Berthold (1993) Berthold, Christian: Fiktion und Vieldeutigkeit. Zur Entstehung moderner Kulturtechniken des Lesens im 18. Jahrhundert. Tübingen 1993.

Bogdal/Korte (2002) Bogdal, Klaus-Michael / Korte, Hermann (Hrsg.): Grundzüge der Literaturdidaktik. Stuttgart 2002.

Bonfadelli/Fritz/Köcher (1993) Bonfadelli, Heinz / Fritz, Angela / Köcher, Renate: Lesesozialisation. Bd. 2: Leseerfahrungen und Lesekarrieren. Gütersloh 1993.

Bonfadelli/Fritz (1993) Bonfadelli, Heinz / Fritz, Angela: Lesen im Alltag von Jugendlichen. In: H. B. [u. a.] (Hrsg.): Lesesozialisation. Bd. 2: Leseerfahrungen und Lesekarrieren. Gütersloh 1993. S. 7–213.

Bordwell (1985) Bordwell, David: Narration in the Fiction Film. Madison 1985.

Bourdieu (1978) Bourdieu, Pierre: Die feinen Unterschiede. Kritik der gesellschaftlichen Urteilskraft. Frankfurt a. M. 1978.

Branigan (1984) Branigan, Edward R.: Point of View in the Cinema. A Theory of Narration and Subjectivity in Classical Film. Berlin/Mouton 1984.

Brekle (1992) Brekle, Wolfgang: Zur Theorie und Praxis des Literaturunterrichts der achtziger Jahre in der DDR. In: Kurt Abels (Hrsg.): Deutschunterricht in der DDR 1949–1989. Frankfurt a. M. 1992. S. 85–94.

Brüggemann (2009) Brüggemann, Jörn: Literarisches Lesen – Historisches Verstehen. Zur Explikation einer unterbewerteten Komponente literarischer Rezeptionskompetenz. In: Didaktik Deutsch 26 (2009) S. 12–30.

Burdorf (1997) Burdorf, Dieter: Einführung in die Gedichtanalyse. Stuttgart ²1997.
Christ/Fischer (1995) Christ, Hannelore / Fischer, Eva [u. a.] (Hrsg.): »Ja, aber es kann doch sein …«. In der Schule literarische Gespräche führen. Frankfurt a. M. 1995.
Christmann/Schreier (2003) Christmann, Ursula / Schreier, Margrit: Kognitionspsychologie der Textverarbeitung und Konsequenzen für die Bedeutungskonstitution literarischer Texte. In: Fotis Jannidis [u. a.] (Hrsg.): Regeln der Bedeutung. Zur Theorie der Bedeutung literarischer Texte. Berlin / New York 2003. S. 246–285.
Cohn (1978) Cohn, Dorrit: Transparent Minds. Narrative Moods for Presenting. Consciousness in Fiction. Princeton 1978.
Dawidowski (2013) Dawidowski, Christian: Darstellungen des Fremden in Lesebüchern des 20. Jahrhunderts. Eine Typologie. In: C. D. / Swantje Ehlers (Hrsg.): Das Lesebuch als Bildungsmedium. Frankfurt a. M. 2013. S. 99–121.
Dawidowski/Wrobel (2006) Dawidowski, Christian / Wrobel, Dieter (Hrsg.): Interkultureller Literaturunterricht. Konzepte – Modelle – Perspektiven. Baltmannsweiler 2006.
Dawidowski/Ehlers (2013) Dawidowski, Christian / Ehlers, Swantje (Hrsg.): Das Lesebuch als Bildungsmedium. Frankfurt a. M. 2013.
Deinhardt (1859) Deinhardt, Johann Heinrich: Ästhetische Bildung. In: Karl Adolf Schmid (Hrsg.): Encyklopädie des gesammten Erziehungs- und Unterrichtswesens. Bd. 1. Gotha 1859. S. 263–272.
Denk (1998) Denk, Rudolf: Hörfunk und Fernsehen. In: Günter Lange [u. a.] (Hrsg.): Taschenbuch des Deutschunterrichts. Bd. 1. Grundlagen – Sprachdidaktik – Mediendidaktik. Baltmannsweiler 1998. S. 431–449.
Denk (2008) Denk, Rudolf / Möbius, Thomas: Dramen- und Theaterdidaktik. Eine Einführung. Berlin 2008.
Derrida (1967/1974) Derrida, Jacques: Grammatologie. Frankfurt a. M. 1974. [Frz. 1967.]
Derrida (1972/1988) Derrida, Jacques: Randgänge der Philosophie. Hrsg. von Peter Engelmann. Wien/Graz 1988. [Frz. 1972.]
van Dijk (1980) van Dijk, Teun A.: Story Comprehension: An Introduction. In: Poetics 9 (1980) S. 1–21.
Eco (1987) Eco, Umberto: Lector in fabula. Die Mitarbeit der Interpretation in erzählenden Texten. München 1987.
Eggert (2002) Eggert, Hartmut: Literarische Texte und ihre Anforderungen an die Lesekompetenz. In: Norbert Groeben / Bettina Hurrelmann (Hrsg.): Lesekompetenz: Bedingungen, Dimensionen. 2002. S. 186–194.
Eggert/Berg/Rutschky (1974) Eggert, Hartmut / Berg, Hans Christoph / Rutschky, Michael: Literaturrezeption von Schülern als Problem der Literaturdidaktik. In: Wilhelm Dehn (Hrsg.): Ästhetische Erfahrung und literarisches Lernen. Frankfurt 1974. S. 267–298.
Eggert/Garbe (1995) Eggert, Hartmut / Garbe, Christine: Literarische Sozialisation. Stuttgart 1995/²2003.
Ehlers (1998) Ehlers, Swantje: Lesetheorie und fremdsprachliche Lesepraxis. Tübingen 1998.

Ehlers (2001) Ehlers, Swantje: Übungen zum Leseverstehen. In: Richard Bausch [u. a.] (Hrsg.): Handbuch des Fremdsprachenunterrichts. Berlin 2001. S. 286–292.

Ehlers (2003a) Ehlers, Swantje: Der Umgang mit dem Lesebuch. Baltmannsweiler 2003.

Ehlers (2003b) Ehlers, Swantje: Das Lesebuch im Kontext von Zwei- und Mehrsprachigkeit. In: S. E. (Hrsg.): Das Lesebuch. Zur Theorie und Praxis des Lesebuchs im Deutschunterricht. Baltmannsweiler 2003. S. 181–201.

Ehlers (2003c) Ehlers, Swantje (Hrsg.): Das Lesebuch. Zur Theorie und Praxis des Lesebuchs im Deutschunterricht. Baltmannsweiler 2003.

Ehlers (2008) Ehlers, Swantje: Lesekompetenz in der Zweitsprache. In: Bernt Ahrenholz / Ingelore Oomen-Welke (Hrsg.): Deutsch als Zweitsprache. Baltmannsweiler 2008. S. 215–228.

Ehlers (2009) Ehlers, Swantje: Heterogenität und Literalität. In: Carl-Peter Buschkühle / Ludwig Duncker / Vadim Oswalt (Hrsg.): Bildung zwischen Standardisierung und Heterogenität – ein interdisziplinärer Diskurs. Wiesbaden 2009. S. 97–119.

Ehlers (2010) Ehlers, Swantje: Studienbuch zur Analyse und Didaktik literarischer Texte. Baltmannsweiler 2010.

Ehlers (2011) Ehlers, Swantje: Lesebuch. In: Kurt Franz / Günter Lange / Franz-Josef Payrhuber (Hrsg.): Kinder- und Jugendliteratur. Ein Lexikon. Meitingen 2011. S. 1–28.

Ehlers (2014) Ehlers, Swantje: Lesen im Kontext von Migration. In: IMIS 45 (2014) S. 53–63.

Ehlers (2017) Ehlers, Swantje: Der Roman im Unterricht. Paderborn 2017.

Eikenbusch (2001) Eikenbusch, Gerhard: Qualität im Deutschunterricht der Sekundarstufe I und II. Berlin 2001.

Engelsing (1974) Engelsing, Rolf: Der Bürger als Leser. Lesergeschichte in Deutschland 1500–1800. Stuttgart 1974.

Erlinger (1991) Erlinger, Hans Dieter: Deutschunterricht in Schulprogrammen des 19. Jahrhunderts. In: H. D. E. / Clemens Knobloch (Hrsg.): Muttersprachlicher Unterricht im 19. Jahrhundert. Untersuchungen zu seiner Genese und Institutionalisierung. Tübingen 1991. S. 237–253.

Essen (1956) Essen, Erika: Methodik des Deutschunterrichts. Heidelberg 1956.

Fehr (2000) Fehr, Wolfgang: Goethe, Werther und die Leiden der Didaktik – Unterrichtsvorschläge zur (Wiederholungs-)Lektüre eines kanonischen Textes. In: Joachim Bark / Jürgen Förster (Hrsg.) 2000. S. 93–118.

Fingerhut (1997) Fingerhut, Karlheinz: Kanon, Kommentar und Schulkultur. In: Deutschunterricht (1997) H. 4. S. 180–190.

Fingerhut (2002) Fingerhut, Karlheinz: Didaktik der Literaturgeschichte. In: Klaus-Michael Bogdal / Hermann Korte (Hrsg.): Grundzüge der Literaturdidaktik. Stuttgart 2002. S. 147–165.

Fludernik (2006) Fludernik, Monika: Einführung in die Erzähltheorie. Darmstadt 2006.

Forster (1927) Forster, Edward Morgan: Aspects of the Novel. New York 1927.

Förster (2000) Förster, Jürgen: Literatur als Sprache lesen. In: Joachim Bark / J. F. (Hrsg.): Schlüsseltexte zur neuen Lesepraxis. Stuttgart 2000. S. 214–228.

Foucault (1966/1973) Foucault, Michel: Archäologie des Wissens. Frankfurt a. M. 1973. [Frz. 1966.]

Frank (1973) Frank, Horst Joachim: Geschichte des Deutschunterrichts. Von den Anfängen bis 1945. München 1973.

Frederking (2010) Frederking, Volker: Modellierung literarischer Rezeptionskompetenz. In: Michael Kämper-van den Boogaart / Kaspar H. Spinner (Hrsg.): Lese- und Literaturunterricht. Tl. 1. Baltmannsweiler 2010. S. 324–380.

Frederking/Krommer/Maiwald (2008/²2012) Frederking, Volker / Krommer, Axel / Maiwald, Klaus: Mediendidaktik Deutsch. Eine Einführung. Baltmannsweiler 2008/²2012.

Frederking/Meier/Stanat/Dickhäuser (2008) Frederking, Volker/ Meier, Christel / Stanat, Petra / Dickhäuser, Oliver: Ein Modell literarästhetischer Urteilskompetenz. In: Didaktik Deutsch (2008) H. 25. S. 11–31.

Frederking/Krommer/Meier (2013) Frederking, Volker / Axel Krommer/ Christel Meier (Hrsg.): Taschenbuch des Deutschunterrichts. Bd. 2: Literatur und Mediendidaktik. Baltmannsweiler 2013.

Frey (1982/¹²2012) Frey, Karl: Die Projektmethode. Der Weg zum bildenden Tun. Weinheim/Basel 1982/¹²2012.

Freytag (1863) Freytag, Gustav: Die Technik des Dramas. Leipzig 1863.

Friedman (1955) Friedman, Norman: Point of View in Fiction. The Development of a Critical Concept. In: Publications of the Modern Language Association 70 (1955) S. 1160–1184.

Fritzsche (1994) Fritzsche, Joachim: Zur Didaktik und Methodik des Deutschunterrichts. Bd. 3: Umgang mit Literatur. Stuttgart 1994.

Fuhrmann (²1992) Fuhrmann, Manfred: Die Dichtungstheorie der Antike. Aristoteles, Horaz, ›Longin‹. Eine Einführung. Darmstadt ²1992.

Gadamer (1960) Gadamer, Hans-Georg: Wahrheit und Methode. Grundzüge einer philosophischen Hermeneutik. Tübingen 1960.

Garbe/Holle/Jesch (2009) Garbe, Christine / Holle, Karl / Jesch, Tatjana: Texte lesen. Lesekompetenz – Textverstehen – Lesedidaktik – Lesesozialisation. Paderborn 2009.

Garbe/Philipp/Ohlsen (2009) Garbe, Christine / Philipp, Maik / Ohlsen, Nele: Lesesozialisation. Arbeitsbuch. Paderborn/München 2009.

Gast (1996) Gast, Wolfgang: Filmanalyse. In: Praxis Deutsch 23 (1996) H. 140. S. 14–25.

Gattermaier (2003) Gattermaier, Klaus: Literaturunterricht & Lesesozialisation. Eine empirische Untersuchung zum Lese- und Medienverhalten von Schülern und zur lesesozialisatorischen Wirkung ihrer Deutschlehrer. Regensburg 2003.

Geißler (1970) Geißler, Rolf: Prolegomena zu einer Theorie der Literaturdidaktik. Bestandsaufnahme – Kritik – Neuansatz. Hannover 1970.

Genette (1972/²1998) Genette, Gérard: Die Erzählung. München ²1998. [Frz. 1972.]

Göbel (1977) Göbel, Klaus (Hrsg.): Das Drama in der Sekundarstufe. Kronberg/Ts. 1977.

Graf (2007) Graf, Werner: Lesegenese in Kindheit und Jugend. Einführung in die literarische Sozialisation. Baltmannsweiler 2007.

Groeben (1977) Groeben, Norbert: Literaturpsychologie, Rezeptionsforschung als empirische Literaturwissenschaft. Paradigma- durch Methodendiskussion an Untersuchungsbeispielen. Kronberg. Ts. 1977.

Groeben (2004) Groeben, Norbert: (Lese-)Sozialisation als Ko-Konstruktion – Methodisch-methodologische Problem-(Lösungs-)Perspektiven. In: N. G. / Bettina Hurrelmann (Hrsg.): Lesesozialisation in der Mediengesellschaft. Weinheim/München 2004. S. 145–168.

Groeben/Hurrelmann (2002) Groeben, Norbert / Hurrelmann, Bettina (Hrsg.): Lesekompetenz. Bedingungen, Dimensionen, Funktionen. Weinheim 2002.

Groeben/Hurrelmann (2004) Groeben, Norbert / Hurrelmann, Bettina (Hrsg.): Lesesozialisation in der Mediengesellschaft. Weinheim/München 2004.

Groeben/Schroeder (2004) Groeben, Norbert / Schroeder, Sascha: Versuch einer Synopse: Sozialisationsinstanzen – Ko-Konstruktion. In: N. G. / Bettina Hurrelmann (Hrsg.): Lesesozialisation in der Mediengesellschaft. Weinheim/München 2004. S. 306–350.

Haas (1984) Haas, Gerhard: Handlungs- und produktionsorientierter Literaturunterricht in der Sekundarstufe I. Hannover 1984.

Haas (1997) Haas, Gerhard: Handlungs- und produktionsorientierter Literaturunterricht. Theorie und Praxis eines »anderen« Literaturunterrichts für die Primar- und Sekundarstufe. Seelze-Velber 1997.

Härle/Steinbrenner (2003) Härle, Gerhard / Steinbrenner, Marcus: »Alles *Verstehen* ist ... immer zugleich ein *Nicht-Verstehen*.« Grundzüge einer verstehensorientierten Didaktik des literarischen Unterrichtsgesprächs. In: Literatur im Unterricht 4 (2003) H. 2. S. 139–162.

Härle/Steinbrenner (2004) Härle, Gerhard / Steinbrenner, Marcus (Hrsg.): Kein endgültiges Wort: Die Wiederentdeckung des Gesprächs im Literaturunterricht. Baltmannsweiler 2004.

Häusermann/Janz-Peschke/Rühr (2010) Häusermann, Jürg / Janz-Peschke, Korinna / Rühr, Sandra: Das Hörbuch. Medium – Geschichte – Formen. Konstanz 2010.

Hein (1990) Hein, Jürgen: Kanon-Diskussion in Literaturdidaktik und Öffentlichkeit. Eine Bestandsaufnahme. In: Detlef C. Kochan (Hrsg.): Literaturdidaktik, Lektürekanon, Literaturunterricht. Amsterdam 1990. S. 311–345.

Helmers (1966) Helmers, Hermann: Didaktik der deutschen Sprache. Einführung in die Theorie der muttersprachlichen und literarischen Bildung. Stuttgart 1966.

Helmers (1969) Helmers, Hermann (Hrsg.): Die Diskussion um das deutsche Lesebuch. Darmstadt 1969.

Helmers (1970) Helmers, Hermann: Geschichte des deutschen Lesebuchs in Grundzügen. Stuttgart 1970.

Herder (1962) Herder, Johann Gottfried: Von der Ausbildung der Rede und Sprache in Kindern und Jünglingen. In: J. G. H.: Schulreden. Hrsg. von Albert Reble. Bad Heilbrunn 1962. S. 105–110.

Herzog/Koselleck (1987) Herzog, Reinhart / Koselleck, Reinhart (Hrsg.): Epochenschwelle und Epochenbewusstsein. München 1987.

Heydebrand (1993) Heydebrand, Renate von: Probleme des »Kanons« – Probleme der Kultur- und Bildungspolitik. In: Johannes Janota (Hrsg.): Methodenkonkurrenz in der germanistischen Praxis. Vorträge des Augsburger Germanistentags 1991. Bd. 4. Tübingen 1993. S. 3–12.

Heydebrand/Winko (1996) Heydebrand, Renate von / Winko, Simone: Einführung in die Wertung von Literatur. Paderborn 1996.

Hickethier (1981) Hickethier, Knut: Filmsprache und Filmanalyse. In: Der Deutschunterricht 33 (1981) H. 4. S. 6–27.

Hickethier (1994/⁴2007) Hickethier, Knut: Film- und Fernsehanalyse. Stuttgart 1994/⁴2007.

Hickethier (²2010) Hickethier, Knut: Einführung in die Medienwissenschaft. Stuttgart ²2010.

Hiecke (1835) Hiecke, Robert Heinrich: Handbuch Deutscher Prosa für obere Gymnasialclassen, enthaltend eine auf Erweiterung des Gedankenkreises und Bildung der Darstellung berechnete Sammlung auserlesener Prosastücke. Zeitz 1835.

Hiecke (1842) Hiecke, Robert Heinrich: Der deutsche Unterricht auf deutschen Gymnasien. Leipzig 1842.

Hofstaetter (1917) Hofstaetter, Walther (Hrsg.): Deutschkunde. Ein Buch von deutscher Art und Kunst. Leipzig/Berlin 1917.

Honnef-Becker (2007) Honnef-Becker, Irmgard (Hrsg.): Dialoge zwischen den Kulturen. Interkulturelle Literatur und ihre Didaktik. Baltmannsweiler 2007.

Hügel (2007) Hügel, Hans-Otto: Lob des Mainstreams. Zu Begriff und Geschichte von Unterhaltung und Populärer Kultur. Köln 2007.

Hüppauf (1974) Hüppauf, Bernd: Über Literaturgeschichte im Deutschunterricht. In: Reinhard Dithmar (Hrsg.): Literaturunterricht in der Diskussion. Tl. 2. Kronberg/Ts. 1974. S. 97–128.

Humboldt (1793) Humboldt, Wilhelm von: Theorie der Bildung des Menschen. Bruchstück (1793). In: W. v. H.: Werke 1. Schriften zur Anthropologie und Geschichte. Hrsg. von Andreas Flitner / Klaus Giel. Darmstadt 1960. S. 234–240.

Hurrelmann (1982) Hurrelmann, Bettina: Kinderliteratur im sozialen Kontext. Eine Rezeptionsanalyse am Beispiel schulischer Literaturverarbeitung. Weinheim 1982.

Hurrelmann/Hammer/Nieß (1993) Hurrelmann, Bettina / Hammer, Michael / Nieß, Ferdinand: Leseklima in der Familie. Eine Studie der Bertelsmann-Stiftung. Lesesozialisation. Bd. 1. Gütersloh 1993.

Iser (1975) Iser, Wolfgang: Die Appellstruktur der Texte. Unbestimmtheit als Wirkungsbedingung literarischer Prosa. (Konstanz 1970.) In: Rainer Warning (Hrsg.): Rezeptionsästhetik. München 1975. S. 228–252.

Jauß (1977) Jauß, Hans Robert: Ästhetische Erfahrung und literarische Hermeneutik I. München 1977.

Jäger (1973) Jäger, Georg: Der Deutschunterricht auf Gymnasien 1780 bis 1850. In: DVjs 47 (1973) S. 120–147.

Ivo (1969) Ivo, Hubert: Kritischer Deutschunterricht. Frankfurt 1969.

Johnson-Laird (1983) Johnson-Laird, Philip N.: Mental Models. Towards a Cognitive Science of Language, Inference, and Consciousness. Cambridge 1983.

Jost (1987) Jost, François: L'oeil-caméra: entre film et roman. Lyon 1987.

Kablitz (1988) Kablitz, Andreas: Erzählperspektive – Point of View – Focalisation. In: Zeitschrift für französische Sprache und Literatur 98 (1988) S. 237–255.

Kämper-van den Boogaart (1997) Kämper-van den Boogaart, Michael: Schönes schweres Lesen. Legitimität literarischer Lektüre aus kultursoziologischer Sicht. Wiesbaden 1997.

Kaes (1995) Kaes, Anton: New Historicism: Literaturgeschichte im Zeichen der Postmoderne? In: Moritz Baßler (Hrsg.): New Historicism. Literaturgeschichte als Poetik der Kultur. Frankfurt a. M. 1995. S. 251–267.

Kammler (1995) Kammler, Clemens: Ein Ereignis im Auschwitz-Diskurs. Ruth Klügers Autobiographie »weiter leben. Eine Jugend« im Unterricht. In: Der Deutschunterricht 47 (1995) H. 6. S. 19–30.

Kammler (2000) Kammler, Clemens (Hrsg.): Neue Literaturtheorien und Unterrichtspraxis. Positionen und Modelle. Baltmannsweiler 2000.

Kammler (2006a) Kammler, Clemens (Hrsg.): Literarische Kompetenzen – Standards im Literaturunterricht. Seelze 2006.

Kammler (2006b) Kammler, Clemens: Symbolverstehen als literarische Rezeptionskompetenz. In: C. K. (Hrsg.): Literarische Kompetenzen – Standards im Literaturunterricht. Seelze 2006. S. 196–212.

Kammler/Noack (2010) Kammler, Clemens / Noack, Bettina: Literaturgeschichte und Kanon im Zentralabitur 2008–2010. In: Der Deutschunterricht (2010) H. 1. S. 5–12.

Katthage (2004) Katthage, Gerd: Didaktik der Metapher. Perspektiven für den Deutschunterricht. Baltmannsweiler 2004.

Kepser (2006) Kepser, Matthis: Spielfilmbildung an deutschen Schulen: Fehlanzeige? Spielfilmnutzung – Spielfilmwissen – Spielfilmdidaktik im Abiturjahrgang 2006. In: Didaktik Deutsch 24 (2008) S. 24–27.

Killus (1997) Killus, Dagmar: Das Schulbuch im Deutschunterricht der Sekundarstufe I. Münster 1997.

Kilpatrick (1918) Kilpatrick, William H.: The Project Method. In: Teachers College Record 19 (1918) H. 4. S. 319–335.

Klafki (1959) Klafki, Wolfgang: Kategoriale Bildung. Zur bildungstheoretischen Deutung der modernen Didaktik. In: Studien zur Bildungstheorie und Didaktik. Weinheim 1959. S. 24–45.

Klieme (2004a) Klieme, Eckhard: Standards vorgeben? In: Pädagogik (2004) H. 3. S. 50.

Klieme (2004b) Klieme, Eckhard: Was sind Kompetenzen und wie lassen sie sich messen? In: Pädaogik (2004) H. 6. S. 10–13.

Klose (1974) Klose, Werner: Didaktik des Hörspiels. Stuttgart 1974.

Klotz (1960) Klotz, Volker: Geschlossene und offene Form im Drama. München 1960.

Koch/Oesterreicher (1985) Koch, Peter / Oesterreicher, Wulf: Sprache der Nähe – Sprache der Distanz. Mündlichkeit und Schriftlichkeit im Spannungsfeld von Sprachtheorie und Sprachgeschichte. In: Romanisches Jahrbuch 36 (1985) S. 15–43.

Köcher (1993) Köcher, Renate: Lesekarrieren – Kontinuität und Brüche. In: Heinz Bonfadelli [u. a.] (Hrsg.): Lesesozialisation. Bd. 2: Leseerfahrungen und Lesekarrieren. Gütersloh 1993. S. 215–310.

Köster (2003) Köster, Juliane: Die Profilierung einer Differenz. Aufgaben zum Textverstehen in Lern- und Leistungssituationen. In: Der Deutschunterricht (2003) H. 5. S. 19–25.

Kopp (1994) Kopp, Detlev: (Deutsche) Philologie und Erziehungssystem. In: Jürgen

Fohrmann / Wilhelm Voßkamp: Wissenschaftsgeschichte der Germanistik im 19. Jahrhundert. Stuttgart 1994. S. 669–741.

Korte (1996) Korte, Hermann: Erinnerungsarbeit. Literaturgeschichte und Literaturunterricht. In: Literatur in Wissenschaft und Unterricht 29 (1996) H. 1. S. 41–52.

Korte (2002) Korte, Hermann: Historische Kanonforschung und Verfahren der Textauswahl. In: Klaus-Michael Bogdal / H. K. (Hrsg.): Grundzüge der Literaturdidaktik. Stuttgart 2002. S. 61–77.

Korte (2003) Korte, Hermann: Ein schwieriges Geschäft. Zum Umgang mit Literaturgeschichte in der Schule. In: Der Deutschunterricht (2003) H. 6. S. 2–10.

Korte/Zimmer (2006) Korte, Hermann / Zimmer, Ilonka (Hrsg.): Das Lesebuch 1800–1945. Ein Medium zwischen literarischer Kultur und pädagogischem Diskurs. Frankfurt a. M. 2006.

Kreft (1977/²1982) Kreft, Jürgen: Grundprobleme der Literaturdidaktik. Heidelberg 1977/²1982.

Kremer/Wegmann (1995) Kremer, Detlef / Wegmann, Nikolaus: Wiederholungslektüren(n): Fontanes Effi Briest. Realismus des wirklichen Lebens oder realistischer Text. In: Der Deutschunterricht 47 (1995) H. 6. S. 56–75.

Kügler (2013) Kügler, Hans: Die bevormundete Literatur. Zur Entwicklung und Kritik der Literaturdidaktik. In: Markus Kuhn: Filmnarratologie. Ein erzähltheoretisches Analysemodell. Berlin 2011.

Kurz (1982/⁴1997) Kurz, Gerhard: Metapher, Allegorie, Symbol. Göttingen 1982/⁴1997.

Kurz (1999) Kurz, Gerhard: Macharten. Über Rhythmus, Reim, Stil und Vieldeutigkeit. Göttingen 1999.

Laas (1872) Laas, Ernst: Der deutsche Unterricht auf höheren Lehranstalten. Ein kritisch-organisatorischer Versuch. Berlin 1872.

Lamping (1989/³2000) Lamping, Dieter: Das lyrische Gedicht. Definitionen zu Theorie und Geschichte der Gattung. Göttingen 1989/³2000.

Lehmann (1995) Lehmann, Rainer: Leseverständnis und Lesegewohnheiten deutscher Schüler. Weinheim/Basel 1995.

Lehmann (1890) Lehmann, Rudolf: Der Deutschunterricht. Berlin 1890.

Lessing (1959) Lessing, Gotthold Ephraim: Hamburgische Dramaturgie. In: Gesammelte Werke. Bd. 2. Hrsg. von Wolfgang Stammler. München 1959.

Leubner/Saupe (2006/³2012) Leubner, Martin / Saupe, Anja: Erzählungen in Literatur und Medien und ihre Didaktik. Baltmannsweiler 2006/³2012.

Leubner/Saupe (2008) Leubner, Martin / Saupe, Anja: Textverstehen im Literaturunterricht und Aufgaben. Baltmannsweiler 2008.

Lubbock (1921/1966) Lubbock, Percy: The Craft of Fiction. London 1921/1966.

Lüke (2007) Lüke, Martina G.: Zwischen Tradition und Aufbruch. Deutschunterricht und Lesebuch im Deutschen Kaiserreich. Frankfurt a. M. 2007.

Maiwald (2015) Maiwald, Klaus: Vom Film zur Literatur. Moderne Klassiker der Literaturverfilmung im Medienvergleich. Stuttgart 2015.

Martinez/Scheffel (1999) Martinez, Matias / Scheffel, Michael: Einführung in die Erzähltheorie. München 1999.

Mayer (1995) Mayer, Dieter: Historisches Verstehen als Zielsetzung in Darstellungen der Literatur. Über Literaturgeschichte im Deutschunterricht. In: Literatur für Leser (1995) H. 2. S. 59–72.

Merkelbach (1995) Merkelbach, Valentin: Zur Theorie und Didaktik des literarischen Gesprächs. In: Hannelore Christ / Eva Fischer [u. a.] (Hrsg.): »Ja, aber es kann doch sein …«. In der Schule literarische Gespräche führen. Frankfurt a. M. 1995. S. 12–52.

Meyer (1987) Meyer, Hilbert: Unterrichtsmethoden. I: Theorieband. Frankfurt a. M. 1987.

Müller (1946/1968) Müller, Günther: Morphologische Poetik. Gesammelte Aufsätze. Darmstadt 1946/1968.

Müller (2012) Müller, Karla: Hörtexte im Deutschunterricht. Poetische Texte hören und sprechen. Stuttgart 2012.

Müller-Michaels (1971) Müller-Michaels, Harro: Dramatische Werke im Deutschunterricht. Stuttgart 1971.

Müller-Michaels (1972) Müller-Michaels, Harro: Literaturdidaktik als normsetzende Handlungswissenschaft. In: Jochen Vogt (Hrsg.): Literaturdidaktik. Düsseldorf 1972. S. 17–21.

Müller-Michaels (1978) Müller-Michaels, Harro: Literatur im Alltag und Unterricht. Ansätze zu einer Rezeptionspragmatik. Kronberg/Ts. 1978.

Müller-Michaels (1987) Müller-Michaels, Harro: Literaturgeschichten. Aspekte und Ziele eines literarhistorischen Unterrichts. In: Walter Seifert (Hrsg.): Literatur und Medien in Wissenschaft und Unterricht. Köln/Wien 1987. S. 1–9.

Müller-Michaels (2009) Müller-Michaels, Harro: Grundkurs Lehramt Deutsch. Stuttgart 2009.

Nünning (1990) Nünning, Ansgar: »Point of view« oder »focalization«? Über einige Grundlagen und Kategorien konkurrierender Modelle der erzählerischen Vermittlung. In: Literatur in Wissenschaft und Unterricht 23 (1990) S. 248–268.

Nutz (1997) Nutz, Maximilian: Historisches Verstehen durch Literaturgeschichte? Plädoyer für eine reflektierte Erinnerungsarbeit. In: Didaktik Deutsch (1997) H. 2. S. 35–53.

Nutz (2003) Nutz, Maximilian: Epochenbilder in Schülerköpfen? Zur Didaktik und Methodik der Literaturgeschichte zwischen kulturellem Gedächtnis und postmoderner Konstruktion. In: Mitteilungen des Deutschen Germanistenverbandes 50 (2003) H. 3. S. 330–346.

Ong (1982/1987) Ong, Walter J.: Oralität und Literalität. Die Technologisierung des Wortes. Opladen 1987. [Engl. 1982.]

Paech (1988) Paech, Joachim: Literatur und Film. Stuttgart 1988.

Paefgen (1999/²2006) Paefgen, Elisabeth K.: Einführung in die Literaturdidaktik. Stuttgart 1999/²2006.

Palincsar/Brown (1984) Palincsar, Annemarie S. / Brown Ann L.: Reciprocal teaching of comprehension-fostering and monitoring activities. In: Cognition and Instruction 1 (1984) S. 117–175.

Payrhuber (1991) Payrhuber, Franz-Josef: Das Drama im Unterricht. Aspekte einer Didaktik des Dramas. Analysen und empirische Befunde – Begründungen – Unterrichtsmodelle. Rheinbreitbach 1991.

Petersen (1993) Petersen, Jürgen H.: Erzählsysteme. Eine Poetik epischer Texte. Stuttgart 1993.

Pfeiffer (2002) Pfeiffer, Joachim: Romane und Erzählungen im Unterricht. In: Klaus-Michael Bogdal / Hermann Korte (Hrsg.): Grundzüge der Literaturdidaktik. München 2002. S. 190–202.

Pfeiffer (2013) Pfeiffer, Joachim: Literarische Gattungen im Literaturunterricht. In: Volker Frederking [u. a.] (Hrsg.): Taschenbuch des Deutschunterrichts. Bd. 2: Literatur- und Mediendidaktik. Baltmannsweiler 2013. S. 56–72.

Pfister (1977/^{11}2001) Pfister, Manfred: Das Drama. München 1977/^{11}2001.

Piaget (1947/1998) Piaget, Jean: Der Aufbau der Wirklichkeit beim Kinde. Gesammelte Werke. Bd. 2. Stuttgart 1998. [Frz. 1947.]

Quasthoff (1980) Quasthoff, Uta M.: Erzählen in Gesprächen. Tübingen 1980.

Raumer (1852) Raumer, Rudolf von: Der Unterricht im Deutschen. In: Karl von Raumer: Geschichte der Pädagogik vom Wiederaufblühen klassischer Studien bis auf unsere Zeit. Tl. 3. 2. Abt. Stuttgart 1852. S. 15–151.

Renk (1978) Renk, Herta-Elisabeth: Dramatische Texte im Unterricht. Vorschläge, Materialien und Kursmodelle für die Sekundarstufe I und II. Stuttgart 1978.

Richter/Christmann (2002) Richter, Tobias / Christmann, Ursula: Lesekompetenz: Prozessebenen und interindividuelle Unterschiede. In: Norbert Groeben / Bettina Hurrelmann (Hrsg.): Lesekompetenz. Bedingungen, Dimensionen, Funktionen. Weinheim 2002. S. 25–58.

Rosebrock/Nix (^{5}2012) Rosebrock, Cornelia / Nix, Daniel: Grundlagen der Lesedidaktik und der systematischen schulischen Leseförderung. Baltmannsweiler ^{5}2012.

Ryle (1949) Ryle, Gilbert: The Concept of Mind. London 1949.

Scheller (1988) Scheller, Ingo: Wir machen unsere Inszenierung selber. Szenische Interpretation von Dramentexten. 2 Bde. Oldenburg 1988.

Schleiermacher (1819/1911) Schleiermacher, Friedrich D. E.: Hermeneutik. In: Schleiermachers Werke. Bd. 4. Hrsg. von Otto Braun / Johannes Bauer. Leipzig 1911. S. 136–206. [Erstausgabe 1819.]

Schmid (2005/^{2}2008) Schmid, Wolf: Elemente der Narratologie. Berlin / New York 2005/^{2}2008.

Schmidt/Vorderer (1995) Schmidt, Siegfried J. / Vorderer, Peter: Kanonisierung in Mediengesellschaften. In: Andreas Poltermann (Hrsg.): Literaturkanon – Medienereignis – Kultureller Text. Berlin 1995. S. 144–159.

Schön (1987) Schön, Erich: Der Verlust der Sinnlichkeit. Stuttgart 1987.

Schönbrunn (^{2}1924) Schönbrunn, Walter: Das Erlebnis der Dichtung in der Schule. Berlin ^{2}1924.

Schönbrunn (1929) Schönbrunn, Walter: Die Not des Literaturunterrichts in der großstädtischen Schule. In: Die Erziehung (1929) S. 252–259.

Schülein/Zimmermann (2002) Schülein, Frieder / Zimmermann, Michael: Spiel- und theaterpädagogische Ansätze. In: Klaus-Michael Bogdal / Hermann Korte (Hrsg.): Grundzüge der Literaturdidaktik. Stuttgart 2002. S. 258–271.

Specht (2012) Specht, Benjamin: Polyvalenz – Autonomieästhetik – Kanon.

Überlegungen zum Zusammenhang von Textstruktur und historischer Ästhetik bei der Herausbildung des deutschsprachigen Literaturkanons. In: Matthias Beilein / Claudia Stockinger / Simone Winko (Hrsg.): Kanon, Wertung und Vermittlung. Literatur in der Wissensgesellschaft. Berlin/Boston 2012. S. 19–39.

Spinner (1989) Spinner, Kaspar H.: Fremdverstehen und historisches Verstehen als Ergebnis kognitiver Entwicklung. In: Der Deutschunterricht 41 (1989) H. 4. S. 19–23.

Spinner (³1997) Spinner, Kaspar H.: Umgang mit Lyrik. Baltmannsweiler ³1997.

Spinner (2008) Spinner, Kaspar H.: Bildungsstandards und Literaturunterricht. In: Meinert A. Meyer [u. a.] (Hrsg.): Perspektiven der Didaktik. Zeitschrift für Erziehungswissenschaft. Sonderheft 9. Wiesbaden 2008. S. 313–323.

Staiger (2010) Staiger, Michael: Literaturverfilmungen im Deutschunterricht. München 2010.

Stanat/Schneider (2004) Stanat, Petra / Schneider, Wolfgang: Schwache Leser unter 15-jährigen Schülerinnen und Schülern in Deutschland: Beschreibung einer Risikogruppe. In: Ulrich Schiefele / Cordula Artelt / W. S. / P. S. (Hrsg.): Struktur, Entwicklung und Förderung von Lesekompetenz. Vertiefende Analysen im Rahmen von PISA 2000. Wiesbaden 2004. S. 243–271.

Stanzel (1955) Stanzel, Franz K.: Die typischen Erzählsituationen im Roman. Dargestellt an Tom Jones, Moby Dick, The Ambassadors, Ulysses u. a. Wien/Stuttgart 1955.

Stanzel (1964) Stanzel, Franz K.: Typische Formen des Romans. Göttingen 1964.

Stanzel (1979/²1982) Stanzel, Franz K.: Theorie des Erzählens. Göttingen 1979/²1982.

Tenorth (2004a) Tenorth, Heinz-Elmar: Bildungsstandards und Kerncurriculum. In: Zeitschrift für Pädagogik 50 (2004) S. 650–658.

Tenorth (2004b) Tenorth, Heinz-Elmar: Stichwort: »Grundbildung und Basiskompetenzen«. Herkunft, Bedeutung und Probleme im Kontext allgemeiner Bildung. In: Zeitschrift für Erziehungswissenschaft 7 (2004) S. 169–182.

Thiersch (1826) Thiersch, Friedrich: Ueber gelehrte Schulen, mit besonderer Rücksicht auf Bayern. Stuttgart/Tübingen 1826.

Thomsen (1994) Thomsen, Christian W. (Hrsg.): Hybridkultur. Siegen 1994.

Todorov (1927) Todorov, Tzvetan: Die strukturelle Analyse der Erzählung. In: Jens Ihwe (Hrsg.): Literaturwissenschaft und Linguistik. Bd. 2. Frankfurt a. M. 1972. S. 265–275.

Todorov (1973) Todorov, Tzvetan: Die zwei Prinzipien des Erzählens. In: Neue Hefte für Philosophie 4 (1973) S. 123–139.

Ueding (2004) Ueding, Gert: Rettung der Literatur durch lebendige Rede – rhetorische Aspekte des Hörbuchs. In: Der Deutschunterricht 2004. S. 17–28.

Ulshöfer (1957) Ulshöfer, Robert: Methodik des Deutschunterrichts. Bd. 2: Mittelstufe I. Stuttgart 1952. Bd. 3: Mittelstufe II. Stuttgart 1957.

van den Broek (1994) van den Broek, Paul: Comprehension and Memory of Narrative Texts. Inference and Coherence. In: Morton A. Gernsbacher (Hrsg.): Handbook of Psycholinguistics. San Diego 1994. S. 539–588.

Vogt (1972/⁸1998) Vogt, Jochen: Aspekte erzählender Prosa. Eine Einführung in die Erzähltechnik und Romantheorie. Opladen/Wiesbaden 1972/⁸1998.

Vogt (⁵2002) Vogt, Jochen: Einladung zur Literaturwissenschaft. München ⁵2002.

Waldmann (1984) Waldmann, Günter: Grundzüge von Theorie und Praxis eines produktionsorientierten Literaturunterrichts. In: Norbert Hopster (Hrsg.): Handbuch »Deutsch« für Schule und Hochschule. Sekundarstufe I. Paderborn/Zürich 1984. S. 98–141.

Waldmann (2001) Waldmann, Günter: Produktiver Umgang mit dem Drama. Baltmannsweiler 2001.

Waldmann (1998/⁷2011) Waldmann, Günter: Produktiver Umgang mit Literatur im Unterricht. Grundriss einer produktiven Hermeneutik. Theorie – Didaktik – Verfahren – Modelle. Baltmannsweiler 1998. [Unveränd. Neuauflage ⁷2011.]

Walter/Stanat (2008/⁷2011) Walter, Oliver / Stanat, Petra: Der Zusammenhang des Migrantenanteils in Schulen mit der Lesekompetenz: Differenzierte Analysen der erweiterten Migrantenstichprobe von PISA 2003. In: ZfE 11 (2008) S. 84–105.

Walton (1990) Walton, Kendall L.: Mimesis as Make-Believe. Cambridge (Mass.) 1990.

Weimar (2003) Weimar, Klaus: Geschichte der deutschen Literaturwissenschaft. Paderborn 2003.

Weinert (1997) Weinert, Franz E.: Ansprüche an das Lernen in der heutigen Zeit. In: Landesinstitut für Schule und Weiterbildung NRW (Hrsg.): Fächerübergreifendes Arbeiten. Soest 1997.

Weinert (2001) Weinert, Franz E.: Vergleichende Leistungsmessung in Schulen – eine umstrittene Selbstverständlichkeit. In: F. E. W. (Hrsg.): Leistungsmessungen in Schulen. Weinheim/Basel 2001. S. 17–31.

Wermke (1998) Wermke, Jutta: Hör-Ästhetik. In: media praktica 1 (1998) S. 15–18.

Wermke (2013) Wermke, Jutta: Hördidaktik und Hörästhetik. Lesen und Verstehen auditiver Texte. In: Volker Frederking [u. a.] (Hrsg.): Taschenbuch des Deutschunterrichts. Bd. 2: Literatur und Mediendidaktik. Baltmannsweiler 2013. S. 180–199.

Willenberg (1987) Willenberg, Heiner (Hrsg.): Zur Psychologie des Literaturunterrichts. Frankfurt a. M. 1987.

Winko (1996) Winko, Simone: Literarische Wertung und Kanonbildung. In: Heinz Ludwig Arnold / Heinrich Detering (Hrsg.): Grundzüge der Literaturwissenschaft. München 1996. S. 585–600.

Winko (2002) Winko, Simone: Literatur-Kanon als *invisible hand*-Phänomene. In: Hermann Korte (Hrsg.): Literarische Kanonbildung. Sonderband von Text & Kritik. München 2002. S. 9–24

Wintersteiner (2006) Wintersteiner, Werner: Transkulturelle literarische Bildung. Die »Poetik der Verschiedenheit« in der literaturdidaktischen Praxis. Innsbruck 2006.

Zabka (2003) Zabka, Thomas: Interpretationskompetenz als Ziel der ästhetischen Bildung. In: Didaktik Deutsch 15 (2003) S. 18–33.

Zabka (2004) Zabka, Thomas: Was bedeutet »Verständigung« im schulischen Interpretationsgespräch? In: Gerhard Härle / Marcus Steinbrenner (Hrsg.): Kein endgültiges Wort: Die Wiederentdeckung des Gesprächs im Literaturunterricht. Baltmannsweiler 2004. S. 75–96.

Zabka (2006) Zabka, Thomas: Typische Operationen literarischen Verstehens. Zu Martin Luther »Vom Raben und Fuchs« (5./6. Schuljahr). In: Clemens Kammler (Hrsg.): Literarische Kompetenzen – Standards im Literaturunterricht. Seelze 2006. S. 80–101.

Zipfel (2001) Zipfel, Frank: Fiktion, Fiktivität, Fiktionalität. Analyse zur Fiktion in der Literatur und zum Fiktionsbegriff in der Literaturwissenschaft. Berlin 2001.

Zentrale literaturdidaktische Begriffe und Definitionen

Applikation Die Anwendung eines Textes auf die Lebenssituation eines Lesers. → S. 38, 177

Aufgaben sind Elemente zur Steuerung von Unterricht und zur methodischen Gliederung und Strukturierung von Lernsituationen. Sie aktivieren kognitive, emotionale, motivationale Prozesse und Interaktionen und dienen der Förderung, Sicherung und Überprüfung von Kompetenzen. → S. 89, 181

Aufgabenformat Aufgaben liegen in offener, halboffener und geschlossener Form vor. Offene Formate haben eine geringe Lenkung und einen hohen Anteil an Eigenproduktion, halboffene steuern durch Vorgaben, geschlossene Aufgaben (z. B. *Multiple Choice*-Aufgaben) haben eine hohe Steuerung und einen geringen Anteil an Eigenproduktion. → S. 184

Aufgabenkultur umfasst die Reflexion auf die Funktion, Qualität und Art von Aufgaben, ihre Relevanz für Schüler und ihre inhaltlich und strukturell passende Einbettung in den Lernprozess. → S. 182

Aufgabenmerkmale Verständlichkeit, Reichweite, Schwierigkeitsgrad, Lenkungsgrad, Komplexität einer Aufgabe. → S. 183

Bildung

- **formale** umfasst nach W. Klafki Fähigkeiten und das Verfügen über Methoden(-Lernwege). → S. 30, 33
- **literarische** umfasst Kenntnisse von Werken, Gattungen und Epochen, die Wahrnehmung und Reflexion der Form und Interpretationskompetenzen. → S. 16, 30
- **materiale** umfasst nach W. Klafki Inhalte und kulturelle Wissensbestände/ Lerngegenstände. → S. 30

Bildungsstandards wurden 2003 von der KMK eingeführt. Sie geben den anzustrebenden Ertrag von Bildungsgängen an und bestehen in einer Aufzählung von Befähigungen und Kompetenzen. Mit Bildungsstandards sollen herkunftsbedingte Unterschiede der Bildungsbeteiligten und des Kompetenzerwerbs in der Schule ausgeglichen werden. → S. 32, 101

Bildungsziele Persönlichkeitsentwicklung, Aneignung von Welt, Anerkennung des Anderen und Teilhabe an einer kulturellen Praxis. → S. 16, 130

deklaratives Wissen Wissen, dass etwas der Fall ist. → S. 45

dekonstruktive Verfahren sind ein Gegenparadigma zur Hermeneutik. Sie arbeiten Brüche, Widersprüche und Paradoxien eines Textes heraus, um Sinnkonstruktionen und Kohärenzen zu unterlaufen. → S. 27, 166

Dramendidaktik geht sowohl vom Dramentext als auch von der Aufführung auf der Bühne aus und zielt auf eine ästhetische Bildung. Die zu vermittelnden

Analysekategorien beziehen sich sowohl auf den Dramentext und das Dramatische als auch auf das Theatralische. → S. 100

EPA Einheitliche Prüfungsanforderungen in der Abiturprüfung Deutsch (2002). → S. 129, 170

Figurencharakteristik Die Beschreibung innerer und äußerer Merkmale einer Figur und Techniken der Figurencharakterisierung. → S. 171

Fiktionskompetenz Die Fähigkeit des Lesers, einen Text als fiktionalen zu rezipieren und den Fiktionscharakter der erzählten Welt in Abgrenzung zu einer außertextuellen Wirklichkeit zu erkennen. → S. 92

Fiktionssignale zeigen dem Leser an, dass es sich bei dem Erzählten/Dargestellten um eine Fiktion handelt. Dazu gehören textexterne Signale wie Gattungsangaben und textinterne wie Leseransprachen und Erzählerkommentare. → S. 92

Filmanalyse Die Filmanalyse arbeitet die kinematographischen Mittel (Kamera, Montage) und filmischen Mittel (Sprache, Musik, Kostüme) heraus, um die Ästhetik bewegter Bilder zu beschreiben. → S. 156, 158

Filmdidaktik ist die Wissenschaft vom Lehren und Lernen audiovisueller Medien im schulischen Kontext. Zu ihren Gegenständen gehören (Spiel-)Filme, filmisches Erzählen und filmspezifische Darstellungsverfahren. Zu ihren Bildungs- und Kompetenzzielen gehören die Teilhabe an einer visuellen Kultur und audiovisuelle Verstehens-/Sehfähigkeiten. → S. 153

Flexibilität Die Fähigkeit des Lesers, sein Lesetempo entsprechend seinen Lesezielen, Interessen und der Aufgabenstellung anzupassen und einmal genau und verlangsamt, dann wieder übergreifend und schnell zu lesen. → S. 46

Gattungen Ordnungssysteme für die Fülle an literarischen Texten. Zu den drei Großgattungen gehören Epik, Dramatik und Lyrik, die wiederum aus Untergattungen bestehen. → S. 64

Handlungs-/produktionsorientierte Verfahren fördern durch einen handelnden Umgang mit Texten (Verändern, Ergänzen, Umgestalten, Fortsetzen, Umwandeln in ein anderes Medium) und Verfassen eigener Texte motivationale, emotionale und schüleraktivierende Prozesse, aber öffnen auch nichtkognitive Verstehenszugänge zu Texten. → S. 26, 172

hermeneutische Verfahren der Textauslegung zielen auf die Konstruktion von Sinn und Kohärenz und das Erfassen einer ganzheitlichen Bedeutung. → S. 27, 37

hermeneutischer Zirkel Aus der Analyse von Einzelstellen werden Rückschlüsse auf einen Gesamtzusammenhang gezogen und umgekehrt aus Hypothesen über einen ganzheitlichen Sinn die Bedeutung des Einzelnen abgeleitet. Die Struktur des hermeneutischen Zirkels liegt der schulischen Interpretationspraxis zugrunde. → S. 38

Interkulturelle Literaturdidaktik zielt angesichts einer mehrkulturellen Gesellschaft und heterogenen Schülerpopulation auf den Umgang mit dem Anderen/Fremden, Toleranz und kulturelle Offenheit. Zu ihrer Lektüre gehören literarische Texte, deren Inhalte und Sichtweisen durch zwei oder mehr Kulturen geprägt sind. → S. 60

Interpretation bedeutet Auslegung eines Textes und meint sowohl den Prozess des Interpretierens als auch dessen ErgebniS. Es ist ein Verfahren, bei dem einzelne Elemente ihrer Funktion bewertet, innere Verweisungszusammenhänge hergestellt, inter- und außertextuelle Zusammenhänge rekonstruiert werden. → S. 37

Interpretationsaufsatz hält das Ergebnis der Interpretation eines literarischen Textes in schriftlicher Form fest und dient vor allem der Leistungskontrolle. → S. 170

Kompetenzen sind Fähigkeiten zur Lösung von Problemen. Sie umfassen handlungsbezogene und kognitive Merkmale (Wissen, Gedächtnis, Fertigkeiten) und die Bereitschaft, Probleme lösen zu wollen. → S. 32

– **literarische** kommen speziell bei literarischen Texten ins Spiel und umfassen das Umgehen mit Polyvalenz und Selbstreferenz, Fiktionsbewusstsein, Formwahrnehmung und Interpretations-/Analysefähigkeiten. → S. 35, 39

Kompetenzorientierung Bezeichnung im Bildungsbereich für einen primären Bezug auf Lernergebnisse statt Stoffe und Inhaltsvorgaben. Angestrebt wird der Aufbau von Kompetenzen, Wissen, Fertigkeiten, Einstellungen, Überzeugungen und Werthaltungen. → S. 33

Kulturtechnik Werkzeuge wie Lesen und Schreiben, mit denen sich der Mensch die Umwelt und Kultur erschließt/aneignet. → S. 30

Leistungssituation ist eine Prüfsituation, die in Klausuren, Klassenarbeiten und Abituraufgaben der Kontrolle von Ergebnissen von Lern-/Verstehensprozessen dient. → S. 182

Lektüre bezieht sich auf das Lesen literarischer Texte mit begleitenden emotionalen, imaginativen und identifikatorischen Anteilen. → S. 72

Lernsituation besteht aus Lehr-/Lernarrangements, um Lernprozesse zu initiieren. Sie bieten Bedingungen, durch die sich Schüler aktiv und zielgerichtet mit Gegenständen auseinandersetzen und erworbene Kompetenzen auf neue Sachverhalte anwenden können. → S. 181

Lesebuch bzw. Lehrwerk ist ein Bildungs- und Wissensmedium mit einer didaktischen Struktur, die den Unterrichtsstoff eines Jahres systematisch anordnet und hilft, Lehr- und Lernprozesse zu organisieren. Es liegt in Buchform oder digitalisiert vor, ergänzt durch Zusatzmaterial und Medien. → S. 134

Lesedidaktik zielt darauf, Schüler zu befähigen, einen Text in seinem Kerngedanken zu verstehen. Dazu gehört die Entwicklung von Teilkompetenzen des Lesens wie Selektion, Bildung übergeordneter Einheiten und das Ziehen von Schlussfolgerungen. → S. 74

Leseformen Überfliegendes, detailliertes, orientierendes, selektives Lesen. Sie unterscheiden sich nach der Lesegeschwindigkeit und dem Textumfang, der in den Blick genommen wird. → S. 46

Lesegenese Die Entwicklung von Leseverhalten im Laufe der Biographie eines Individuums, beeinflusst von der Familie, Freunden und der Schule. → S. 51

Lesekompetenz ist grundlegend für das Textverstehen. Sie besteht aus mehreren Teilkompetenzen der Worterkennung, des Herstellens einer lokalen und globalen Kohärenz mittels Inferenzen und Integration von Wissen. → S. 43, 48, 59

Lesen ist in kognitionspsychologischer Sicht ein Prozess der Verarbeitung von Informationen, der interaktiv und parallel auf mehreren Ebenen (Buchstaben, Wort, Satz, Text) verläuft. Er zielt auf ein grundlegendes Textverständnis und wird sowohl von den Textdaten als auch von den Wissenskonzepten des Lesers bestimmt. → S. 43

Lesesozialisation ist ein Prozess, in dem sich Lesen als ein habituelles Verhalten herausbildet. Er vollzieht sich in einer Wechselwirkung zwischen Individuum und sozialem Umfeld. Individuelle Prozesse werden beeinflusst von Familie, Freundeskreis, Schule, aber auch durch die Eigenaktivität des Individuums, das lesekulturelle Angebote und Handlungsmuster auswählt oder abändert. → S. 49, 55

Lesestrategien dienen der Bewältigung der Fülle von Informationen beim Lesen. Kognitive Lesestrategien sind auf die Durchführung von Leseaufgaben bezogen; metakognitive Lesestrategien bestehen aus Planung, Kontrolle, Durchführung und Bewertung des eigenen Lesens/Verstehens. → S. 45, 48

Lesetechniken Markieren von Textstellen, Notizen am Rand erstellen. → S. 45

literacy Literalität. → S. 28, 34

– ***reading*** Lese-/Schreibfähigkeiten. → S. 31

– ***visual*** Die Fähigkeit, visuelle Medien zu verstehen und zu interpretieren. → S. 35

Literaturdidaktik ist die Wissenschaft vom Lehren und Lernen von Literatur im institutionellen Rahmen von Schule. In ihrem Praxisbezug zielt sie darauf, Ergebnisse ihrer Forschung für praktisches Handeln fruchtbar zu machen, theoretisch zu begründen und handlungsleitende Normen und Werte transparent zu machen. → S. 12

Literaturgeschichte bietet Schülern Ordnungskategorien für die Vielfalt literarischer Werke in ihrem historischen Kontext und fördert das historische Verstehen. Sie gliedert Literatur in eine chronologische Abfolge einzelner Epochen oder behandelt Epochenumbrüche und -schwellen. → S. 22, 126

Literaturkanon ist ein Korpus von Texten für die Schule, der auf Selektions- und Wertentscheidungen beruht. Didaktische Wertentscheidungen sind die Repräsentanz von Texten für eine Epoche, Gattung, einen Autor, Themen und die Entwicklung von Deutungs-/Lesekompetenzen. → S. 122

Methoden bezeichnen im Literaturunterricht Verfahrensweisen zur Organisation von Lern-/Verstehensprozessen. Neben systematischen Verfahren der Texterschließung und -interpretation gehören das literarische Gespräch und handlungs-/produktionsorientierte Verfahren dazu. → S. 17, 160

Phasenmodelle Für die Phasierung des Literaturunterrichts gibt es verschiedene Modelle. Typisch ist ein Vierer-Schritt von Einführung/Textbegegnung – Texterarbeitung – Sicherung – Transfer. Der Lern-/Verstehensprozess wird im Hinblick auf das Textverstehen und seine Vertiefung sowie den Erwerb von Verstehens-/Deutungskompetenzen organisiert. → S. 38, 176

PISA-Studie ist eine vergleichende empirische Studie (2000), die die Leseleistungen von 15-Jährigen am Ende der Sekundarstufe untersucht hat. → S. 16, 31

Projektmethode Zu ihren Merkmalen gehören Handlungs-/Produktorientierung, eine arbeitsteilige Bearbeitung einer Problemstellung, Selbstorganisation des Prozesses, Selbsttätigkeit des Schülers, kooperatives Lernen und fächerübergreifendes Arbeiten. → S. 174

Projektunterricht ist ein Unterricht, in dem ein Projekt durchgeführt wird. Ein Projekt selbst ist eine Lehr- und Lernform (Großform), bei deren Implementierung im Rahmen des Unterrichts ein Projektvorhaben in einzelne Schritte umgesetzt wird, die konstitutiv sind für ein Projekt. → S. 160, 174

prozedurales Wissen Das Wissen, wie etwas zu tun ist bzw. wie Wissen angewendet wird. → S. 45

Sozialformen Einzel-, Gruppen- und Plenumsarbeit im Unterricht. → S. 18, 175

Stofforientierung Bezeichnung im Bildungsbereich für die Auswahl von Lerninhalten, Themen und Lernzielbestimmung. → S. 33

Textanalyse untersucht und beschreibt Elemente und Strukturen literarischer Texte. Sie ist sprach-, text- und inhaltsbezogen. → S. 161

Textinterpretation bezeichnet ein methodisch reflektiertes Vorgehen der Bedeutungszuweisung zu einem literarischen Text mit dem Ziel, ein besseres Verständnis eines Textes zu befördern. → S. 162

Unterrichtsgespräch ist eine Form der mündlichen Kommunikation über Texte, Erfahrungen, Deutungen, Sichtweisen und Fragen. Es dient der Organisation von Lern-/Verstehensprozessen. Nach dem Maß der Lehrerlenkung werden das gelenkte, das fragend-entwickelnde und das literarische Gespräch unterschieden. → S. 167

Unterrichtsplanung umfasst alle Maßnahmen zur Strukturierung von Unterricht, damit die Vermittlung von Inhalten, die Auseinandersetzung mit Inhalten und deren Aneignung gelingt. Planungsschritte beziehen sich auf die Ziele, Wahl der Methoden, Sozialformen, Medien, Textgrundlagen und Lernaktivitäten von Schülern. → S. 18, 175

Unterrichtsphasen Eine Schulstunde oder größere Unterrichtseinheiten werden in Phasen untergliedert, die jeweils bestimmte Funktionen im Hinblick auf Lern-/Verstehensprozesse haben, wie z. B. die Einführungsphase, die der Motivation und Einstimmung auf einen Text dient. → S. 176

Sachregister

Zur Autorin

SWANTJE EHLERS ist Professorin em. für Germanistische Literaturdidaktik an der Justus-Liebig-Universität Gießen. Forschungsschwerpunkte: Literaturdidaktik, Geschichte des Deutschunterrichts, Lesebuchforschung, Lesen in der Erst-/Zweitsprache.